주목나무가 바람에게 들려 주는 이야기

주목나무가 바람에게 들려 주는 이야기

초 판 발 행 | 2010년 3월 10일
1판3쇄 발행 | 2011년 3월 25일

지 은 이 | 반 상 진

펴 낸 곳 | 교육타임스
서울시 용산구 원효로1가 39-2
Tel. (02)717-9012~4　Fax. (02)717-9015

인　　쇄 | 교육타임스

등록번호 | 제03-013215호 (2001. 9. 25)

ISBN
Printed in korea

정가 13,500원

주목나무가 바람에게 들려 주는 이야기

반 상 진 지음

오리의 다리는 비록 짧지만 그 다리를 늘이면 오리가 불편해지고 학의 다리는 비록 길지만 그 다리를 줄이면 학이 불편해진다. 휘트먼은 뉴욕주에서 가난한 농부의 아들로 태어나 초등학교도 제대로 마치지 못한 채 온갖 일을 다하면서 생활을 해야 했다. 그러나 그는 인쇄소에서 식자공으로 일하면서 문학작품을 접하게 됨으로써 마침내 미국 문학의 선구자가 되었으며, 미국시(詩)의 새로운 전통을 세웠다. 그는 71세로 세상을 떠날 때까지 인간의 자아와 개성을 가장 강하고 뜨겁게 긍정하고 예찬하는 노래를 노래했다. 그는 시를 통하여 자기를 찾았고, 자기를 긍정했으며, 남과 비교하지 않는 자신을 완성했다. 그는 "나는 나 자신을 찬미하고, 나 자신을 노래한다.(I sing myself)"라고 했다. 그는 머리끝에서 발끝까지 그의 생명과 움직임을 노래했다. 새롭고 발랄한 인간을 노래했다. 더불어 그는 내가 승리자가 되고 너도 또한 승리자가 되어 손에 손을 맞잡고 싱싱한 환희를 향하여 전진하자고 했다. 자신은 선만이 아니라 악도 노래한다며 개미도 완벽할 뿐 아니라 개구리도 하나의 걸작이라고 노래했다. 한 포기의 풀잎도 별의 운행에 못지 않다고 했다. 그는 또한 자신의 자아 이상으로 위대한 것은 없다고 했다. "나는 누구나 지금의 나대로 유일무이하다. 유아독존적 하느님 같은 존재들이다. 누구보다 제일 멀리 가고 지상에서 가장 선한 나는 가장 행복하며, 내가 가진 가장 좋은 것을 누구보다 아낌없이 주는 가장 긍지있는 존재이다. 그리고 대지에 어울리는 기쁨의 노래를 부를 것이다." 라며 자아의 긍정과 완성을 자기 인생의 가장 중요한 과제로 받아들였다.

사도 바울은 자신을 숨긴 채 홀로 카톨릭 교회를 조직했다. 그는 돈도 없고, 권력도 없고, 건강도 좋지 않은 로마의 한 미미한 시민일 뿐이었다. 그런데 그는 내가 한 모든 일은 나 아닌 내 안의 하느님이 하신 일이라고 했다. 프랑스 한 농부의 딸인 잔다르크는 프랑스군을 이끌고 조국을 구했다. 그녀는 성모님의 음성이 자신에게 명령을 내렸다고 했다. 성모님의 강력한 메시지가 자신의 몸에 흘러 넘쳐 그것이 감지되었을 때, 그녀는 무한한 생명과 하나가 되어 그의 대리인이 되어 있었다. 성 테레사는 50년이 넘도록 질병에 시달려 지칠 대로 지쳐 있었으나 그녀의 내면에서 들려오는 음성에 복종하여 스페인 전역을 돌아다니면서 기존 교회의 심장부에서 거대한 교단을 개혁하는 새로운 인생을 시작했다.

그들은 모두 자신들의 넘치는 생기와 깊은 열정과 굴할 줄 모르는 의지로써 무한을 향한 자아의 본성에 철저히 파고들어 마침내 인간의 한계를 극복했다. 그리고 우뚝 섰다. 그리고 하느님 속에서만 존재하는 완전한 삶을 살게 되었다. 그들 안에 하느님이 살며 행동하고 움직였다. 그러면서 그들은 하느님처럼 완벽해지고, 풍요로워지고, 하느님의 사랑으로 사랑하게 되었다.

스피노자는 우주 전체가 하나의 나라고 했다. 내가 누군가를 사랑한다면 그 남도 넓은 의미에서의 나이다. 우주 전체가 하나의 나라면 우리는 세상의 모든 존재를 있는 그대로 받아들여야 한다. 그리고 서로 겹치는 부분을 넓히면서 벽을 허물고, 협조와 우정으로 조화를 이루며 서로의 성장과 발전을 도와야 한다. 세상은 학끼리만 있는 것보다는 학과 오리가 함께 있을 때 더 아름답다. 우리 모두가 자기의 자리에서 자기 일을 하면서 전체적 생명에 봉사할 때, 우리의 세상은 더 이상 혼돈이 아니라 질서와 조화의 세계가 된다. 아름답기 때문에 사랑하는 것이 아니라 사랑하기 때문에 아름다운 것이다.

고슴도치는 추워지면 서로서로 몸을 가까이 맞대어 서로의 온기로 추위를 막는다. 하지만 서로의 가시가 찔러대는 고통 때문에 떨어진다. 그러나 몸이 추워지면 다시 모인다. 그렇게 추위와 찔리는 아픔을 반복하다가 마침내는 추위와 아픔을 줄이는 적당한 거리를 찾게 된다. 우리는 여러 가지 욕망이 지나치면 탐욕이 된다. 나의 분수를 알고 분수를 지키는 것이 사는 지혜의 근본이다. 소크라테스는 너 자신을 알라고 했다. 그렇게 나를 알고 우리를 알자. 감사의 철학을 배우고 만족의 지혜도 배우자. 젊었을 때 우리는 지식과 이론의 탐구에 바쁘다. 그러다가 지혜를 갈구하게 되는데 지혜의 눈이 뜨이기 시작할 때는 훨씬 나이가 들어서이다. 천명(天命)을 알게 될 때에야 지혜의 가치를 알게 된다. 지혜는 인생의 균형과 조화를 이룰 때, 삶은 아름답고 건전해진다. 지혜를 사랑하는 사람은 항상 겸허한 마음으로 만물에서 배우고 만인의 말씀에 귀를 기울인다. 자연은 위대한 질서이고 조화이며 신비이다. 단테도 자연은 신의 예술품이라고 했다. 자연은 위대한 지혜의 원천이다. 자연에는 거짓이 없고 억지가 없다. 자연 속의 풀 한 포기, 꽃 한 송이가 모두 질서 아닌 것이 없다. 모두가 신비스럽고 조화롭다. 가장 자연스런 것이 가장 아름답다. 그래서 노자는 인류의 영원한 스승은 자연 뿐이라고 했다. 지혜는 맑고 밝은 거울처럼 우리를 비춰준다. 바로 보는 눈과 바로 생각하는 마음으로 지혜를 찾아 진리에 도달하자.

끝으로 서툴고 거친 원고를 꼼꼼히 읽고 다듬어 교정하고 책으로 나올 수 있도록 애써주신 장성고등학교 국어선생님들과 출판에 심혈을 기울여주신 교육타임스 관계자분들께도 깊은 감사의 뜻을 전합니다.

2010년 2월

반 상 진

차례

서문 _ 4

제1부_배움을 위한 메시지

탈각(脫殼)의 아름다움 _ 15

원효의 반항 _ 22

달마의 길 _ 29

간디의 정직_ 39

자아의 완성을 위하여 _ 43

자유에는 책임이 따른다 _ 48

왜? 라고 묻자 _ 53

선 의지와 콜베 신부 _ 57

창조의 길 _ 62

Win-Win의 질서를 세우자 _ 67

지혜는 자각이다 _ 72

순간은 새로운 도전이다 _ 78

철학은 시대의 불안에 대한 해답이다 _ 82

마음을 열어야 진리가 보인다 _ 91

제2부_성공을 위한 메시지

고난 속에서도 용기를 _ 105

인내의 힘 _ 110

온전한 존재에 이르는 길 _ 115

고통 속에서 진리를 체득하자 _ 121

긍정도 삶의 자양분이다 _ 126

몰입의 황홀경을 체험하자 _ 132

구하라, 얻으리라 _ 137

용기를 잃지 말자 _ 143

자신을 이기는 사람이 되자 _ 149

인화의 길 _ 154

성실의 보상 _ 158

인간은 씨앗이며 가능성이다 _ 162

축복은 어디에나 있다 _ 168

흐름만이 영원하다 _ 172

희망의 씨를 뿌리자 _ 177

제3부_인생을 위한 메시지

사랑의 은총 _ 183

걷는 즐거움과 자유 _ 187

믿음, 희망 그리고 용기 _ 193

사랑만이 희망이다 _ 198

일은 나의 특권이고 의무이다 _ 204

조건 없는 용서 _ 211

내가 나의 운명이다 _ 216

내 인생을 환하게 꽃피우자 _ 220

사랑과 평화가 넘치는 세상 _ 226

태양은 그늘진 계곡도 비춘다 _ 231

서로를 위하여 _ 235

나는 나의 주인이며 우주의 일부이다 _ 240

누구에게나 잘못은 있다 _ 247

뜨겁고 보람 있게 살고 싶다 _ 253

이상과 현실 사이에서 _ 256

우리의 전통은 아름답다 _ 262

제4부_삶을 가꾸는 메시지

아름답고 선한 세계를 위하여 _ 271

인간은 일하고 창조하는 존재이다 _ 277

조화로운 삶 _ 282

일을 즐기면 인생의 대부분을 즐길 수 있다 _ 286

소박하고 목적 있는 삶 _ 291

별빛은 어두운 밤에 더 빛난다 _ 297

삶은 천국의 본무대이다 _ 300

행복을 어디에서 찾을 것인가 _ 303

신뢰와 사랑 속에 자라는 관계 _ 308

대립에서도 조화를 찾자 _ 313

마음을 열어 흐름을 찾자 _ 317

멋있는 사람, 멋있는 사회 _ 322

비전을 가진 사람이 되자 _ 331

제1부

배움을 위한 메시지

탈각(脫殼)의 아름다움

우리가 자신에 대한 관심과 야망과 욕구로만 가득차 있게 되면 타인의 사랑을 받아들일 공간이 없다. 자신의 주위에 울타리를 만들고 자신을 방어하려는 것은 오직 자신밖에 모르는 이기적인 마음에서 비롯된다. 사랑은 상호교환이다. 욕심과 증오로 가득찬 사람은 주변 사람에게서도 욕심과 증오만을 발견한다. 자신의 마음 속에 사랑이 없으면 사랑이 다가와도 이를 받아들일 수 없다. 무엇보다도 다른 사람들이 자신에게 관심을 갖도록 만드는 가장 확실한 방법은 내가 먼저 그들에게 관심을 갖는 것이다. 풍요롭고 따뜻한 인간관계를 원하거든 스스로 편안하게 느껴야 한다. 만약 사람과의 관계가 힘들면 애완동물을 길러 보는 것도 좋다. 애완동물을 돌보는 환자들은 회복이 빠르다고 한다. 애완동물과는 대가를 바라지 않고 사랑을 나눌 수 있기 때문이다. 인생에서 정열과 환희를 느껴 그 의미를 아는 사람만이 다른 사람들에게 거부할 수 없는 존재로 다가간다. 그러나 고독 속에서 살아본 적이 없는 사람은 관계의 아름다움을 알지 못한다. 우리는 조용하고 경치 좋은 산에 오르면 감격한다. 그러나 그곳에서 태어나 외롭게 자란 사람은 번화한 도시의 한 가운데로 나와서야 세상이 이렇게 아름다울 수 있느냐며 감탄하다. 감동하기 위해서는 반대편이 필요하다. 낮이 아름다운 것은 밤이 있기 때문이다. 사랑이 아름다움일 수 있는 것은 건너편에 미움이 존재하기 때문이다. 반대의 것은 진정 반대가 아니다. 음과 양은 서로 다른 극과 극이지만 그 어느 쪽도 상대편이 없이는 존재할 수 없다. 모든 사물들은 그렇게 그들 스스로의 조화 속에서 안정한다. 마음은 언제나 한 극에서 다른 극으로 움직인다. 마음이 중간에 머무는 일은 어렵다. 마음은 늘 불균형 속에 있다. 마음은 언제나 그 반대되는 것을 그 안에 지니고 있다. 그리고 그 반대되는 것은 늘 무의식 속에 묻혀 있으면서 솟아나올 순간을 기다리고 있다.

서로에 대한 배려와 도움은 우리가 추구해야 할 삶의 방향이다. 그러나 다른 사람의 이익을 위해서 지나치게 자신을 희생하는 사람은 단순히 남을 돕는 문제로 그치지 않는다. 그들은 자신의 문제에 대해 힘들게 고민하는 것보다 다른 사람의 일에 대해 충고하는 것을 훨씬 쉽게 생각한다. 따라서 그들은 다른 사람들의 문제에 정신을 쏟는 반면에 자신의 문제를 무시해 버리는 일이 많다. 한편 자기의 인생에서는 아무 것도 이룰 수 없다고 판단하여 자신을 포기하고 다른 사람에게 봉사하는 사람도 있다. 이것은 자기 자신을 희생하며 인류에게 봉사하는 사람과는 차원이 다르다. 진정으로 헌신적인 사람들은 오직 어려움에 처한 사람들을 위해 봉사하는 것을 인생의 목표로 삼아 실천함으로써 삶의 의의와 기쁨을 찾는다. 그것은 진정한 자신을 찾기 위한 길인 것이다. 그러나 다른 사람들의 눈을 의식하여 그들의 의견을 좇는 삶 속에는 진정한 내가 없다. 그곳에는 남이 바라보는 나만 있나. 그들은 자신이 다른 사람들에게 이익을 줄 수 있는 사람이라는 사실에서 기쁨을 찾고 다른 사람들로부터 인정받기를 원한다. 그러나 자신이 하는 일이 진정으로 좋아서가 아니고 남들로부터 인정받기 위해서 베푸는 선행은 금방 한계에 부딪친다. 그런 사람은 자신에게 가장 중요한 목표가 무엇인지를 깊이 생각해 보아야 한다. 자기 자신에 대한 관리가 소홀하면 자칫 주책을 떨거나 자기도취에 빠지기 쉽다. 자신의 처지와 분수를 망각한 채 나설 자리 안 나설 자리, 설 자리 앉을 자리를 가리지 못하면 추해지고 처량해진다.

현명한 사람은 자신의 어리석음을 인정하고 그것을 성장의 발판으로 삼으려 하지만 어리석은 사람은 자기 행동을 합리화하려고만 한다. 실수는 누구나 한다. 어느 누구도 완벽할 수는 없다. 다만 실수를 통해 무언가를 배울 수 있어야 한다. 그리고 그런 용기를 지녀야 한다. 세상만 탓하는 것은 보다 나은 삶을 위해 자신을 변화시킬 수 있는 힘을 포기하는 것이다. 마음을 열고 인생의 모든 경험을 받아들여 날마다 새로운 교훈을 얻고 그에 따르는 이익도 얻어가자. 다른 사람을 이해하고 존경할 때 진정한 자신의 주체성도 강화되듯이 때로는 다른 사람의 그림자가 되어 그 사람의 눈으로 세상을 바라보며 하루를 지내보자. 자신에게 낯익고 익숙한 것과는 완전히 다른 하루를 지내보자. 진리를 찾기 위해서는 움직여야 한다. 움직이는 삶은 실수와 후회의 연속일 수도 있다. 그렇다고 움직임을 포기해서는 안 된다. 에디슨은 전구를 발명하는 과정에서 수없이 많은 실험과 실패를 반복했다. 그렇지만 그는 실패로써 잘못된 점을 하나씩 찾아냈다고 했다.

개나 고양이 같은 동물들은 다른 동물들이 자신에 대하여 어떻게 생각하는지에는 전혀 관심이 없다. 그러나 인간은 다른 사람들의 생각 특히 자신에 대한 평가에 많은 관심을 갖는다. 남에게 인정받는 것만이 삶의 목표인 것처럼 살아간다. 그래서 진정한 자신의 모습을 잃어 간다. 그러나 자신의 의지로 지배할 수 있는 유일한 것은 자신의 생각이다. 자신의 모든 것이 자신의 생각에 의해서 결정된다. 생각에 따라 행동이 달라지고 행동에 따라 습관과 성격이 달라져 결국에는 나의 운명이 변한다. 생각하는 힘을 포기하면 자신의 인생을 포기하는 것과 다름없다. 그렇게 되면 나의 가치와 행복도 다른 사람의 손으로 넘어간다. 다른 사람의 생각과 평가에 따라 나의 기분이 시계추처럼 진동한다면, 그리고 그게 바로 자신이라고 믿어 버리게 되면 '고립증후군' 에 빠지게 된다. 그런 사람은 진정한 자기를 찾을 수가 없다. 그들은 오직 자신만이 사막에 홀로 고립되어 있는 것 같은 상상 속에서 대중의 시선으로부터 자유롭다고 생각한다. 그러나 실제로는 자신을 조정하는 사람은 아무도 없다. 다른 사람들은 나의 행동에 그렇게 많은 관심을 갖고 있지 않다. 남의 평가에 연연해 하고 낭비하며 살아가야 할 인생은 나에게는 없다고 생각하자. 다른 사람의 생각은 참고사항일 뿐 결정은 내가 해야 하고, 그 결정으로 가장 큰 영향을 받는 것은 내 인생이다. 자신의 껍질을 깨고 진정한 삶의 주인으로 당당히 서자. 주위의 시선과 평가로부터 자유로워지자.

운동 중인 물체는 계속해서 움직이려 한다. 이것이 관성의 법칙이다. 이것은 물리적 세계 뿐 만 아니라 우리 자신에게 있어서도 마찬가지이다. 첫걸음을 내딛는 일이 가장 어렵지만 스스로 자기를 격려하면서 새로운 인생을 시작해야 한다. 그럴 때, 자신이 미처 깨닫지 못했던 사고나 잘못된 행동의 패러다임을 버릴 수 있고 변화에 발빠르게 대응할 수 있다. 생활에서 아무런 신선함도 생명력도 찾아볼 수 없게 되면 우리는 이리저리 움직이고 있을 뿐, 활기차게 적극적으로 살아가고 있는 상태는 아니다. 자신 안에서 꿈틀거리고 있는 욕구를 잘 살펴서 삶에 대한 새로운 의욕을 찾아야 자신이 가진 잠재력을 발휘하고 자신과 인생으로부터 얻을 수 있는 최고의 결과를 얻게 된다. 그래야 행복한 삶을 찾게 된다. 내 인생의 소중한 시간들을 책임질 수 있는 사람들은 오직 나뿐이다. 다른 사람이 내 인생을 대신할 수는 없다. 자신의 운명을 탓하며 투덜거리는 일은 그만두고 자신의 부족함도 깨끗이 인정하자. 그래야 바로 그 순간부터 자신의 인생을 지배할 수 있게 된다. 자신의 현재를 희생할 만큼 중요한 과거는 없다. 자신의 현재의 모습을 그대로 볼 수 있는 지혜와 용기가 필요하다. 그래야만 새로운 출발이 우렁차다. 우리는 인생의 소중한 하루하루를 그날 자신이 한 일과 맞바꾸고 있다. 인생은 불공평하고 잔인하기까지 하다. 그러나 그렇다고 해서 최악의 순간만이 기다리고 있는 것은 아니다. 자신의 인생이 최고가 될 것이라고 외쳐 보자. 배는 항구에 있으면 안전하지만 항구에 있기 위해 만들어진 것이 아니다. 변화를 추구하지 않는 삶은 당장은 편할지 모르나 결코 그것만으로는 행복해질 수는 없다. 우리를 행복하게 만드는 것은 배우고 성장하면서 다음 단계로 나아가는 과정에 있기 때문이다. 자신의 인생에서 보다 큰 성취감을 맛볼 수 있는 기회를 놓치지 말자.

우리는 누구나 성인군자가 될 필요는 없다. 그러나 계속 발전하기 위해서는 매일매일 배워야 한다. 그리고 자신의 말과 행동이 일치하도록 노력해야 한다. 월요일에 소용없는 종교는 일요일에도 소용이 없다. 기독교인은 언제나 어디서나 성경의 가르침을 따라야 한다. 자신의 도덕적 기준은 자신이 지킬 수 있고 일상생활에서 자신을 올바로 인도할 수 있는 것이어야 한다. 너무나 높은 도덕률을 기준으로 다른 사람을 비난하지 말자.

죽은 잎은 아무런 미련도 남기지 않고 나무에서 떨어진다. 그리고 그 자리에서 새로 자라나는 새싹에게 자리를 양보한다. 때가 되면 낡은 것은 사라지고 새로운 것에 길을 열어주는 것이 자연의 법칙이다. 우리가 삶에서 경험하는 많은 두려움과 근심은 자신이 짊어진 과거라는 무거운 짐을 계속 벗어내는 작업을 거부하기 때문에 생긴다. 하루하루를 열심히 뛰고 난 뒤에 그날 하루도 흘려 보낼 줄 알아야한다. 플라톤은 이것을 '죽음의 연습' 이라고 했다. 심리적 빚이 있다면 잠들기 전에 청산해 버리고 좋은 일에만 생각을 집중하면서 자신의 인생과 그것이 가져다 준 선물에 감사하자. 오늘 하루도 나의 처음이요, 마지막이요, 유일한 날이다. 오늘을 새 삶이 시작되는 첫날로 삼자. 오늘 나는 다시 태어난 것이다. 새로운 목표를 설정하고 새로운 전략을 세워 이런 사실을 축하하자. 자아가 건강한 사람은 자기를 있는 그대로 받아들이고 다른 사람들의 평가에 매달리지 않는다. 그러나 자아가 약한 사람은 다른 사람의 기대와 요구에 따라 자신의 가치를 평가한다. 이런 일이 자신의 삶을 방해할 정도라면 즉시 잘못된 습관에서 벗어나야 한다. 우선 거울에 비친 자신을 향하여 '아니야' 라고 말하자. 그리고 자신과 편안하게 이야기할 수 있는 상대를 찾아 거절하는 연습을 하자. 그리고 할 수 있다면 '당신을 돕고 싶지만 지금은 안 된다' 라고 거절하자. 자신을 꾸미는 일에서 자유로워지자. 외모란 나를 구성하고 있는 일부분에 불과하다. 보다 중요한 것은 자신의 내면을 가꾸는 일이며 다른 사람들에게 관심과 사랑을 베푸는 일이다. 외적인 아름다움은 오래가지 못한다. 그러나 내면의 향기는 세월이 흘러갈수록 그 향기가 더욱 은은해진다.

원효의 반항

'원효(元曉)'는 '이 땅의 첫새벽'이라는 뜻이다. 나는 원효라는 이름이 좋다. 원효가 자랄 무렵의 신라는 고구려, 백제와의 싸움으로 몹시 어지러웠다. 원효는 청년이 되어 처음 싸움터에 나갔을 때 군사들의 처참한 죽음을 보고 큰 충격을 받았다. 승리도 왕관도 행복도 명예도 죽음으로 사라지고 마는데 삶이란 무엇인가라는 생각으로 괴로워 했다. 그래서 영원히 살 수 있다는 불교의 진리를 공부하기 위해 29세 때 승려가 되었다. 그리고 그는 남의 말을 그대로 따르는 것이 아니라 자기의 생각과 체험을 통하여 진리를 깨우쳐 갔다. 원효는 한국 불교의 최고봉이다. 동양문화에 불멸의 금자탑을 쌓은 정신문화의 위대한 창조자였다.

그가 불경 공부를 위해 10년이나 나이가 어린 의상과 함께 중국 유학길에 나선 어느 날, 날이 저물어 산 속의 토굴에서 하룻밤을 보내게 되었는데 몹시 목이 타서 어둠 속을 더듬었다. 그런데 그의 손에 물이 담겨 있는 바가지가 잡혀 그 물을 마셨다. 물맛은 꿀맛과 같았다. 다음날 아침 그는 어젯밤에 마신 물이 해골바가지 안의 물이었음을 알고 깜짝 놀랐다. 그 물은 너무 더러워 토하고 싶을 정도였다. '물은 똑같은 물인데……' 원효는 생각이 이에 미치자 모든 것은 마음의 문제라는 생각이 들었다. 같은 물을 어젯밤에 마셨을 때는 감로수와 같았는데 그것이 더러운 물이라는 사실을 알고 나니 이렇게 달라졌다. 세상의 모든 것은 마음에 따라 좋은 것일 수도 있고 나쁜 것일 수도 있다고 생각되었다. 그래서 중국에 가서 공부할 생각을 버리고 그 길로 되돌아왔다. 그때 원효의 나이는 40세였다.

붓다에게 사는 보람, 인생의 목표는 생로병사(生老病死)에서 벗어나 마음에 아무런 불안도 없는 경지에 이르는 것이었다. 그는 이름난 스승을 모두 찾아다녔다. 그러나 자신의 고뇌는 스스로 풀 수밖에 없다고 생각하고 네란자라 강가 아름다운 숲과 조용한 마을이 있는 곳에서 6년 동안 무서울 정도로 괴로운 수행을 하였으나 깨달음은 찾아오지 않았다. 그는 마지막에 강을 건너 맞은편 무우수 나무 아래 앉아서 명상에 빠졌고 마침내 그곳에서 영원의 깨달음을 얻게 되었다. 후에 그 나무를 보리수라고 불렀다. 사람의 마음은 그 어디에도 얽매임 없이 순수하게 집중하고 몰입할 때 저절로 평온해지고 맑고 투명해진다. 마음의 평온과 맑고 투명함 속에서 정신력이 힘껏 발휘되고 고도의 주의력과 순발력과 판단력을 갖추게 된다.

원효는 사람은 누구나 궤짝 속에 갇힌 도둑의 운명이라고 하면서 한 도둑 이야기를 했다. 한 도둑의 아들이 아버지가 중병으로 곧 죽게 될 것을 알고 아버지에게 도둑질하는 방법을 가르쳐 달라고 청했다. 아버지는 아들을 데리고 어떤 부잣집 창고 문을 열고 들어가 창고 안에 있는 쌀 궤짝 속에 아들을 넣고 문을 잠근 다음 나는 먼저 갈 테니 네가 알아서 하라며 돌아와 버렸다. 아들은 분개했으나 아버지만을 나무라고 욕하고 있을 때가 아님을 알고 탈출 방법을 생각했다. 쌀 궤짝을 빠득빠득 긁자 그 소리를 듣고 주인이 나와서 그 속에 쥐가 들어있는 줄 알고 궤짝의 문을 열자 그 순간에 도망을 쳤다. 무사히 집에 돌아와 아버지에게 대들자 아버지는 지금쯤 돌아올 줄 알았다며 내가 예상했던 시간보다 빨리 돌아왔으니 이제는 됐다며 웃고 있었다. 아버지는 아들에게 사람은 막다른 골목에 이르면 무슨 일이고 할 수 있다는 점을 가르쳐 주었다.

원효는 사람은 누구나 자기 힘으로 이 운명을 깨뜨리고 나올 수 있다고 했다. 원효는 주먹을 불끈 쥐고 일어섰다. 금강경의 깊은 뜻을 알았다. 원효는 산 속에서 홀로 도를 닦고 공부만 하는 것보다 속세에서 대중과 함께 생활하면서 불교의 진리를 널리 알리고 우리의 생활 속에 불교가 스며들게 하고 싶었다. 그때부터 원효는 조롱박을 두드리고 춤을 추면서 노래를 불렀다. 그는 불교의 진리가 담긴 '무애가(無碍歌)' 라는 노래를 지어 스스로 불렀다. 많은 사람들이 몰려와 원효와 함께 춤을 추며 노래를 불렀다. 시골 사람들까지 부처님을 알게 되었다. 그는 불교의 엄격한 계율을 스스로 깨뜨리고 무열왕의 딸 요석공주와 인연을 맺어 아들까지 낳았다. 그가 유명한 설총이다. 원효의 장인은 김춘추다. 원효는 승려의 옷까지 벗고 대중들과 더불어 생활했다. 원효가 추었던 춤은 무애춤으로 그것은 춤의 최고 경지였다. 원효는 달빛과도 놀고, 겨드랑이에 스미는 산들바람에도 어깨가 들리고, 개구리와 풀벌레 울음에도 발걸음이 건들거렸다. 원효 앞에서 자연은 온통 사랑으로 가득차 있었다. 바람도 물결도 사랑으로 춤추고 출렁이었다. 아무것도 사랑을 대신할 수는 없다. 사랑은 말로는 나타낼 수도 없다. 그렇게 원효와 우주는 사랑으로 춤추고 사랑으로 출렁거렸다.

예수나 부처가 혼자서 깨우침의 단계에 머물지 않고 사람 사는 저잣거리로 내려온 까닭은 깨우침이라는 것도 사람 사이에서 얻어지는 것이지 사람 사는 세상을 떠나서는 얻을 수 있는 것이 아니기 때문이다. 관계의 고리가 밀집된 곳이 깨우침의 본래의 자리이고 세상길을 떠나서는 삶의 길도 없다. 부딪치고 깨지고 아프면서 이것들을 해소할 길을 찾아야 열 수 있다.

원효는 파계승이 되고 거지가 되어 산간 벽지를 돌아다녔다. 강원도 어느 절간에 발을 들여놓았을 때에는 그는 절간에서 밥을 짓고 청소하고 빨래하는 머슴이 되었다. 3년을 작정하고 일하는 가운데 그는 자기를 죽여가고 있었다. 절간에서 열심히 불도를 배우려고 아침 저녁으로 옷깃을 여미고 열심히 불경을 읽고 있는 젊은 학승들은 다름 아닌 원효가 해석한 〈금강경 주석〉을 읽고 있었다. 원효는 그들을 위해서 밥을 짓고 요강을 닦았다. 그 절의 주지는 별로 하는 일도 없이 밤낮 먹고 놀면서 젊은 중들이 공부하러 가는 틈을 타서 하루에 한 번씩 부엌으로 원효를 찾아와 누룽지를 얻어 갔다. 비가 오거나 눈이 오거나 그 일은 그치지 않았다. 원효는 이 절간에서 더 얻을 것은 없었다. 그래서 새 일터를 찾아 길을 떠났다. 모든 중들은 이렇게 충실한 머슴을 다시 구할 수 없을 것이라고 생각했고 지극히 섭섭했다. 누구보다도 주지 스님은 누룽지 때문에 더욱 안타까워 했다. 늙은 주지는 계속 원효를 따라왔다. 결국 마을 밖 언덕까지 따라왔다. 주지는 숨이 차서 언덕 위에서 잠깐 쉬어가자고 말한다. 두 사람은 길가 돌 위에 주저앉았다. 원효는 멀리 절간을 바라보니 그 동안 고생은 했지만 감개무량했다. 그때 돌연 큰 소리로 "원효!"라고 자기를 찾는 소리가 들렸다. 깜짝 놀라 정신을 차리고 사방을 살펴보았지만 주지 말고는 아무도 보이지 않았다. 원효를 부른 것은 주지였다. 이것은 원효에게 청천벽력이었다. 그 동안 자기를 아는 이가 아무도 없는 줄 알았는데 자기가 그토록 멸시한 주지는 자기가 누구인지 알고 있었던 것이다. 놀라운 일이었다. 원효는 주지 앞에 엎드려 "당신은 누구이십니까?" 하고 물었다. 주지는 얼굴에 미소를 지으며 대답했다. "원효! 숨으려면 귀신도 모르게 숨어야지 나 같은 것한테 들켜서야 어디 살 수 있겠소?" 그리고 주지는 아무말 없이 떠나가 버렸다.

그 뒤로도 원효는 염병이 도는 마을로 가서 병자를 돌보고 시체를 묻고 거지와 같이 자고 도적과 같이 길을 걸으면서 그들을 구하는 불사신이 되었다. 원효가 관음성상을 뵙고자 일보일배(一步一拜)하면서 길을 걷다가 다리 밑에 이르니 한 여인이 빨래를 하고 있었다. 원효가 하도 목이 말라 빨래하는 아낙네에게 물 한 그릇을 청했다. 그러자 아낙은 월경대를 빨던 빨간 물을 주었다. 원효는 그 물이 더러워서 쏟아버리고 손수 맑은 물을 떠 마셨다. 그리고 그곳을 떠나면서 잠깐 뒤를 돌아보았더니 그 아낙은 온데간데 없이 사라져 버렸다. 그제야 그 여인이 그 동안 일보일배하면서 맞이하고 싶었던 관음보살의 화신일 줄 알았지만 때는 이미 늦었다. 그는 자신은 관음을 볼 수 있는 눈이 없다는 것을 깨닫고 통탄했지만 이제는 어쩔 수가 없었다. 그때 마침 파랑새 한 마리가 나타나더니 자기를 따라오라는 듯이 앞서서 날다기 멈추었다. 원효는 그 새를 따라갔다. 그 새는 소나무 위에 앉았다가 어디론가 사라져 버렸고 그 소나무 아래엔 신 한 짝이 벗겨져 있었다. 그리고 원효가 낙산사에 이르니 또 전에 보았던 신 한 짝이 벗겨져 있었다. 그래서 원효는 전에 만났던 여인이 관음의 진신(眞身)임을 알았다. 그래서 그때 사람들은 그 소나무를 관음송이라고 했다.

원효에게는 평생 잊을 수 없는 두 사람이 있었다. 하나는 누룽지 스님이요, 다른 하나는 방울 스님이었다. 그들의 깊은 곳에는 아무도 볼 수 없는 맑은 샘이 흐르고 있었다. 생명은 깊은 곳에 숨어서 깨끗함을 유지한다. 숨은 생명은 영원히 변함없고 깨끗하다. 원효도 두 스님을 생각하면서 자기를 돌아보고 자기를 다듬어 온갖 모욕을 달게 받으며 끊임없이 정진했다. 그리고 삶과 죽음을 넘어서 완전한 자유인이요 주인이 되었다. 어디서나 주인이 되면 그곳이 곧 극락이다. 김춘추, 김유신이 칼을 가지고 지킨 나라를 원효는 표주박을 차고 춤을 추고 노래를 부르면서 자아를 찾고 국가의 의식을 심었다. 나를 찾고 남을 보살펴 주고 나라의 소망과 생명이 밝게 타오르게 했다. 원효의 평화스런 얼굴과 온화한 마음은 얼음장 같던 사람들의 마음에 화창한 봄바람으로 꽃피웠다.

돌을 현미경에 놓고 관찰하면 조금도 움직이지 않음을 알 수 있다. 그러나 산호조각을 놓고 보면 산호가 성장하면서 변화하고 있음을 알게 된다. 산호는 살아 있고 돌은 죽어 있기 때문이다. 성장하고 있는 것만이 살아 있다는 증거이다. 이것은 우리의 마음의 세계도 마찬가지이다. 성장하고 있으면 그 사람은 살아 있는 것이요, 성장하고 있지 않으면 죽어 있는 것이나 다름없다. 우리는 항상 성장하고 향상하면서 보다 훌륭한 사람이 되어가야 한다. 영국의 극작가 버나드 쇼는 그의 작품 〈워렌부인의 직업(Mrs. warren's profession)〉에서 "자신이 이렇게 된 것이 나쁜 환경 때문이라고 불평만 하는 사람들이 있다. 그러나 이 세상에서 훌륭하게 살고 간 사람들은 스스로 일어나서 자신이 바라는 환경을 발견하지 못했을 경우에는 스스로 만들어 냈다. 운명론을 저버려라!" 라고 했다.

달마의 길

달마는 4세기 인도의 남부 팔라바스 제국의 셋째 왕자로 태어났다. 그는 모든 면에서 뛰어났기 때문에 왕은 그를 후계자로 삼으려고 했다. 그러나 그는 세속적인 일로 자신의 시간을 보내고 싶지 않아 그 자리를 포기했다. 그는 자신의 본성을 알고 싶었다. 그것을 알지 못하는 한 육체의 죽음을 자신의 종말로써 맞이해야 함을 알았기 때문이다. 많은 구도자들처럼 그도 죽음의 문제를 깊이 알고 싶었다. 종교는 죽음의 비밀 뿐 아니라 죽음의 축복과 진리도 찾고 있고, 삶의 의미도 찾고 있다. 그러나 죽음이 없다면 지금처럼 많은 사람들이 종교를 찾지는 않았을 것이다. 달마는 그의 아버지에게 만일 부왕께서 자신을 죽음에서 구할 수 없다면 자신의 길을 막지 말라며, 자신은 죽음을 넘어서는 그 무엇을 찾고 싶다고 했다. 왕은 너를 막을 수 없다고 말했다. 나는 너의 죽음을 막을 수 없다. 나로서는 슬픈 일이지만 그것은 나의 집착이며 나의 일이라고 했다.

우리는 날마다 무엇인가를 취하고 다른 무엇인가를 버린다. 아무것도 선택하지 않는 것도 선택이다. 달마는 참으로 많은 것을 버렸다. 왕위와 돈과 사치와 향락이 모두 그의 것이었다. 그러나 그는 이 모든 것을 버렸다. 그리고 세속을 버렸다. 진리에 대한 열정과 용기 때문이었다. 그는 참으로 혁명적인 사람이었다. 석가가 부처가 된 후에 가섭이 두 번째로 부처가 되고 달마는 스물 여덟 번째로 부처가 되었다. 달마는 부처요, 깨달은 사람이고 진리의 왕이라고 해서 법왕이라고도 한다.

달마가 석가와 다른 점 중의 하나는 석가는 여자가 자신의 교단에 들어오는 것을 두려워했지만 달마는 깨달음을 얻은 여자를 스승으로 선택했다. 그리고 그녀의 가르침에 따라 중국에 갔다. 그녀는 프라기야타라였다. 이전에 많은 사람들이 중국에 불교를 전하러 갔지만 그때까지 깨달은 사람은 아무도 없었다. 그들은 위대한 학자였고 사랑과 자비와 동정심은 많았지만 깨달은 사람은 없었다. 중국은 또 다른 부처가 필요했다.

아담은 붉은 흙으로 만들어졌다. 이브는 아담의 가슴에서 만들어졌다. 남자의 근원은 먼지다. 따라서 남자는 물리적인 육체이다. 먼저 남자가 창조되고 거기에서 여자가 창조되었다. 여자는 남자보다 더 높은 어떤 것이고, 더 정밀하고 세련된 어떤 것이다. 남자보다 더 멋진 종합의 어떤 것이다. 이브는 직접 흙으로 창조될 수 없는 더 높은 어떤 것이다. 아담은 흙을 의미하지만 이브는 가슴을 의미한다. 그것이 이브의 이름이 되었다. 에바(Eva)나 이브(Eve)는 가슴을 의미한다. 남성은 육체이고 여성은 영혼(Psyche)의 본체이며 마음이다. 모든 것이 마음을 통해서 일어난다. 여성은 가장 깊은 곳에 있다. 예수는 처녀 마리아에게서 태어났다. 처녀는 전적으로 순수한 마음을 의미한다. 예수는 처녀 마리아의 순결, 순수를 통해서 세상에 태어난다. 마리아(Marya)는 히브리어 마리암(Mariam)에서 나왔고, 그 뜻은 반항을 의미한다. 아담은 순종하지 않아서 자기를 찾았고 예수는 반항을 통해서 솟아올랐다.

나폴레옹은 집 밖에서는 위대한 사람일지는 모르나 집에 돌아오면 공처가였다. 사실 모든 남편은 다 공처가이다. 공처가가 아니라면 도인이다. 여자는 지배하는 것 없이 지배한다. 여자는 남편을 보살피고 온갖 방법으로 봉사한다. 그것이 바로 여자가 승리자가 되는 길이다. 아내는 결코 남편을 공격하려 하지 않는다. 결코 정복자가 되려고 하지 않는다. 바로 그것이 그녀의 승리이다. 노자는 여성의 힘을 '물 흐르는 길' 이라고 했다. 남자는 바위와 같고 여자는 물과 같다. 바위와 물이 만나면 처음에는 바위는 너무나 강하고 물은 너무나 연약하지만 언제인가는 물이 바위를 깎아내릴 것이다. 그러면 바위는 모래알로 사라지고 물은 다시 잔잔해질 것이다. 예수가 십자가에 매달려 있을 때도 끝까지 슬퍼하면서 지켜보고 있던 사람들은 세 사람의 여자 뿐이었다.

중국에는 달마가 오기 600여년 전에 불교가 전해졌다. 그때 중국은 유교의 영향 아래 있었는데 사람들이 유교에 싫증을 느끼고 있을 때여서 불교가 사람들에 쉽게 전해지고 수용되었다. 유교는 삶의 내면적 신비에 대해서는 알지 못했기 때문이다. 달마가 중국에 왔을 때 중국은 남북으로 갈라져 있었는데 남쪽은 양나라였고 북쪽은 위나라였다. 달마는 남쪽 양나라로 갔는데 그때 양나라의 양무제만큼 불교의 발전에 공헌한 사람도 없었다. 무제는 많은 사찰을 지었으며 승려를 보호하고 불경을 번역했다.

달마가 중국에 온 뒤 중국의 황제 양무제가 달마를 찾아왔다. 달마가 중국에 들어섰을 때 달마는 한 짝의 신을 한 쪽 발에 신고 다른 쪽 신은 머리에 이고 있었다. 그때 달마를 위대한 성자나 현자라고 생각하고 있었던 황제는 어리둥절하여 혼란에 빠졌다. 그리고 달마에게 모든 사람들이 당신을 비웃고 있으며, 더욱이 나의 앞에서 그 꼴을 하고 있으면 나까지 비웃고 있으니 어서 성자처럼 행동하라고 했다. 그러나 달마는 성자가 아닌 사람만 성자인 체 한다고 했다. 자신이 머리 위에 신을 얹고 온 것은 삶에서는 어떤 것도 신성하지 않고 또 어떤 것도 불경스럽지 않다는 것을 상징적으로 말하기 위해서였다며 신이나 발바닥도 머리만큼 성스러운 것이라고 말씀드리기 위해서 그렇게 했다고 말했다. 황제에게 느낌이 왔다. 정말 큰 스승을 만난 듯 싶었다. 그래서 스승으로 모시겠다면서 궁전으로 가자고 간청했다. 물론 달마는 그곳은 내가 있을 곳이 아니라며 거절했다. 그래서 무제가 달마에게 그 동안의 자신의 업적을 알려드렸다. 그러자 달마는 한마디로 무(無)라고 대답했다. 이는 공덕이 없다는 뜻이다. 그래서 깜짝 놀란 무제는 달마에게 나의 공이 아무 것도 없다면 당신은 부처님이 아니냐고 물었다. 그러자 달마는 비(非)라고 대답했다. 자신이 부처가 아니라는 말이다. 더욱 놀란 무제는 그러면 진리가 무엇이냐고 물었다. 그러자 달마는 불(不)이라고 대답하고 무제가 어쩔 줄 몰라하고 있는 틈을 타서 자취를 감춰 북쪽으로 가 버렸다. 불교의 법왕인 달마가 진리를 모른다니(不識)……. 무제는 자신이 꿈을 꾸고 있는 것처럼 생각되었다.

당시 중국에는 2백만 명의 불교도들이 있었으나 달마는 아무도 자신의 제자로 삼을 만한 사람이 없음을 알았다. 진리를 찾다가 뜻을 이루지 못한 혜가는 마지막으로 중국에 온 달마를 만나는 길밖에 없다고 생각했다. 전국을 주유한 혜가는 소림사에서 9년 동안이나 면벽하고 있던 달마를 만났다. 혜가는 달걀 껍질 속의 병아리가 그렇듯이 열심히 진리와 자유를 찾아 몸부림쳤지만 혼자 힘으로 껍질을 깨고 나올 수가 없었다. 어미 닭의 도움이 필요했던 것이다. 나는 나의 진료실 벽에 내 고장의 자랑스런 서예가인 운아(雲雅) 길덕남 여사가 쓰신 '서로 힘을 합하여 지내라' 는 의미의 줄탁동시(啐啄同時)' 라는 액자를 걸어 놓고 있다. 이는 혜가의 생각과 같다.

달마는 일생 동안 네명의 제자만을 입문시켰다. 양무제가 떠난 후 달마는 벽을 마주보고 9년을 앉아 있었다. 달마는 망상을 버리고 실체를 향한 사람은 벽을 바라본다고 했다. 거기에는 나도 없고 남도 없으며 거기에서는 중생과 부처가 하나라고 했다. 거기에서는 침묵으로 동의하고 더 이상 방황하지 않는다고 했다. 벽을 바라보는 사람은 모든 생각을 버린 사람이다. 그의 마음은 벽과 같이 텅비어 있게 된다. 그것이 부처가 말하는 무아(無我)의 상태이다. 그곳에서는 중생과 부처가 하나이다. 그리고 나에게 제자가 찾아오지 않는 한 자신은 제자를 스스로 찾아 나서지 않겠다고 했다. 사람들이 벽을 바라보고 앉아 있는 그의 등뒤에 앉아 있어도 그는 얼굴을 돌리는 법이 없었다. 9년의 세월이 흘렀을 때 혜가가 찾아왔다. 그러나 달마는 만나주려 하지 않았다. 스스로의 힘으로 깨쳐보라는 뜻이었다. 혜가는 눈 속에 삼일 동안이나 무릎을 꿇어 앉아 떠나지 않았다. 혜가는 달마더러 당신이 나를 돌아보지 않으신다면 제 머리를 당신 앞에 던질 작정이라고 말했다. 달마가 등을 돌려 혜가를 바라보며 너는 무엇 때문에 그토록 야단이냐고 나무라자 혜가는 즉시 "마음이 괴로워서 그렇습니다."라고 대답했다. 그러자 달마는 그런 것이 문제가 되느냐며 그러면 아무 괴로움도 없는 마음을 만들어 줄 터이니 마음을 내놓으라고 했다. 기뻐서 어쩔 줄 모르던 혜가는 내 놓을 마음이 없다고 솔직하게 고백했다. 그 말을 듣고 달마는 마음이 있기 때문에 고민이 있을 것이나, 마음이 없다면 아무런 괴로움도 없을 것이니 다행한 일이라고 대답했다. 그 말을 들은 혜가는 비로소 눈을 떴다. 긴 여정의 끝에서 두꺼운 껍질을 깨고 진리와 자유의 세상으로 나온 것 같았다. 일체가 마음의 장난이라면 마음이 없으면 아무런 문제도 없는 것이다. 모든 번민과 고뇌가 사라진 것이다. 달마와 혜가는 이렇게 만났다. 또한 달마는 중국에서 선종의 시조가 되었으며 혜가는 2조가 되었다. 이렇게 해서 달마의 첫제자가 된 혜가를 비롯해서 그 뒤 달마는 세 명의 제자를 더 입문시켰다. 그러나 달마는 그 중에서 한명의 제자만을 후계자로 선택했다. 그러자 세 사람이 달마에게 복수했다. 그래서 달마는 독을 마시게 되어 땅에 파묻혔다. 그러나 그는 다시 살아나 히말라야의 만년설 속에서 죽기 위해 떠났다. 그는 허공 속으로 사라지기를 원했다.

달마가 땅에 파묻힌 뒤 3년이 지나서였다. 한 관리가 달마가 맨발에 지팡이를 짚고 히말라야로 가고 있는 것을 보았다. 그의 지팡이에는 짚신 한 짝이 매달려 있었다. 이상하게 생각한 관리는 달마에게 지팡이에 짚신을 매단 뜻이 무엇이냐고 묻자, 달마는 관리에게 머지않아 곧 알게 될 것이라고 말하고 그대가 나의 제자들을 만나거든 내가 히말라야로 들어가면 다시는 영원히 돌아오지 않을 것이라고 전해 달라고 했다. 그 관리는 달마가 살던 절로 찾아가서 제자들에게 그 사실을 전했다. 그리고 제자들과 함께 무덤을 파 보았다. 그러나 무덤 안에는 짚신 한 짝만 남아있을 뿐 아무것도 없었다. 그제서야 그들은 달마의 말을 이해했다. 달마도 예수처럼 부활한 것이다. 그는 그의 무덤도 없고 사원도 없고 불상도 세워지지 않은 히말라야의 만년설 속에서 죽기를 원했다. 그는 자신을 숭배할 만한 어떤 흔적도 남겨놓고 싶지 않았다. 그는 허공 속으로 사라지기를 원했다. 달마는 무서운 용모를 갖고 있다. 그의 초상화를 보면 겁이 나게 생겼다. 그러나 그것은 진실이 아니다. 그는 왕자로 태어났고 본래 매우 준수한 용모였다. 초상화는 그의 맹렬하고 사나움을 표현하기 위해서 그린 그림일 뿐이다.

달마 자신에게도 일체를 부정하고 궁극에 이르는 일은 어려웠다. 어느 스님이 불교를 떠나고, 부처까지 버리고 나니 본 나(本我)를 찾을 수 있었다고 했다. 그러나 언젠가는 본 나까지도 버려야 할 때가 있다. 달마 대사가 도를 닦고자 자신 있게 길을 떠났을 때, 달마 앞에 큰 뱀이 나타났다. 달마는 깜짝 놀라 공포에 떨었다. 이때 부처께서 "달마야, 아직도 너를 버리지 못하였느냐. 너 자신이 있기 때문에 무서운 것이지 너 자신이 없다면 무서운 공포가 있을 수 없다."고 말했다. 이 세상에서 제일 어려운 일은 마음을 비우는 일이다. 모든 소유를 버렸을 때만 온 천하가 자신의 것이 된다. 그래서 금강경에서도 나를 버리는 일이 힘든 일이라고 했다.

불교에서는 불교적인 사고의 특성은 부정의 정신에 있다고 한다. 부정의 한없는 연속은 마침내 부처까지도 부정하게 되어야 한다고 한다. 우리가 부정을 계속하는 것은 그 과정을 통해서 그 이상 더 부정할 수 없는 자리 즉 '궁극적인 긍정' 의 자리에 나아가기 위해서이다. 궁극적인 긍정은 부처를 만나기 위해서이다. 그러나 불교에서는 부처마저 부정하라고 한다. 그렇다면 그 부정이 무엇을 위한 부정인지 모르게 될 것이다. 그러나 불교에서는 그 어느 것에도 걸리지 않는 삶을 참삶이라 하고, 그 어떤 것에도 예속되지 않는 것이 삶의 진면목이라고 한다. 신이란 이름으로 이루어진 일체의 관념을 전제하는 것도 일종의 예속이라고 생각한다. 털리히도 참된 신은 우리가 믿고 고백하는 신을 초월해 있는 분이라며 신에 대한 한없는 부정으로 신 이상의 신을 내세우고 있지만 불교에서는 신 이상 가는 신마저 부정한다.

장자는 신발이 맞을 때 몸이 있다는 것과 발이 있다는 것을 잊게 된다고 했다. 모든 것이 잊혀질 때 에고(Ego) 즉 자의식에 매달릴 필요는 없게 된다. 에고는 잘 맞지 않는 신발, 어딘가에 걸려서 아픔을 느끼게 하는 신발을 필요로 한다. 그렇게 되어야 자기가 누구인가라고 기억한다. 그들은 무엇인가 특별한 것을 필요로 한다. 자기를 의식하게 되는 것은 무엇인가 잘못되어 있을 때만 생겨난다. 그리고 모든 것이 올바르게 되면 자의식은 사라진다. 그래서 에고이스트들은 사랑도 하지 못하고 명상이나 기도도 하지 못한다. 그들은 항상 잘못된 것을 찾고 끊임없이 불편해지려 하고 불편 속에서만 존재한다.

달마는 부처는 구원하지 않는다고 했다. 인도에서는 힌두교, 시크교, 자이나교, 불교 이 네 가지 종교가 생겨났다. 자이나교와 불교는 누구를 구원한다고 말하지 않는다. 내가 너를 구원한다고 말한다면 그것은 내가 너보다 뛰어나다는 의미이다. '나' 는 '너' 와는 다르게 특별하고, 독생자이며, 신의 사자인데, '너' 는 그저 보통사람이라는 생각에서 나온 것이다. 그러나 유태교나 기독교나 이슬람교는 모두 구세주에 대한 생각을 갖고 있다. 기독교인들은 예수를 우리의 구세주라고 말한다. 그러나 부처는 모든 존재가 평등하다고 했다. 이 세상 모든 사람은 각자가 한 사람의 부처이다. 다만 자신들이 잠들어 있어 모르고 있을 뿐이다.

달마는 인류 역사상 명상의 가장 위대한 스승이다. 그는 아무것도 없는 벽을 바라보고 9년 동안이나 앉아 있었을 때, 눈을 깜빡거릴 때마다 집중이 흩어지는 것을 보고 더 이상 눈을 깜박거리지 않기 위해서 눈꺼풀을 베어내었다. 그리고 그 눈커풀을 마당에 던져버렸다. 그런데 거기서 한 식물이 자랐다. 그 나무의 이름이 중국식 발음으로 '타(Tah)' 였다. 그것은 당시 달마가 머물렀던 산 이름이고, 이 식물이 오늘날의 차(Tea, 茶)가 되었다. 그래서 차를 마시면 각성된다. 물론 하나의 일화이다. 눈이 깜박거리면 잠이 든다. 그때 차 한잔을 마시면 잠이 깬다. 그래서 선승들이 차를 소중히 여긴다. 일본 사람들은 마치 사원으로 들어가는 것처럼 다실로 들어가서 차가 준비되는 동안 고요히 앉아서 명상을 한다. 물이 끓는 소리를 듣고 그 차의 향기와 빛깔 그리고 다기에서 전해지는 따뜻한 감촉까지 놓치지 않고 느낀다. 그것이 차를 마시는 예법이다. 그래서 다도(茶道)라고까지 부른다.

우리가 하나의 중심에 이르게 될 때 그곳이 집이 된다. 그때 갈등이나 불안이나 불화는 없다. 이때의 감동과 환희에는 고뇌와 번민이 있을 수 없다. 그리고 지복의 순간이 찾아온다. 그리고 그곳에는 평화만이 흐른다. 그것은 별이 빛나고 강이 흐르는 것처럼 자연스럽다. 이제 나의 존재 자체가 축복 속에 있다. 그것이 바로 나 자신이다. 달마는 어떤 것도 글로 남기지 않았다. 깨달은 사람은 글을 남기지 않으며 달마도 예외가 아니었다. 그의 제자들이 기록해 놓은 것이 후에 책으로 만들어졌다. 말에는 온기가 있지만 글은 식어 버렸다. 말 속에는 스승이 살아 있고, 스승의 축복과 은총이 들어 있고, 가슴의 고동이 있다. 그러나 문자 속에는 이 모든 것들이 빠져 있다. 많이 깨달은 사람들은 이런 연유로 글자를 남기지 않는다.

간디의 정직

한 잡지사가 루즈벨트 대통령이 형편없는 술주정뱅이라는 내용의 기사를 썼다. 대통령은 물론 참모들도 몹시 화가 났다. 잡지사 사장과 기사를 쓴 기자를 불러 따끔하게 혼내주고 사과문을 내도록 하자고 했다. 그러나 대통령은 그 정도로는 화도 풀리지 않을 뿐더러 권력을 남용하는 것이니 명예훼손죄로 정식으로 고소하고 손해배상을 청구하자고 했다. 대통령이 법정에 나왔고 판사는 잡지사 사장과 기자 그리고 대통령을 여러 차례 심문하고 다시 배심원들과 논의하여 판결을 내렸다. 그 내용은 잡지사의 기사는 허위기사임이 밝혀졌으니 개인의 명예를 침해한 것이 분명하다고 인정되므로 대통령이 요구한 배상금을 지급하라는 선고였다. 그러자 방청석에서는 이제 잡지사는 망하게 되고 말 것이라며 술렁거렸다. 그때 판사는 대통령이 청구한 손해배상금은 1달러라며 말을 마쳤다. 참모들이 겨우 1달러냐며 말이 안 된다고 다시 술렁거리자 루즈벨트 대통령은 웃으면서 자신은 손해배상금을 받으려고 고소한 것이 아니라 진실을 밝히고 싶었을 뿐이라고 했다. 앞으로 그따위 엉터리 기사를 쓰는 사람이 없게 되었으니 됐다고 했다.

우리는 마음의 밭에 진실과 사랑의 씨앗을 심어야 하고 마음에서 거짓과 속임수의 불의를 몰아내는 것은 모든 사람의 도덕적 의무이다. 우리 모두가 저마다 참된 생활, 진실한 생활을 해야 참된 사람이 잘 살 수 있고 신의와 진리의 향기가 피어난다.

간디는 어려서부터 경건하고 독실한 종교적 분위기 속에서 성장했다. 그의 종교성은 그의 생애와 인격과 사상의 일관된 특성이었다. 어렸을 때 그는 수줍음이 많았고 우직하리만큼 정직했다. 간디가 초등학교에 다닐 때의 이야기이다. 간디는 언제나 성적이 우수했다. 그러나 한 번 그는 자기 반에서 가장 낮은 점수를 받았다. 그러나 그 이야기는 아주 감동적이다. 간디가 다니던 학교에 장학관이 시찰을 나왔고 그는 학생들에게 시험문제를 내놓고 다음 교실로 옮겨갔다. 그리고 시간이 되면 시험지를 거두어서 가져오도록 그 반 담임 교사에게 지시했다. 그때는 인도가 영국의 식민지였기 때문에 장학관은 영국인이었다. 교사는 자기반 아이들의 점수를 높이기 위해 교실 안을 돌아다니면서 틀린 답을 바르게 고쳐주었다. 교사가 앞장서서 컨닝을 도와준 것이다. 다른 아이들은 모두 교사의 조언대로 답안을 고쳐 100점을 맞았으나 간디만이 틀린 것은 틀린 그대로 제출하여 자기 반에서 제일 낮은 점수를 받은 것이다.

미국의 존 홉킨스 대학에서는 시험시간에 교수는 시험문제만 나누어주고 나갔다가 시간이 되면 다시 와서 답안지를 거두어 간다. 학생들은 그 시간에 차를 마시거나 화장실에 다녀와도 되지만 책을 보는 것만은 금지되어 있다. 어떤 경우에는 답안작성 시간만 미리 정해주고 집에 가서 답안을 작성해 오도록 하기도 한다. 그 경우에도 물론 서적을 참고하는 일은 금하고 있는데 모든 학생들이 그 규정을 지킨다고 한다. 영국의 이튼스쿨은 15세기에 세워진 세계에서 제일 오래되고, 제일 크고, 제일 유명한 학교이다. 유럽을 무력으로 제패한 나폴레옹을 워털루 전투에서 물리친 웰링턴 장군이 이 학교 출신이다. 그는 전쟁을 마치고 모교에 돌아와 학생들 앞에서 나의 승리는 모교의 운동장에서 결정이 났다고 했다. 이 학교에서는 시험시간에 선생님이 문제지를 나누어 주고 나가도 아무도 부정할 생각을 하지 않으며 집에 가지고 가서 풀어 오라 해도 정해진 시간 안에 푼 답안지를 그대로 가지고 온다고 한다. 이것이 학생들이 긍지를 갖고 있는 이 학교의 무감독 시험제도(Honour System)이다.

인류의 위대한 스승들은 모두가 우직하였지 약고 영리한 사람들은 아니었다. 그들은 큰 바보들이었다. 동양의 고전들은 크게 어진 사람들은 큰 바보라고 했다. 예수는 남을 일곱 번 용서할 것이 아니라 일흔 번씩 일곱 번 용서하라고 했다. 자신의 목숨을 하느님 뜻대로 하라고 했다. 그는 인류의 바보였다. 그들은 계산에 빠른 영리한 사람이 아니었다. 어리석기로 말하면 그들보다 어리석은 사람이 없다. 그러나 그들보다 착하고 슬기로운 사람도 없다. 인류의 큰 스승은 인류의 큰 바보들이었다. 우리는 예수와 같은 바보, 석가와 같은 바보가 되어야 한다. 간디는 모든 거짓과 폭력은 언제인가는 사라지고 진실과 사랑만이 영원히 남아 승리한다는 정신을 인류에게 남겼다.

아테네의 철학자 소크라테스는 국교와 상반되는 믿음을 퍼뜨리고 젊은이들을 타락시킨다는 이유로 국가권력에 의해 고발당했다. 당시 지배하고 있던 사상에 대한 소크라테스의 비판은 젊은이들의 생각을 바르게 이끌기 위해서였다. 그 때문에 지배계층의 특권과 이념이 위협을 받았다. 소크라테스는 고발의 이유가 타당치 않음을 잘 알고 있었다. 아테네를 떠나면 법정에 서지도 않고 위기를 넘길 수 있다는 것을 잘 알고 있으면서도 그러한 행동은 자신의 철학적 원칙에 위배된다는 이유 때문에 당당히 재판을 받았고 예측한 대로 사형이 선고되었다. 그리고 그는 가장으로서의 도덕적 의무와 제자들의 살 수 있는 방책 주선에 대한 마지막 설득도 거부하고 국가의 법에 대한 공적 의무가 선행한다는 자신의 철학적 소신에 따라 의연히 독약을 마셨다. 누구에게나 생존은 가장 원초적 본능이고 소중한 가치이다. 그럼에도 그는 자신의 생명까지 버리면서 원칙대로 살았고 자신에게 정직했다. 소크라테스를 사형에 처한 아테네의 권력자들은 이름도 남기지 못하고 죽었지만 자신의 철학적 소신에 따라 감옥에서 도망가기를 끝까지 거절하고 죽음을 택한 소크라테스는 모든 인류의 가슴 속에 가장 현명한 사람으로 영원히 살아있다. 진실과 원칙에 따라 사는 사람은 고귀하다. 오늘날 우리 사회에서는 소크라테스, 간디, 루즈벨트가 그립다.

자아의 완성을 위하여

한 왕에게 모두가 똑똑하고 건강하고 재능이 있는 세 아들이 있었다. 그러나 그것이 걱정이었다. 어느 아들에게 왕국을 물려주어야 할지 결정하기가 어려웠기 때문이다. 할 수 없이 한 현자와 상의한 끝에 왕은 세 아들을 불러 같은 양의 씨앗을 나누어 주면서 자신은 성지순례를 다녀올 터이니 가능한 이 씨앗들을 잘 보관하였다가 돌아오면 보여달라고 했다. 한 번 성지순례를 떠나면 몇 해가 걸리기도 했다. 첫째 아들은 씨앗을 그대로 돌려드릴 수 있는 길은 금고 안에 넣어 보관하고 그 열쇠를 가지고 다녀야 한다고 생각했다. 그는 아는 것은 많았으나 지극히 교활하고 이해타산적이었다. 둘째 아들은 형처럼 금고 안에 넣어두면 썩을지도 모르니 장에 가서 팔아서 현금으로 보관했다가 아버지가 돌아오시면 씨앗을 사서 보여드리면 아버지도 모르시고 씨앗도 싱싱할 것이라고 생각했다. 셋째 아들은 세상일을 많이 알지는 못했지만 순박했다. 아버지가 씨앗을 주신 데는 분명히 더 크신 뜻이 있을 것이라 생각했다.

그는 씨앗은 자라는 것이고, 씨앗의 의미는 성장과 번영을 의미한다고 믿었다. 씨앗은 그것이 자라서 무엇이 되지 않으면 아무런 의미도 없을 것이라고 생각했다. 그래서 그는 씨앗을 뜰에 심었다. 1년 후 왕이 돌아왔을 때 첫째와 둘째 아들은 자신들이 잘 보관하였다며 좋아했다. 자신이 승리했다고 생각했다. 그러나 셋째 아들은 승리같은 것은 생각해 보지 않았다. 그는 아버지 말씀대로 씨앗을 잘 보존하는 길은 그것을 가꾸는 길이며 이제 꽃이 피었으니 머지않아 씨앗은 수만 배로 불어날 것이므로 모두가 기뻐하리라고 믿었다. 첫째와 둘째 아들이 씨앗을 보여주자 왕은 몹시 실망했다. 그러나 셋째 아들이 왕을 데리고 들로 나가 씨앗이 자라 줄기가 커지고 있으니 곧 꽃이 피고 많은 씨앗이 나올 것이라고 하자, 왕은 씨앗을 보존하는 유일한 방법은 그것을 죽여서 새로 태어나게 하는 것 뿐이라며 몹시 기뻐하고 그에게 왕위를 넘겨주었다.

피카소는 그때까지 수많은 화가들이 그림의 세계에서 쌓아올린 성과를 혼자서 다 허물어 버리고 말았다. 그래서 그는 그림을 '파괴의 집적' 이라고 이름 붙였다. 예수도 "너희가 너희 안에 있는 것을 길러낸다면 그것이 너희를 구원한다." 고 했다. 그렇지 않으면 자신을 죽이는 것이라 했다.

옛날에는 자기 존재의 근거를 자아로 삼는 사람들은 비난받았다. 타인이 자기보다 더 중요하다는 생각을 갖게 했다. 그러나 지금은 남을 들여다 보는 것이 아니라 자신의 모든 능력을 펼치는 것이라고 생각한다. 자신의 잠재력의 일부라도 개척하지 않고 방치해 두는 것은 용서받을 수 없다고 한다. 너 자신을 알고 너 스스로 사랑하라고 한다. 우리는 자신 안에 있는 능력이 모두 발현되기를 바라야 한다. 능력이란 어떤 것이든 가능한 목적을 위해 존재하며 우리 안에는 이미 그와 같은 능력이 주어져 있다.

사람들은 자아에 모든 것을 걸기 때문에 이제 자아는 숭배와 개발의 대상이다. 자아는 그 무엇이나 그 누구보다도 우리에게 확실한 기쁨과 행복과 영광 그리고 영원까지도 가져다 줄 수 있다고 믿는다. 따라서 우리의 궁극의 목적은 자아를 남들이 부러워하고 찬양하는 걸작으로 만드는 일이다. 따라서 가장 심각한 불행은 자아의 실패나 가치하락이다. 우선은 나 자신을 사랑하고 발현시켜 즐기면서 나아가야 한다. 엄청나게 복잡한 우주에 비교하면 인간의 한계는 분명하다. 지식발달이란 기껏해야 무지라는 대양에 물 한 방울 떨어뜨리는 것과 다르지 않다. 그래서 영국의 생리학자 홀데인은 우주는 우리가 생각할 수 있는 그 무엇보다도 기묘하다고 말했고, 많은 저서와 이론을 남긴 뉴턴은 자신의 과거를 돌이켜 볼 때 자신은 지식의 큰 바닷가에서 조개껍데기 줍기를 좋아하는 어린애 같았다고 술회했다. 그는 정말로 겸손하고 위대한 과학자였다. 지식이 변하면 세계도 변하고 새로운 지식을 얻으면 우리는 개념을 새로 형성해야 하며 그 새로운 지식은 새로운 불가사의를 낳는다. 그리고 이것은 영구히 반복한다.

누구나 오직 그대 자신으로 존재하라. 자신의 인생에 경의를 표하고 스스로를 존경하고 스스로를 사랑하라. 자신의 인생조차 존중하지 못하면 세상 어느 누구도 존경하지 못한다. 누구나 자신의 길을 창조해야 한다. 그 길이 꼭 넓은 고속도로일 필요는 없다. 자신이 홀로 걸어갈 수 있는 정도라면 괜찮다. 꼭 길을 창조해야 한다. 진리를 찾으면서 자신의 길을 창조해야 한다. 이 순간을 완전하게 살면 다음 순간에 대한 가능성은 그곳에서 태어난다. 그러면 성장이 저절로 온다. 이때 문제를 회피하지 말고 문제에 직면하여 도전하고 위험을 감수할 때 인간은 더욱 성장한다. 사람은 산에 올라야 한다. 산에 올라가지 않으면 전체를 볼 수 없다. 전체를 보아야 방향을 잡을 수 있다. 산에 오르면 눈을 뜨고 인생을 높이 보고 사방을 환하게 꿰뚫어 볼 수 있다. 그리고 자기의 길을 정하고 정진한다. 어리석은 사람은 항상 걱정하고 의심하고 후회하면서 자신에게 몰두하지만 정말로 훌륭한 사람은 그저 일을 하면서 자신에게 몰두한다. 무언가에 몰두할 때는 자신을 모닥불처럼 완전히 불태워 어떤 흔적도 남기지 말아야한다. 연기를 내뿜는 불이 되어서는 안 된다. 재밖에는 아무것도 남지 않도록 자신을 불태워야 한다.

가치는 결과 속에 있는 것이 아니라 과정 속에, 유동성 속에, 운동 속에 있다. 항상 천국에만 머물고 싶어하는 사람은 크게 성장하지 못한다. 아름다운 순간들을 주었던 안전한 피난처도 포기하고 하늘 아래 열린 곳으로 나아가야 한다. 그들에게는 스트레스 그 자체도 일종의 디딤돌로서 창조적인 힘으로 사용될 수 있다.

우리는 스트레스에 사로잡혀 있을 때 두려움을 느끼고 그 두려움은 더 심한 스트레스를 유발한다. 그리고 휴식을 취하려고 노력하지만 그 자체가 새로운 스트레스를 유발한다. 따라서 그 스트레스를 창조적인 에너지로 활용해야 한다. 스트레스와 다투지 말고 순순히 받아들이자. 설령 한밤중에 잠을 못 자게 되더라도 자리에서 일어나 일을 해야 한다. 이곳저곳을 걷거나 달리기를 하거나 마음먹은 것을 기획하고 시행해야 한다. 나를 깨어있게 하는 에너지를 이용하여 무엇인가를 해야 한다. 전적으로 스트레스와 함께 살아간다면 휴식은 자동적으로 이루어진다. 일부러 휴식을 취하지 말자. 사실 휴식을 취할 시간은 없다. 자신이 스트레스를 활용해야 한다. 스트레스 위에 앉아서 그것을 에너지로 사용해야 한다. 그래서 스트레스를 행복감(euphoria)을 의미하는 유스트레스(eustress)라고 부르기도 한다. 어떤 스트레스를 받더라도 흥분하거나 두려워 하지 말고 그것을 싸움을 위해 활용하자. 휴식은 오직 고된 노동의 결과로 찾아온다.

자유에는 책임이 따른다

파스칼의 세계는 3층의 세계다. 각 층마다 단절이 있어 그것을 건너뛰기란 쉽지 않다. 마치 애벌레가 고치가 되고 고치가 나비가 되는 것처럼 정신이 성장할 때는 위험과 비약이 따른다. 그러면서 그는 권력이 지배하는 물질의 세계 위에 학자가 지배하는 정신의 세계를 말했고, 그 위에 성자가 지배하는 사랑의 세계를 그렸다. 그는 사랑의 세계를 건설하려고 했고 진리를 찾고 신을 찾았다. 그리스도를 생각하는 갈대로 보았다. 그리스도는 진리이기에 한없이 강하고 생명이기에 한없이 약하다. 그리스도는 약하고 강하다. 그는 약하기에 인류를 동정하고 강하기에 인류를 구원할 수 있다고 했다. '행위는 존재에서 나온다.' 라는 말이 있다. 결국 행위가 선한 것이 아니라 사람이 선한 것이다. 그리고 사람을 선하게 만드는 것은 사랑이다. 사랑으로부터 보편적 선의가 나온다. 그리고 존재에는 분명히 서열상의 차이가 있다. 인간들 사이에 도덕적으로 다른 사람들보다 높은 수준에 있는 사람들이 있다. 더 능력 있고, 더 많이 보고, 더 잘 이해하는 사람들이 있다. 그들은 더 많이 사랑해도 되는 것이 아니라 더 많이 사랑해야 한다.

사람은 언제나 자기에게 인정을 받아야 한다. 하늘을 보아도 부끄러움이 없고 사람을 보아도 부끄러움이 없도록 자기에게 인정을 받아야 한다. 그래서 올바르게 산 사람은 남에게 인정을 받지 못할지라도 언제든지 마음놓고 떠날 수 있다. 초월한 사람에게 생각과 존재는 하나이고 그는 깊이 생각하고 높이 살아갈 수 있다. 그때부터 '나는 생각한다. 고로 존재한다.' 라고 외칠 수 있다.

재능이 많을수록 자기를 과시하지 않는다. 일을 잘 처리하는 사람일수록 자기의 노고를 감춘다. 현명한 사람은 자기의 장점을 알게 하지 않는다. 모든 완전성을 지니고 있으면서도 그것을 마음에 두지 않으면 두 배로 위대한 것이 된다. 착한 일을 한 사람은 자신이 착한 일을 하였다는 생각 때문에 기뻐하고, 세상이 좋아져서 기뻐하고, 자기 행동이 떳떳함을 보고 기뻐한다. 그러나 못된 짓을 한 사람은 자신이 못된 짓을 하였다는 생각 때문에 괴로워하고 지옥에 떨어져 거듭 괴로워한다. 말과 행동이 맑고 신중하여 깊이 생각하고 부지런히 일을 하고 진리대로 사는 사람은 그 이름이 빛난다. 부지런함은 생명의 길이요, 게으름은 죽음의 길이다. 부지런한 사람은 죽지 않고 성인의 경지를 즐긴다.

우리는 동물은 본능만 따르기 때문에 저열한 존재로 본다. 그러나 동물적인 본능이란 저열한 것도 아니며 악도 아니다. 개들의 성욕 그리고 인간의 그것들은 저열하거나 악한 것이 아니다. 사자가 먹잇감을 쓰러뜨리는 것은 죽이기 위해서가 아니라 허기를 채우기 위해서이다. 인간의 눈으로 볼 때 그 희생물의 운명이 아무리 참혹할지라도 사자를 악하다고 보는 것은 옳지 않다. 사자는 자기의 허기가 채워지면 나머지는 다른 동물들에게 양보한다. 동물의 행동을 우리 자신의 모습에 비추어 해석해서는 안 된다. 인간은 동물과는 달리 맛있는 고급 음식을 먹으려 하고 멋진 이성만을 찾으려 하기 때문에 인간들의 싸움은 동물 세계와는 달리 치열하고 잔인하다. 그래서 고대의 견유학파는 차라리 개처럼 사는 것을 택했다. 동물들간의 싸움은 자신과 종족의 생존을 위한 정당방어의 성격이 강하나 인간은 자신을 위협하는 대상을 파괴하고자 한다. 뿐만 아니라 인간의 싸움은 공격을 위한 공격이나 파괴를 위한 파괴의 악마적인 성격을 갖는다. 자살까지 하게 되는 잔혹성과 파괴성은 인류에게만 있다.

인간을 신체만의 동물로 본다면 인간도 밀림이나 해양 속에 사는 한 부류의 동물일 수 있다. 인간의 신체적 요소는 본능과 욕망을 전제로 하고 있다. 그것은 모든 생명체와 동물들의 생존요건이다. 그러나 본능과 욕망이 삶의 전부가 된다면 그것은 인간적 삶의 많은 부분을 상실하게 된다. 다행히 인간은 신체적인 삶을 인간다운 방향으로 이끌어 가는 정신적 가능성을 지니고 있기 때문에 인간다운 삶은 물론 종교, 예술, 학문을 비롯한 사회적 삶에까지 확장될 수 있다. 인간은 시간을 의식하면서 시간적인 세계에서 산다. 그래서 과거를 생각하면서 그리움이나 회한을 품을 수도 있고, 미래를 얘기하면서 희망을 품거나 두려움을 얘기할 수도 있다. 인간만이 재산을 축적하는 이유도 시간의식을 갖고 미래에 대한 두려움을 갖기 때문이다. 그래서 우리는 종종 시간의식을 결여한 채 순간에만 몰입해 사는 동물들을 부러워할 때가 있다. 인간은 자유롭게 자신의 삶을 영위할 수 있다. 자신이 자신의 삶의 주인이라는 사실에 기쁨을 느낀다. 그러나 이런 자의식은 자유와 책임을 수반한다. 여러 행동 가능성들 중에서 하나를 선택해야 하고 그것에 대해서 책임을 져야 한다. 동물의 삶은 본능에 의해서만 영위되지만 인간은 자유 때문에 또한 훨씬 많은 삶의 부담을 짊어져야 한다. 이런 부담을 성공적으로 짊어지는 것을 통해서 인간은 동물 이상으로 위대해질 수도 있지만 그것을 제대로 짊어지지 못할 때는 동물 이하의 존재로 전락할 수도 있다. 역사상 악마적 인간도 많았다.

물질적인 재산을 양도하면 양도행위가 이루어진 뒤에는 모든 물질과 재산이 타인의 수중에 들어가고 원래의 소유자에게는 아무것도 남지 않는다. 누군가에게 나의 차를 양도하면 그 뒤부터는 그 차는 나의 차가 아니다. 그러나 이와는 달리 비물질적인 재산을 양도하는 사람은 거래 후에도 계속 그것을 향유할 수 있다. 우리가 가지고 있는 생각과 감정은 다른 사람들과의 관계에서 그것을 교환하거나 나누어 가지더라도 조금도 줄어들지 않는다. 이 경우에 나눈다는 것은 분배가 아니라 나누어 준 그것을 배가시키고 증가시키는 것이다.

물질적인 것들은 좋을 때도 있고 그렇지 못한 경우도 생길 수 있으나 정신적인 것은 언제 어디서나 바람직하여 누구에게나 필요하다. 물질적인 것보다 평화, 행복, 희망 같은 것은 언제 어디서나 바람직하다. 선한 것은 가치가 있다. 가치 있는 것은 소망스럽다. 또한 모두가 소망스럽게 생각하는 것은 선이다. 매일매일을 내 인생의 가장 중요한 날로 생각하며 살자. 그러면 새로운 기쁨을 만나게 된다. 우리가 일이 어떻게 될지 미리 안다면 인생은 즐겁지 않을 것이다. 따라서 우리는 변화를 사랑하도록 배워야 할 것이다. 그래야 끊임없는 성장과 배움 그리고 사람의 길로 나아갈 수 있다. 인생은 우리가 소망했던 것보다 더하기도 하고 덜하기도 하며, 우리가 알았던 것보다 희극적이기도 하고 비극적이기도 하다. 희극은 행복으로 끝나고 비극은 지혜를 낳는다. 우리는 행복하게 현명하고, 현명하게 행복하기를 바란다. 그래야 우리의 불완전한 삶이 충만한 축복을 깨달을 수 있다.

'왜?' 라고 묻자

만능의 천재 레오나르도 다 빈치의 업적은 지칠 줄 모르는 호기심에서 비롯되었다. 그는 열심히 관찰하고 묻고 또 물었다. 어째서 천둥소리는 번개의 뒤를 따르는지, 새는 어떻게 공중에서 움직이지 않고 있을 수 있는지를, 그의 호기심과 질문은 꼬리를 물고 이어져 일생동안 계속된다. 그러면서 그는 지식의 폭을 넓혀 천재성을 꽃피웠다. 유학의 큰 별 주자도 네 살 때 그의 아버지가 하늘을 가리키며 저것이 하늘이라고 하였더니 그러면 그 위에는 무엇이 있느냐고 물었다고 한다. 그 역시 어려서부터 강한 호기심을 지니고 있었음을 알 수 있다. 그는 인내하고 묻고 연구하면 진리에 이르고 대성한다고 했다. 자유와 정의를 염원하는 세계 모든 이들의 영원한 기둥인 마틴 루터 킹 목사는 열세 살 때 주일학교에서 예수님의 부활이 사실인지 아닌지를 어떻게 알 수 있느냐고 물어 모든 사람들을 당황하게 했다. 그 뒤부터 그의 신앙적인 의혹은 꼬리를 물고 이어졌고, 그는 법과대학이나 의과대학에 진학하려는 생각을 바꾸어 신학대학에 입학했다. 이들은 태양을 향해 여행했고 지상에 영광의 흔적을 남겼다.

생떽쥐베리는 만약 한 척의 배를 만들고 싶으면 먼저 사람들에게 끝없이 머나먼 바다에 대한 동경을 불어 넣어주라고 했다. 그리고 난 다음에 나무를 장만하고 각자에게 임무를 부여하라고 했다. 신은 아담과 이브에게 지식의 나무의 열매를 따먹지 말라고 했다. 그러나 그 순간 그들에게는 커다란 호기심이 일어났다. 인간이 무언가에 관심을 갖기 시작한 것이다.

어린이들은 새롭고 기이하게 보이는 것들에 관심을 갖고 묻는다. 호기심은 어린이들이 자랄 수 있는 필수조건이다. 우리는 누구나 어느 정도는 창의성과 호기심을 갖고 있다. 일단 '왜?' 라는 질문을 던지자. 그러면 가능한 답이 찾아진다. 그러나 호기심은 연약한 꽃과 같다. 때문에 어른들은 어린이의 호기심을 짓밟지 말아야 한다. 버릇없다고 꾸짖어도 안 된다. 그렇게 되면 자신감에 상처를 받아 호기심이 창의성으로 발전하기 어렵다. 어른들은 아이들의 한 번의 실수를 실패로 낙인찍지 말고 젊은이들의 자기표현을 건방지다고 몰아붙이지 말아야 한다.

모든 아이들은 아직 발현되지 않은 재능을 몇 가지씩 갖고 있다. 때문에 그들에게는 끝없는 호기심과 실험을 통해서 자신을 표현할 수 있는 공간이 있어야 한다. 문제아라도 그들의 재능을 찾아 불을 붙여주어야 한다. 그들이 믿고 즐기는 일을 할 수 있게 해주어야 한다. 성공적인 창조자들은 '제 3의 눈(The Third Eye)' 으로 난관을 헤쳐 나간다. 그들은 평범한 상황하에서도 '왜 그럴까?' , '이렇게 해보면 안 될까? 라고 끊임없이 캐묻는다. 그들은 호기심을 끝이 없이 이어간다. 그들은 대다수의 사람들과는 달리 갇혀 있는 마음의 감옥에서 벗어나 전혀 다른 각도에서 사물을 본다. 그들은 스스로의 충동을 억압하지 않고 복잡하고 미완성 상태인 것을 선택하여 거기에 자신의 해결책을 적용한다. 그들은 인생의 모든 가능성을 즐긴다. 불가능하다는 말을 거부한다. 그들에게 세상은 발굴해야 할 가능성의 보고이다. 그때 가끔은 실패를 맛보기도 하지만 절대로 절망하지는 않는다. 그들은 만족할 줄 모른다. 언제나 더 나은 것을 찾아 언덕 너머를 살핀다. 그들에게 중요한 것은 일등이 아니다. 그들은 남을 따라 하지 않고 남과 비교하지도 않는다. 자신을 믿고 아무도 가지 않는 자신의 길을 자유롭게 간다. 그들에게는 그 길이 바로 자신이다. 그리고 그들에게 찾아 온 결과는 호기심과 근면과 성실의 열매이다. 이처럼 모든 창조는 누군가가 나서서 자기를 믿고 자신의 삶을 바쳐야만 실현될 수 있다.

사회를 변화시켜야 하는가, 나를 변화시켜야 하는가는 오래된 우리의 딜레마이다. 이제 우리는 우리의 씽크탱크(Think Tank)가 아니라 행동탱크(Action Tank)를 가동시켜야 한다. 누구에게나 장점은 있다. 일을 잘못하고 싶어하는 사람은 아무도 없다. 모든 사람들에게 자기 재능을 발휘하여 더욱 발전할 수 있는 기회를 주자. 그리고 스스로도 일과 한 몸이 되어 일에 홀린 사람이 되어 몰입하자.

일본의 소니(Sony)사는 '남을 따라하지 않고, 미지에 대한 탐구를 멈추지 않으며, 진보를 통해서 세계에 봉사하고, 개인에게 최선을 이끌어 내는 것이 우리의 정신이고 생명' 이라고 했다. 우리는 우리의 관람객을 감동과 격정 속으로 몰아넣을 수 있도록 우리의 일을 찾아 몰입해야 한다. 빈센트 반 고흐는 그가 왕성한 활동을 할 당시에는 아무도 그를 인정해 주지 않았다. 한 점의 그림도 팔리지 않아 배도 고팠다. 그러나 그는 그림을 그리며 너무나 행복해 했다. 그러면서 그는 짧은 생애를 강렬하게 불태우며 천재적으로 살고 갔다.

삶의 목적은 좋은 삶 자체이고, 경기의 목적은 좋은 경기 그 자체이다. 경기 동안의 몰입과 정열이 중요하다. 운동선수가 점수에만 연연해 하면 경기는 뜻대로 풀리지 않는다. 미국의 빌 게이츠가 금세기의 신화적 인물이 되었듯이 앞으로는 누군가가 그 자리를 차지하여 또 하나의 신화를 만들어 낼 것이다. 지금 우리는 예측이 무의미해지는 혼돈 속으로 빠져들고 있다. 우리는 카오스 안에 있다. 카오스는 탄생과 사멸의 무한속도이다. 이 속에서의 섬광 문화(Blip Culture)는 짧고 자극적이며 빠르다. 그래서 우리는 창의적인 개인을 요구한다. 독일의 철학자 피히테는 "오직 나의 활동만이 나의 가치를 결정한다."고 했다. 나의 일생은 내가 우주를 경험할 수 있는 유일무이한 기회이다. 위대한 연주가는 연주하는 동안 그 자신은 사라지고 연주만 남는다. 그들은 진정 몸과 마음과 영혼으로 자신의 일을 사랑하는 사람들이다. 그래야 내 생명과 광주리에 무엇인가를 담아서 남길 수 있다.

선 의지와 콜베신부

제2차 세계대전 때 독일군이 폴란드에 설치했던 강제 수용소들 가운데서도 가장 악명 높았던 아우슈비츠에서의 일이다. 1941년 7월 하순 어느날 갇힌 사람들 가운데 한 사람이 탈주했다. 그는 지옥에서 탈주한 것이다. 그러나 그것은 남아 있는 사람들에게는 더 큰 재앙이었다. 만약 한 사람의 도망자가 생긴다면 감방 사람들 가운데 열 명을 선발하여 아사형(餓死形)에 처한다는 경고가 있었기 때문이다. 아사형이란 사람들을 밀폐된 사형집행실에 가두고 굶겨 죽이는 형벌이다. 그곳에서 사람들은 빵은 물론 물 한 모금도 마실 수가 없다. 목마름과 죽음의 공포 속에서 지내다가 생을 마쳐야 한다. 가장 두려운 형벌이었다. 그런데 이 악마의 결심을 바꿀 수 있는 사람은 아무도 없었다. 아침 점호가 끝난 뒤 다른 모든 사람들은 해산되었으나 탈주자가 생긴 14호 감방 사람들은 그 자리에 그대로 남았다. 그들 가운데 10명이 뽑혀야 한다. 피가 얼어붙는 공포의 순간이었다. 오후 3시가 넘어서야 수프가 주어졌다. 선발

된 10명에게는 그것이 마지막 식사였다. 저녁 점호가 시작될 때까지 도망자는 잡히지 않았다. 다시 소장이 나타났을 때 시간이 정지되는 듯한 긴장이 모두의 숨을 멎게 했다. 소장이 한 사람 한 사람 골라가며 "그리고 너!" 하면서 끌어냈다. 그러자 그가 지목한 사람 가운데 한 사람이 대열에서 뛰어나오며 울부짖기 시작했다. "안돼, 나는 죽을 수 없어. 내가 죽으면 나의 처자식은 어떻게 살란 말이냐!" 그러나 반항은 부질없는 짓이었다. 그때 얼어붙은 대열을 뚫고 한 사람이 천천히 나와 소장 앞에 서서 "저 사형수 대신 내가 죽겠소. 나는 처자식도 없고 병들어 아무데도 쓸모없는 사람이오." 라며 그 사람 대신에 죽기를 자원했다. 그리고 놀란 소장이 너는 누구냐고 묻자 자신은 카톨릭 사제라고 대답했다. 그리고 사제는 아사 감방에서 자기와는 아무런 상관도 없는 사람을 위해 대신 죽었다. 그의 이름은 막시밀리안 콜베(Maximilian Kolbe, 1894~1941)였다.

여기에서 우리는 모든 도덕적 문제에 대하여 '왜?' 라고 묻는 일이 부적절하다는 사실을 깨닫게 된다. 콜베신부는 어떤 필연적인 원인에 의해 자기와 아무런 상관도 없는 낯선 타인을 위해 생명을 버린 것은 아닐 것이다. 이처럼 인간의 선한 의지는 선한 의지가 아닌 다른 어떤 것에 의해 생긴 것은 아니다. 아무도 콜베신부에게 남을 위해 대신 죽으라고 말하지 않았다. 선의 원인은 선 자체이다. 이른바 자기 원인(causa sui)인 것이다. 칸트는 이것을 선의 자유의지(freia wille)라고 했다. 참된 선은 선의 원인도 선이요 선의 목적도 선이다. 예수는 인간이 도달할 수 있는 선의 극한을 보여주었다. 그는 선의 완성자였다. 칸트도 우리에게 추수에 대한 희망이 없어도 씨를 뿌리고, 희망이 없어도 사랑하고, 보상에 대한 기대없이 의무를 다하라 했다. 이것이 그의 선의 순수성이었다. 선은 오직 선 그 자체로부터 신 그 자세를 위해 발생할 때 순수하다.

사랑에 대해서 생각하는 사람은 사랑에 관한 논문을 쓸 것이다. 그러나 사랑을 하는 사람은 사랑에 살고 사랑을 본다. 사랑에 관해서 뭔가를 말해 달라고 해도 사랑을 하는 사람은 눈을 감는다. 사랑을 생각하는 사람은 몇 시간이고 그것을 설명한다. 그러나 그 사람은 사랑을 조금도 모를지도 모른다. 아인슈타인도 이런 말을 했다. 만약 당신이 미신장이에게 100의 질문을 던지면 그는 이미 101의 답을 내놓을 준비가 되어 있다. 그리고 만약 당신이 과학자에게 질문을 하면 그는 두 가지쯤 안다면서 그러나 그것도 조금 알 뿐 그 지식은 궁극적인 것은 아니다. 내일이면 또 변할지도 모른다고 대답할 것이라고 했다.

아리스토텔레스는 삶의 궁극적 목적은 행복이며 그 밖의 모든 것은 도덕적 선조차도 행복을 위해 봉사하는 것이라고 지적했다. 그러나 칸트는 만약 선에 대한 동경과 행복을 추구하는 욕망이 동일하고, 선을 향한 의지가 행복을 추구하는 욕망에 봉사하는 도구에 불과하다면 도덕은 이기심의 노예에 불과하다. 그렇게 되면 우리의 모든 도덕적 행위는 행복이라는 보상을 받기 위한 타산적 행위로 전락하여 도덕의 가치는 없어지고 만다고 했다. 그래서 칸트는 도덕을 행복의 원리로 설명하려는 모든 시도를 비판하고 있다. 칸트는 도덕의 가치는 행복에 의존하지도 않고 그 자체로서 정당하고 숭고하다고 했다.

칸트의 경우에도 사람이 행복을 추구하는 것이 자연스런 일이며 도덕적으로 마땅한 일이기까지 하다. 다만 도덕적 선이 문제될 때 자기의 행복만을 먼저 생각하는 것은 선한 일이 아니라고 했다. 그래서 칸트는 〈도덕철학론〉 첫머리에서 이 세계 안에서나 세계 밖에서라도 제한 없이 선하다고 볼 수 있는 것은 오직 선한의지 뿐이라고 했다. 그 동안 윤리학자들은 참으로 선한 것이 무엇인가를 물으면서 행복이나 이성이나 쾌락이나 동정심을 말해왔으나, 칸트는 조건 없이 어떤 경우에도 어떤 상황에서도 또 천사나 신의 세계에서조차도 제한 없이 선하고 좋은 것은 오직 하나 즉 선한 의지뿐이라고 말했다. 선한 의지 이외의 모든 것들은 오직 선한 의지를 통해서만 좋은 것이 되고 선한 것이 된다. 한 사람에게 있어서 보석과 같은 불변의 가치를 지니고 언제나 그 자체만으로 눈부시게 빛나는 것은 오직 인간의 도덕성, 마음속의 선한 의지밖에 없다.

자동차 공장의 작업대 앞에 앉은 노동자는 어떻든 생산을 위한 수단이다. 오늘날 인간은 너무나 쉽게 수단화되고 도구화된 것이 사실이다. 칸트가 꿈꾸었던 세상은 인격이 목적으로 대접받는 나라였다. 인간이 다른 것과의 관계에서 수단으로 다루어질 수 있다 하더라도 그 자체로서 고찰될 때에는 목적 그 자체임을 잊지 말라고 한다. 그래서 한갓 수단이나 물건으로 전락한 인간이 아니라 목적으로 대접받는 인간들의 공동체와 동시에 목적이며 존경의 대상으로 섬기는 사람들이 공동체를 '목적들의 나라'라고 불렀다. 이런 나라에서 사람들은 모두 나라의 구성원인 동시에 우두머리이다.

우리에게는 하기 싫은 일이라도 해야만 할 일이 있고 하고 싶은 일이라도 해서는 안 되는 일도 있다. 이런 것을 통틀어 당위라고 한다. 윤리학은 그런 당위에 대해서 체계적으로 반성을 하고 우리가 무엇을 해야 하며 또 무엇을 하지 말아야 하는가를 분명히 하고, 우리가 선하게 살기 위하여 어떤 길을 걸어야 할 것인지에 대해 길잡이 구실을 한다. 세상에서 참으로 훌륭한 사람은 오직 의지가 선한 사람이다. 인간에게서 참된 존경의 대상이 되는 것은 오직 착한 마음씨 즉 선한 의지 외 에는 아무 것도 없다.

창조의 길

인간은 때로 불안 속에서 긴장하고 절망한다. 인간은 불완전하고 미완성인 상태로 태어나서 운동하고 성장한다. 인간은 하나의 과정으로 태어난다. 인간은 항상 열린 상태이고 존재는 그 과장 속에 있다. 삶은 한 지점에서 다른 지점으로 옮겨갈 때 유지된다. 삶은 두 지점 사이의 운동이기 때문에 한 지점을 고집하면 생명력을 지킬 수 없다. 그것이 죽은 것과 산 것의 차이이다. 죽은 것은 한 지점에 머물러 고정되어 있으나 산 것은 끊임없이 움직인다. 움직일 뿐만 아니라 뛰어오르고 비상한다. 산 것은 기존의 세계에서 미지의 세계로, 익숙한 세계에서 낯선 세계로 이동한다. 우리는 익숙하고 편안하고 안락한 과거로부터 끊임없이 떠나야 한다. 한편 마음은 늘 과거에 집착한다. 그러나 우리 존재는 과거에서 벗어나기를 원한다. 우리 존재는 탐험을 원한다. 우리 존재는 근원적으로 불만족 상태에 있다. 언제나 아직 갖지 않은 것, 아직 이루지 못한 꿈에 끊임없이 도전한다. 인간은 어둠 속에서 더 풍요롭고 새롭고 높은 세계를 지향하는 존재이다.

'정신일도하사불성(精神一到何事不成)' 이란 말은 송나라의 거유(巨儒) 주자가 한 말이다. 영이의 격언에도 '뜻이 있는 곳에 길이 있다' 는 말이 있다. (Where there is a will there is a way) 강한 호기심과 불변의 의지가 있을 때 그것이 실현될 길은 반드시 열린다. 동양인으로는 처음으로 노벨 문학상을 받은 타골은 그의 유명한 시집 〈기탄잘리〉에서 우리는 모두 빈손으로 떠나지 말고 나의 업적을 생명의 광주리 속에 담아서 남겨야 한다고 했다. 독일의 철학자 피히테는 네 활동만이 오직 네 가치를 결정한다고 했다. 프랑스의 뽕삐두 수상은 피카소를 영원한 활화산이라고 했다. 피카소는 91세로 세상을 떠날 때까지 목마른 사람이 물을 찾듯이 그림을 그렸고 그것을 우리에게 남겼다. 그런 삶의 자세야말로 내가 우주를 경험할 수 있는 유일무이한 기회이다. 광기는 엄청난 잠재력을 갖는다. 지구상에 존재한 모든 위대한 사람들은 어느 날인가 다른 사람들에게는 미친 사람으로 여겨지기도 했다. 그들은 그림을 그리면 그림 속에 자신의 삶 전체를 깊숙이 담아낸다. 보통사람들이 생각하고, 의심하고, 망설이고, 기다릴 때 그들은 돌진한다. 그래서 보통 사람들보다 더 빨리 신의 경지에 이른다. 그들의 그림은 확실한 개성을 갖는다. 고갱, 반 고흐, 피카소, 레오나르도 다 빈치와 같은 천재들은 모두 광기와 함께 했다.

모차르트는 일곱 살 때 누구에게도 묻지 않고 스스로 작곡을 했다. 재주 있는 사람은 천재를 모방한다. 그러나 천재는 모방적이지 않고 독창적이다. 좋은 것은 비교적 좋다는 말이다. 좋은 말은 잘 훈련된

말의 영혼을 갖고 있지는 못하다. 기독교의 성직자들은 좋은 사람들이다. 그들은 예수의 특성을 모방했다. 승리도 그렇다. 그러나 그들은 붓다가 아니고 예수가 아니다. 그래서 그 누구도 성인이라는 존재에 비유될 수는 없다. 평범한 상황에서 그들은 예수처럼 보이고 붓다처럼 보일 수 있으나 특별한 어려움에 처하면 그들은 극복하지 못한다. 좋은 말이 위험에 도전해서 극복할 수 없을 때 훌륭한 말은 어떤 위험도 극복한다. 닦여 있는 길로만 가면 새로운 길은 끝내 맞이할 수 없다. 따라서 새로운 삶 또한 있을 수 없다.

삶의 틀이 바뀌고 상황이 달라지면 사람 또한 달라지게 마련이다. 우리에게 새로운 길이 요구된다. 우리가 사는 중요한 뜻은 삶의 길을 새롭게 만들어 가는 데 있다. 길은 가라고만 있는 것이 아니고 새로 닦으라고도 있다. 산행할 때 가장 지루한 길은 갔던 길로 되돌아오는 길이다. 그래서 나는 다른 길이 없으면 새 길을 만들어서 돌아온다. 고생과 위험은 따르지만 거기에는 새로운 흥분과 기쁨이 있다. 이것은 자신의 길을 새롭게 만들면서 가는 사람만이 맛볼 수 있는 기쁨이고 축복이며 특권이다. 나는 자주 산에 오른다. 산에 오르고 산에 취하면 몸과 마음이 시원하게 씻겨진다. 벌거벗은 나무처럼 나를 잊어버린다. 나도 없고 너도 없다. 사회도 역사도 이데올로기도 없다. 자연도 없고 하느님도 없다. 우주가 온통 텅 비어 있다. 황홀함마저 사라져버린다. 그럴 때는 앉은 채로 눈을 지그시 감고 온몸을 자연에 맡긴다. '아무 소리도 듣지 말자. 생각을 끊고 마음을 비우고 우주에 동화되자. 한 순간만이라도 나를 잊자. 아무것도 생각하지 말자.' 그렇게 나를 맡길 뿐이다.

하이데거는 숲 속의 오솔길을 더듬어 찾아가는 길은 진리를 찾는 구도(求道)의 길이라고 했다. 구도는 분명히 큰 길(大路)도 아니고 오솔길과 같은 좁은 길이다. 큰 길로 가는 것은 기존의 진리를 따라갈 뿐 진리 그 자체를 더듬어 가는 길은 아니다. 구도의 참뜻은 오히려 길을 만들어 가는 것이다. 산에서 길을 잃었을 때, 아니 처음부터 길이 없을 때 길을 만들어 가는 것은 수난의 길이지만 바로 그 길이 개척자의 길이다. 우리는 때로 방황하기도 한다. 그러나 그 방황 속에서 우리는 귀한 것을 얻어야 한다. 자기 수련, 자기 신뢰, 자기 실험의 기회로 이용해야 한다.

소크라테스의 교육 방법은 문답법이다. 여기에는 소극적인 것으로 반어법이 있고, 적극적인 것으로 산파술이 있다. 반어법은 상대가 자기의 무지를 알아차릴 때까지 계속 그 문제점을 따져물어 들어가는 방법이고, 산파술은 상대가 자기 속에서 참을 스스로 끄집어낼 수 있도록 도와주는 방법이다. 여기서는 학생이 스스로 진리를 깨닫게 하며 결코 미리 설정된 진리를 학생에게 주입하지 않는다. 즉 대화를 통한 진리의 길이 소크라테스 교육방법의 핵심이다.

컬럼버스가 신대륙을 찾아 떠날 때, 스페인 여왕은 그에게 편지 한 통을 주면서 가장 어려울 때 펴보라고 했다. 그 내용은 '항해 중 어려운 시련이 닥치더라도 참고 용기로 도전하라. 반드시 아름다운 대륙을 찾는데 성공할 것이나 만약 대륙이 찾아지지 않는다면 당신의 신념과 집념과 그 노력의 기도에 대한 보답으로 하느님께서는 아름다운 대륙을 만들어 주실 것이다.' 였다. 일을 모르는 사람들에게는 일이 보이지 않는다. 그래서 시키는 일이 아니면 할 줄 모른다. 시키지 않아도 할 일을 찾아내 할 수 있게 될 때 창조적 노동이 가능한 것이다. 창조적 노동은 자율에 바탕을 두고 있다. 이런 창조적 노동들이 하나로 뭉칠 때 큰 살림의 기틀이 마련된다.

Win-Win의 질서를 세우자

우리는 날마다 똑같은 신문을 보고, 똑같은 옷을 입고, 똑같은 농담을 주고받는다. 이를 공통의 가치관이라고 부른다. 한 실험에서 한 사람만은 제외한 채 모든 사람에게 긴 선과 짧은 선을 보여주면서 짧은 선이 길다고 말하라고 지시했다. 그리고 참가자들에게 두 개의 선을 보여주자, 사전모의에 참석하지 못한 한 사람도 계속 자신의 눈을 의심하면서도 다수의 의견을 따랐다. 이처럼 사람들은 비겁하게도 집단적 사고(Group Think)에 위안을 받게 된다. 그래서 벌거벗은 황제를 보고도 어린 아이 말고는 황제가 벌거벗었다고 말하는 사람이 없었다. 사람들은 이처럼 안이한 자신의 쾌적 지대에 길들여져 있다. 이런 비슷한 마음끼리 모여 그런 정신구조 속에서만 살다 보면 자신도 모르는 사이에 부도덕의 늪에 빠지는 수가 있다. 결국 거짓된 인생을 사는 사람은 참된 행복을 경험하지 못한다. 그래서 조지 오웰은 소수파에 속했다고 반드시 미친 것은 아니라고 했다. 천국은 올바른 일을 행하고 가슴에서 우러나오는 진실을 이야기하는 사람들이 사는 곳이다. 모두 나 자신이 되자.

초기 기독교 때부터 전해 내려오는 것 가운데 예수가 절름발이었다는 이야기가 있다. 그러나 설사 그것이 사실이었다 하더라도 아무도 눈여겨 보지 않았을 것이다. 우리 주변에는 당당하고 위협적인 사람이 있는가 하면 허리는 구부정하고 흉물스런 표정을 가진 사람도 있다. 그러나 마음을 열고 보면 사람들이 모두 달리 보인다. 꾀사나운 옷차림과 볼품없는 용모의 사람에게서 깜찍한 재치를 알게 되거나 위압적으로 보이는 사람의 굳게 다문 입술 뒤에서 수줍은 영혼을 찾는 수도 있다. 그래서 이 세상에 추한 사람은 없다. 아름다운 것은 진리이고 진리는 아름답다. 우리가 어떻게 보이느냐의 현상보다도 진리는 훨씬 더 강렬한 빛을 발한다. 예수가 절름발이었지만 아무도 그것을 눈여겨 보지 않았다. 오직 진리만을 보았다. 오직 모든 일에 최선을 다하고 진실할 때 아무도 내가 살고 있는 나의 육체는 눈여겨 보지 않는다. 복음서의 기자들은 인류 역사상 가장 중요한 인물들의 이야기를 하면서 아무도 그들의 용모를 이야기하지는 않았다.

우주비행사 버즈올드린은 자신의 음주벽을 치료하는 것이 아폴로 11호를 타고 달에 갔다 온 것보다 훨씬 더 어려웠다고 한다. 지구와 우주 공간을 떠다니는 첨단 장비가 아무리 정교하게 발달되었다고 하더라도 그것이 지상의 우리의 어려움을 다 해결해 주었다고 할 수는 없다. 기술은 정말 놀라운 것이지만 사물의 궁극적인 진리까지 변화시킬 수는 없다. 나의 가족이 방에 앉아서 단추 몇 개만 누르면 미국에 있는 친척과 대화할 수 있다는 것은 정말 경이로운 일이지만 그렇다고 우리 가족이 더 훌륭한 가족이 된 것은 아니다. 세상이 빨라질수록 우리는 더 귀하고 중요한 것들을 놓치고 있다. 진정 중요한 것은 사람과 사람 사이의 사랑일 것이다. 우리가 어떻게 가든 마지막에는 같은 곳에 도착하게 된다. 따라서 고도 기술(High-Tech)의 발달과 고도 정감(High-Touch)의 조화로운 육성과 개발이 절실하다.

어른들이 더 좋은 삶을 누리기 위해 정신없이 움직이는 동안 아이들의 주변은 점차 더 나쁜 환경으로 변질되고 있다. 많은 아이들이 어른들의 잘못 때문에 세상을 원망하고 어려움 속에서 방황하고 있다. 십계명의 두 번째 계명은 아무도 우상을 만들지 말고 우상에 절하거나 예배하지 말라고 했다. 또한 하느님은 본인의 죄를 자손 3,4대까지 물을 것이라고 경고했다. 물론 이 말은 자신을 위해서만 무엇이든지 빌려쓰지 말라는 이야기일 것이다. 물질만능주의라는 우상 때문에 손자 손녀들에게 빚을 지지 말고 그들에게 빛을 남기라는 이야기이다.

계약은 당사자가 거래를 통해 똑같이 이익을 얻고 그것이 잘못되면 똑같이 손해를 보는 것이다. 양자 모두 이기는 것이 좋은 거래인 것이다. 그 길을 찾는 것이 타협이다. 상대방의 필요와 욕구를 진지하게 생각하며 상황을 상대편 입장에서 보고 그들의 견해와 공감할 줄 알아야 한다. 상대방이 손해를 보아야만 나의 이익이 커진다고 생각하지 말고 쌍방이 만족스럽게 끝나야 결국 나에게도 이롭다는 것을 알아야 한다. 그것이 지속적이고 효과적인 만족의 시발점이다. 지금은 내가 잘 되기를 바라는 것처럼 상대방도 잘 되기를 진심으로 바라는 윈윈(Win-Win)의 사회질서가 필요한다. 진보의 길은 승리가 아닌 타협에 있다. 모두가 혜택받기 위해서는 모두가 조금씩 양보해야 한다. 상대편의 시각을 내 시각으로 바꾸고 그들에게 내 의지를 강요하며 내 조건을 수용하게 만드는 것은 상대편에게 누가 대장인지를 알려주는 방식이다. 그러나 그 누구도 남에게 억눌려 지내는 것을 원치 않을뿐더러 대장 대신 졸병이 되어 대장이 일방적으로 거래를 성사시키기를 바라지도 않는다. 고양이가 물러가면 또 쥐가 판을 친다. 그래서 거래는 서로가 이겼다고 생각하는 윈윈거래 단계에 이르러야 한다. 우리는 끝까지 싸워서 이기는 것만이 성공은 아니라는 사실을 알아야 한다. 그런 세계는 질투와 투쟁과 의심으로만 가득찬다. 모든 거래를 지속시키며 자신의 뜻을 펼치고 싶다면 우리는 경쟁자를 동업자로 바꾸고 타협을 정당화할 공통의 야망을 찾아야 한다. 모두를 위한 평화와 번영이어야 한다.

자유시장을 예찬한 아담 스미스는 〈국부론〉 저술 이전에 〈도덕정서론(Theory of moral sentiments)〉에서 사회복지는 개개인이 다른 모든 이에게 느끼는 상호 이해 즉 공감에 의존 할 수밖에 없다고 말했다. 시장에서 보이지 않는 손이 효력을 발휘하기 위해서는 보이지 않는 손의 악수가 필요하다. 적대자까지 동맹자로 만들어야 앞뒤로 삐걱거리는 그네를 앞으로만 달려가는 영원한 기차로 바꿀 수 있다. 삶은 그 나름대로의 리듬과 의미를 갖고 있다. 이웃에게 의미 있는 존재가 되고 싶다면 먼저 그들을 의미 있는 존재로 받아들여야 한다. 얻기 위해서는 먼저 주어야 한다.

교황은 동유럽 사람들이 설사 자본주의를 포용했다 하더라도 공산주의의 이상에서 좋은 점을 버리지 말아야 한다고 했다. 그것은 동료에 대한 관심과 사랑을 잊어서는 안 된다는 뜻이다. 자본주의는 남과 다르게 차별화될 수 있는 개인의 권리에 그 생명력이 있다. 따라서 가라는 대로 가기만 하면 가족(Family)와 친구(Friends)와 축제(Festival)와 오락(Fun)의 네 개의 'F' 에 많은 시간을 투자할 수가 없다. 생산(Productivity)과 수익(Profits)과 업적(Perfomance)과 급여(Pay)의 네 개의 'P' 에만 매달려야 하기 때문이다. 이제 네 개의 'P' 와 네 개의 'F' 가운데 어느 것이 좋고 어느 것이 나쁘다기보다는 이 사이에서 균형을 찾아야 한다. 그 동안 우리는 비약적인 생산성의 향상으로 많은 이득을 올렸다. 네 개의 'P' 에만 매달린 결과다. 그래서 어떤 사람들은 이런 변화를 파우스트식 홍정이라고도 부른다. 시장경제의 효율성을 추구하되 자신과 자손을 위해 'F'와 'P'를 균형있게 잘 조화시켜야 한다. 우리는 훗날 다른 사람들이 보다 풍성한 삶을 누릴 수 있도록 지금 현명하게 살아야 한다. 나 뒤에 앞으로 이 땅에 살아갈 다른 이의 삶을 위할 때 지금 하는 일은 더욱 기분이 좋다.

지혜는 자각이다

20세기의 3대 인간 도살자는 '인민의 적' 이라며 8백만명을 처형한 스탈린과 6개 수용소에서 6백만명의 유태인을 학살한 히틀러와 1975년에서 1979년까지 4년 동안에 200만명 이상을 학살한 폴포트일 것이다. 폴포트는 이상적 사회주의를 건설하겠다며 1975년 크메르루즈군을 이끌고 프놈펜에 입성하여 자본주의와 물질문명을 모두 파괴했다. 중앙은행을 폭파하여 자유경제를 말살시켰고 자동차, 냉장고, TV 등을 수거해 쓰레기로 만들었다. 또한 의료시설을 파괴하고 전기를 끊어 도시기능을 마비시켰다. 도시인들을 농촌으로 이주시켜 집단 노동에 동원했다. 지식인들은 농민과 노동자의 잉여가치를 착취하는 '송충이' 들이라며 감옥에 가두어 처형했다. 예술인은 썩은 문화를 전파하는 '해충' 이라며 숙청했다. 이런 과정에서 캄보디아 전체 인구의 4분의 1에 달하는 2백만명을 살육했다. 그가 킬링필드(Killing Field)의 주범이다. 미치광이 인간 백정 폴포트가 저 세상으로 갔다. 아마 염라대왕도 겁이 나서 도망쳤을 것이다. 이제 캄보디아에 남아 있는 것은 가난과 죽은 자들의 무덤뿐이다. 인간이 잔인해 질 수 있는 극한의 지표이다. 폴포트는 어릴 때는 6년간 불교사원에서 생활했고, 중학교 때는 민족주의 교육을 받았다. 베트남에서 호치민의 반프랑스 저항 운동에도 가담했던 그는 공산주의자가 되어 밀림지대를 근거로 무장투쟁을 벌였다. 1975년에 친미 론놀정권을 무너뜨리고 혁명에 성공했다. 그러나 1979년 말 베트남군의 침공으로 권좌에서 밀려나 밀림에서 크레르루즈 게릴라들을 이끌고 내전을 지휘하다 1998년 4월 16일 73세를 끝으로 한줌의 흙으로 돌아갔다. 〈양철북〉의 주인공은 어린 아이 때 타락한 인간들의 추행을 보고 이 타락한 사회에서는 보지도 말고 듣지도 말고 생각하지도 않아야 한다며 성장을 멈추고 어른 되기를 거부한다. 그리고 네 살된 소년으로 평생 양철북만을 두드리며 돌아다니다가 세상을 떠났다. 우리 모두 반성해야 한다.

해와 바람은 신사의 외투를 벗기는 경쟁을 하기로 약속했다. 서로가 승리를 장담했다. 무서운 바람과 폭풍 속에서 신사는 결사적으로 외투를 움켜잡았다. 바람의 오만은 무너지고 말았다. 그러나 그 신사도 따뜻한 햇볕 아래서는 더 이상 외투를 벗지 않을 수 없었다. 겨울이 가면 봄이 온다. 봄의 햇빛 아래서 얼음장은 깨지고 새싹이 돋아난다. 햇볕은 어느 것도 거부하지 않고 새 생명을 부활케 한다. 어떤 강력한 독재자의 독선도 힘으로 모든 것을 해결하지는 못한다. 햇볕은 소리가 없다. 조용히 어둠을 잠식하고 빛을 발한다. 모든 존재가 빛 속에서 다시 태어난다. 빛이 있기 때문에 생명이 있고, 질서가 있고, 가치가 성립된다. 자만과 오만, 독선과 힘만으로는 유토피아는 불가능하다. 남을 위한 희생과 봉사와 사랑만이 넘쳐야 한다. 그래야 인간에게 기쁨을 주고 웃음을 주고 희망 속에서 신바람나게 살아가게 한다.

토끼와 거북이의 경주는 가장 빠른 것과 가장 느린 것의 경주이다. 둘은 서로 경쟁할 수 있는 상대가 아니다. 그러나 가장 느린 것이 먼저 정상에 깃발을 꽂고 만세를 불렀다. 인간의 삶에서 이런 일은 얼마든지 있다. 교만한 처세가 패가망신을 불러온다. 거북은 토끼와의 경쟁에서 자신이 진다는 것을 알고 있었다. 거북은 이 경주에서 자기 자신과의 싸움이 더 중요하다는 사실을 알고 있었다. 정상에 올라가 깃발을 꽂고 만세를 부르는 것이 문제가 아니라 정상에 도전하는 과정에서 피땀을 흘려 힘든 고비를 참아 가는 인고(忍苦)의 지혜를 배우는 것이 더 중요했다. 성서에서도 '어리석은 자를 들어 지혜로운 자를 부끄럽게 한다.' 고 했다. 우직한 지혜의 소유자, 이해를 초월하여 순리대로 살아가는 자세, 누가 알아주든 말든 자신의 길을 가야 한다.

인간의 천국은 땅에서 이루어지는 것이어야 한다. 기독교에서도 '뜻이 하늘에서 이루어진 것 같이 땅에서도 이루어지이다.' 라고 했다. 지상 천국 없이는 천상 천국도 없다. 극락과 보살도 땅에 오신다. 토마스 모어의 유토피아, 플라톤의 이상국가, 무릉도원이나 태양의 도시도 땅 위에 세워야 한다. 천국은 인체의 구조를 닮고 있다. 머리와 발, 손과 다리, 입과 내장들은 서로가 불평이 없다. 모두가 인체라는 전체를 위한 개체의 가치들이 있다. 내가 있어 네가 있고, 네가 살아 있어 나도 살아 있다. 위가 어째서 나만 일해야 하느냐며 쉬어버리면 결국 전체가 죽게 된다. 백성이 있어야 임금이 있다. 이것이 조화의 세계다.

인류 역사에는 19세기에 신을 잃고 20세기에 인간을 잃은 두가지 비극이 있다. 때문에 이제는 신과 인간을 다시 찾아야 한다. 그것이 창조이다. 창조는 존재에 가치를 부여한다. 이것이 발전이요 변화다. 변하지 않는 것은 죽은 것이요 변하는 것은 진리다. 그러면서 모든 것이 서로 조화를 이루어야 한다. 사랑의 삶 속에는 생과 사가 따로 있지 않다. 거짓과 참이 따로 있지 않다. 사랑은 생명의 근원이요 진 · 선 · 미의 합일이요 조화이다. 빛은 밝음과 어둠의 조화이다. 아름다운 조화 속에는 선악이 따로 없고 공자가 말한 화이부동(和而不同)의 하모니가 있을 뿐이다. 천국은 조화의 세계이다. 피타고라스는 우주는 질서와 리듬과 조화를 의미한다고 했다. 존재는 혼돈이 아니라 하나의 우주이다. 종교(Religeon)라는 말은 다시 합치는 결합을 의미한다. 그대 자신과 재결합함을 의미한다. 우리는 원천으로부터 왔고 아직도 원천 속에 존재한다. 그리고 종교 자체의 원천과 내가 합친다는 의미이다. 천국의 요소는 기쁨과 희망 그리고 사랑이다. 위하여 살고 위하여 죽는 아름다운 예술의 세계이다. 그곳에서는 가진 자와 못 가진 자가, 왕과 노비가 서로 나누어 갖고 관용과 사랑으로 서로를 위한다. 진정한 의미의 천국은 지옥과 구분되지 않는다. 지옥은 있을 필요가 없다. 빛 속에는 어둠이 없다. 고로 천국에는 지옥이 없다.

존재하는 모든 것은 하나만으로는 온전하지 못한 미완의 것이다. 그래서 모순(矛盾)이라는 창과 방패의 관계도 있다. 천하의 어떤 방패도 뚫어내는 신비의 창이나 천하의 어떤 창도 뚫을 수 없는 방패는 없다. 천하무적의 창과 방패라는 말은 말의 선전이었다. 돈을 벌려는 상술이 엄청난 모순이라는 말을 만들어 내게 되었다. 그러나 이런 불완전한 개체들이 합해서 조화를 이룬다. 창과 방패가 함께 새로운 제3의 예술을 창조하고 토끼와 거북이도 서로 도와가며 공생해야 할 존재들이다. 물을 건너려면 토끼가 거북이의 도움을 받고, 땅에 온 거북이는 토끼의 도움을 받아야 한다. 정상에 도전하는 과정 즉 피땀 흘려 힘든 고비를 참은 인고의 삶의 지혜를 터득하는 것이 중요한다.

소크라테스의 제자 몇 명이 그를 찾아와서 신탁(神託)이 당신을 세상에서 가장 지혜로운 사람이라고 선언하였으니 기뻐하라고 알렸다. 그러자 소크라테스는 웃으면서 '돌아가거라, 실수가 있었을 것이다. 나는 내가 아무것도 모르는 무지한 사람이라는 한 가지만을 알고 있는데 내가 어떻게 가장 지혜로울 수 있겠느냐' 며 신탁에 가서 알려드리라 했다. 제자들이 신탁에 가서 소크라테스의 말을 전하자 신탁은 그 때문에 나는 그를 가장 지혜로운 사람으로 선언했다고 말했다. 가장 지혜로운 사람만이 자기는 아무것도 모른다고 말할 수 있기 때문이라는 것이다. 바보들은 언제나 알고 있다고 주장한다. 자신의 어리석음을 알게 될 때 자신은 이제 어리석음과 분리된다. 이제 자신은 어리석지 않다. 이제 어리석음은 자신과는 관계없이 따로 존재한다. 이것이 바로 지혜다. 지혜는 지식이 아니라 자각이다. 예수는 어린 아이와 같은 사람들만이 천국에 갈 수 있다고 했다. 예수가 말한 어린 아이와 같은 것이란 유치하다는 뜻이 아니라 성숙된 순수를 뜻한다. 무르익고 꽃이 핀 순수를 의미 한다.

솔제니친은 인류 역사에서 가장 비극적인 것은 하느님을 상실한 것이라고 강조하고 있다. 성경에 신은 인간을 신의 형상대로 창조했다고 말한다. 그러나 그 역이 더욱 진실에 가깝다. 인간은 신을 인간의 형상대로 만들었다. 인간은 자신의 필요에 따라서 신을 만들었다. 그래서 신의 개념이 나라마다 다르고 시대마다 변한다. 나라마다 독특한 필요성을 갖고 있기 때문이다. 사람들은 자기의 욕구가 충족되는 쪽으로 신을 창조한다. 그러나 그렇게 되었을 때 종교는 환상이나 소원성취 혹은 욕망이 되고 만다. 그것은 진실과는 아무런 관계가 없다. 우리 인간의 역사적 의무는 잃어버린 하느님을 어떻게 찾느냐이다. 그후 사랑의 세계가 창건되어야 한다. 짐승들도 자기들의 새끼들을 위해 먹이를 물어다 먹인다. 우리도 인류를 위해 자신을 희생하고 인류에게 기쁨과 희망과 꿈을 주어야 한다.

인간에게는 두 길이 있다. 하나는 걷고 있는 길이요 다른 하나는 걸어가야 할 길이다. 걸어가야 할 길은 바로 인간으로서 당위요 도리의 길이다. 이 길은 어느 누구에 의해서도 파괴될 수 없는 길이다. 파우스트는 그의 생애 말년에 진리를 찾고 선을 찾고, 생명을 찾고, 미를 찾고, 사랑을 찾아 몸부림친다. 베를린대학의 정문에는 '진리를 위해 살고 진리를 위해 죽는다.' 라고 씌어 있다.

통에서 중요한 것은 통 자체가 아니라 가운데의 빈 공간이다. 주전자에서도 중요한 것은 주전자 자체가 아니라 비어 있는 공간이다. 주전자나 통은 그 빈 곳에 무엇인가를 담기 위해 존재하는 것이다. 이곳에 진리를 채우고 선을 채우고 생명을 채우자.

순간은 새로운 도전이다

인간이 경험할 수 있는 가장 매력적인 감정은 신비로움이다. 종교도 그 기원은 이 경이로운 신비로움의 경험이었다고 아인슈타인은 말했다. 우리는 때때로 인간의 직관으로는 도저히 통찰할 수 없는 존재나 찬란한 아름다움, 심오한 이성의 발현을 깨닫게 된다. 우리는 삶과 영원한 생명의 신비로움을 이해하려고 성실하게 노력해야 한다. 어린 아이들의 창의력을 북돋아 지식의 참된 기쁨을 깨닫도록 해야 한다. 그러면 아이들은 성장해 가면서 재미있고 흥미진진한 것을 많이 배우고, 풍요로운 세상에서 그 시대에 맞는 상식을 만들어내고, 그 안에서 영원히 사라지지 않는 참된 진리를 얻어 자신의 인생과 진정한 노동의 의미를 이해하게 될 것이다. 무엇인가에 대해서 궁금해 하지 않고 의심하지도 않고 놀라워하지도 않는 사람은 다 타버린 양초와 같다.

배움은 어려운 길이다. 지름길은 없다. 어려운 길은 고통스러운 길이다. 그러나 고통을 피하려 하지 않고 받아들여야만 성장을 이룰 수 있다. 오히려 고통을 넘어서기 위해 노력해야 한다. 고통을 두려워하지 말아야 한다. 그래서 고통받는 자는 복이 있다고 했다. 그만이 생명을 얻는다고 했다. 산스크리트어 '베다나(vedana)'는 '고통'을 뜻하나 '지식'을 뜻하기도 한다. '베다(veda)'는 지식의 원천을 의미한다. 우리는 고통을 당하면 자각하게 된다. 건강할 때는 건강을 모르고 지낸다. 그러다 어느 한 곳이 잘못되었을 때 건강을 의식하게 된다. 그러면서 지식을 얻고 성장하게 된다. 예수도 고통이 절정에 이른 순간에야 갑자기 깨달았다. 십자가에 못 박히는 순간 그는 '왜 내게 이런 일이 일어나야만 하는가.' 하고 묻다가 갑자기 그 이유를 깨달았다. 그 순간에 그는 그리스도가 되었다. 그래서 그는 당신 뜻대로 하시라고 했다. 그리고 그는 영원한 생명이 되었다. 우리는 고통을 당하면 분노하지 말고 그것을 주시하고 분석하고 느끼면서 새로운 에너지를 찾아야 한다.

인간은 사다리이다. 때문에 더한 높이와 깊이를 향해서 성장해야 하고 모든 기회와 도전을 외면하지 말고 모험을 과감히 받아들여야 한다. 매순간 미지의 세계, 불가지의 세계를 향해 여행을 떠날 준비가 되어 있어야 한다. 언제나 부름에 대답할 준비가 되어 있어야 한다. 용기는 두려움이 없다는 것을 뜻하지 않는다. 온갖 두려움에도 불구하고 미지의 세계로 들어감을 의미한다. 용기 있는 자는 두려움을 제쳐놓고 앞으로 나아간다. 미지의 세계로 나아간다. 컬럼버스가 지도에도 없는 바다를 향해할 때 거기에는 커다란 두려움이 있었다. 무슨 일이 생길지 예측할 수 없는 상황에서 그는 안정의 해안을 떠났다. 그것은 모험이었다. 그러나 심장은 더욱 세게 고동치고 새로운 삶이 피어났다. 이처럼 두려움이 있더라도 계속해서 도전을 받아들일 때 두려움은 천천히 사라진다. 미지의 것이 가져다 주는 기쁨이 그대를 강하게 만들어 주고, 그때 인생은 지루한 것이 아니고 모험이라고 느껴져 두려움은 사라진다.

용기의 어원은 가슴을 뜻한다. 용기는 결코 마음에 속하지 않고 항상 가슴에 속한다. 마음은 미지의 것을 갖고 있지 못한 겁쟁이나 가슴은 미지의 것을 뚫고 지도에도 없는 곳으로 나아갈 수 있다. 노력을 통해 남보다 높은 경지에 오른 사람들은 하나같이 지금 하고 있는 일에 집중하는 놀라운 능력을 가진 사람들이다. 그들이 자신의 일에 몰입하고 있을 때 세상은 사라지고 시간은 정지된다. 그들은 오로지 일과 하나가 된다. 일과 동화(同化)되어 있다. 자신이 지금 하고 있는 일을 필생의 사업처럼 한다. 그들에게 순간순간은 새로운 도전이다. 끊임없이 도전에서 도전으로, 하나의 정점에서 다른 정점으로 이동해 가면서 사는 것은 스릴이 있다. 높이 오를수록 도달할 정점도 더 높아지고, 설사 그 도전에 실패하더라도 기회가 거기에 있다. 거기에는 그 상황을 받아들이는 행복이 있고 또 그 도전 속에 다시 들어가는 행복이 있다. 순간마다 스릴을 느끼면서 앞으로 나아간다. 도전을 진정으로 사랑하는 사람에게 완전한 가치는 실패냐 성공이냐 보다도 도전과 응전 속의 스릴에 있다. 그때 씨앗은 씨앗으로 남아 있지 않고 큰 나무가 되어 따뜻한 봄의 햇살과 비가 안겨주는 기쁨을 알게 되고, 수많은 꽃봉오리가 터질 때의 황홀경을 알게 된다. 인간은 동물과 다르다. 동물들은 언제나 똑같은 수준에만 머물며 어떤 변형도 없다. 그들은 수평적으로만 움직이기 때문에 급진적인 변화란 결코 일어나지 않는다. 그러나 인간은 씨앗을 가지고 있다. 그 씨앗은 알맞은 토양과 기후를 찾아 성장하고 꽃피울 그 순간의 가능성을 지니고 있다. 인간은 땅과 하늘, 물질과 정신, 동물과 신의 요소를 반반씩 갖고 있을 때 늘 이것이냐 저것이냐 하면서 성장한다. 인간에게는 깨끗한 백지 한 장이 있다. 그 백지 위에 자신의 운명을 그리고 스스로 무엇이 되고 싶은가를 결정해야 한다. 인간에게는 절대적인 자유가 있다. 장미꽃이 될 수도 있고 국화꽃이 될 수도 있다. 인간은 하나의 되어감이요, 과정이요, 기회이다. 인간은 언제나 더 높은 것을 지향하며, 더 많은 것을 알기를 원하며, 더 많은 평화를 누리기를 바란다. 신은 이 세상을 창조한 뒤에 하늘로 되돌아갔다. 따라서 우리는 자신이 살고 있는 곳에서 신성하게 살아감으로써 하늘과 땅의 두 영역을 결합하려고 노력해야 한다.

성공은 자연스러움의 부산물이다. 열심히 일하면 성공은 그림자처럼 따라온다. 그래서 열자는 성공이나 실패의 생각으로 흔들리지 말고 조용히 그리고 고요하게 일하라고 했다. 성공과 실패는 서로 분리될 수 없다고 생각해 보자. 그리고 언젠가는 보상이 따른다. 보상과 처벌은 언제나 그림자처럼 따라다닌다. 올바른 방향으로 올바르게 노력하면 보상은 저절로 따라온다.

철학은 시대의 불안에 대한 대답이다

로마의 에픽테토스는 노예였다. 그러나 그는 노예치고는 너무나 명상적이고 사색적이었다. 때문에 주인에게 그는 너무 게으르게 비쳤다. 어느 날 화가 난 주인은 그의 다리를 부러뜨려 버렸다. 그는 영원한 불구가 되었다. 주인은 미안한 생각도 들고 쓸모도 없게 되자 그가 스토아 철학자의 강의에 참석하는 것을 허락했는데 그것이 계기가 되어 노예로서의 그의 삶이 바뀌어 스토아 철학자가 되었다. 그러자 주인은 그를 자유인으로 해방시켜주었다. 스토아 철학은 잔인한 주인의 손에 다리가 부러진 가여운 노예를 감동시킨 철학이었다. 스토아(Stoa)라는 말은 사람의 이름이 아니다. 이 말은 스토아 포이킬레(Stoa Poikile)라는 말에서 나왔고 이 말은 '울긋불긋한 강당' 이라는 뜻이다. 즉 스토아는 강당이란 뜻이다. 이 학파의 창시자였던 제논이 아테네에서 울긋불긋한 벽화가 그려진 강당에서 강의를 했기 때문이다. 그 강당은 벽화 때문에 '스토아 포이킬레' 라고 불렸고 그 후 그곳에서 가르치고 공부했던 사람들의 모임을 스토아라 불렀다. 세네카는 "우리의 운명은 이미 정해진 것이다."라고 말했다. 처음 숨을 쉬었을 때부터 우리는 이미 예정된 죽음을 향해 한발짝씩 다가가는 것이며, 공사간의 모든 일은 원인에서 원인을 거듭하여 줄곧 지속되는데 그것은 신의 뜻에 따라 결정되어 있는 하나의 긴 연속이라고 했다. 따라서 스토아 철학에서는 신의 섭리나 이성적인 법칙이나 운명은 모두가 같은 것의 다른 이름에 불과하다. 따라서 우주 전체를 지배하는 운명의 법칙 앞에 개인은 어떤 결정권이나 저항의 힘도 가지지 못한다. 그는 운명은 순종하는 자를 인도하고 거역하는 자를 강제하며, 그물에 걸린 새는 푸드덕거릴수록 더욱 사로잡히게 된다고 했다. 운명이란 그것에 따라 일어난 것이 일어났고, 일어나는 것이 일어나며, 일어날 것이 일어날 그런 원리이다. 운명 앞에서 모든 사람은 더 이상 자기의 주인이 아니다. 우리는 작가가 원하는 대로 정해진 연극배우이다. 운명의 힘 앞에서 우리는 사로잡힌 노예에 불과하다고 했다. 폭군 네로 황제의 스승이었던 세네카는 한때 황제의 총애를 받아 부러울 것 없는 삶을 살았으나 결국 황제의 미움을 사 자살할 것을 명령받고 생을 끝내야 했다. 그는 죽음은 노예를 자유롭게 하고 국외 추방자를 조국으로 돌아오게 하며 모든 계급을 평등하게 만들어 버린다고 했다. 만신창이가 된 삶에 대한 유일한 위로는 죽음이라고 했다. 그러나 그들은 삶을 잿빛으로 보기는 했어도 행복을 쉽게 포기하려 하지는 않았다. 운명이 아무리 강력한 힘을 가지고 있다고 하더라도 우리 내면 속에 있는 운명이라 할 수 있는 정신의 덕은 어찌할 수 없다고 했다. 운명도 우리가 소유한 정신의 덕을 빼앗아 갈 수는 없다고 했다. 진정한 나는 나의 도덕적 결단과 행위의 주체이기 때문에 아무리 불행한 운명을 만나도 참으로 선한 사람은 아무것도 잃을 것이 없으며, 참으로 선하고 덕 있는 사람은 오히려 시련과 역경 속에서 눈부신 가치를 드러낸다고 했다. 그리고 이러한 정신의 덕이야말로 충분한 행복의 덕이라고 했다. 행복은 삶의 궁극적 목적이며, 덕 있는 삶, 이성에 일치하는 삶, 자연과 일치하는 삶 속에 있다고 했다. 또한 행복한 삶에 필요한 것은 지혜와 절제와 정의와 용기 같은 정신의 덕 뿐이라며 비천한 노예에 불과한 에픽테토스에게도 참된 행복에 대한 희망을 심어 줄 수 있었다. 세네카도 덕은 완전한 선이며 이것이 행복한 삶의 필수 조건이라고 했다. 그러나 아리스토텔레스는 아무리 도덕적으로 훌륭한 사람이라 하더라도 그것만으로는 행복해질 수 없다고 생각했다. 고난과 박해로 가득 찬 삶을 행복한 삶이라고는 할 수 없다며 도덕성이 무조건적으로 행복을 보장해 주지는 않는다고 했다. 따라서 서양철학에서 남녀노소, 빈부귀천의 차이를 막론하고 모든 사람들에게 행복으로 통하는 문을 열어 준 철학은 스토아 철학이라 할 수 있다. 여기에서는 모든 사람은 외적 조건의 차이에 관계없이 평등하게 행복에 참여할 수 있다. 행복은 외적 조건이 아니라 오직 내면의 덕에 있기 때문이다. 스토아 철학은 우리가 소유하고 있는 모든 외적인 것들은 운명의 여신이 우리에게 잠시 맡겨둔 것일 뿐 결코 나의 참된 소유물이 아니며 언제라도 그것을 나에게서 다시 찾아갈 수 있는 것들이다. 따라서 우리는 마치 여행을 하는 사람이 여관방의 물건들을 보듯이 세상만사를 그렇게 대하여야 한다고 했다. 어떤 것에 대해서도 내가 그것을 잃어버렸다고 말하지 말고 나는 그것을 되돌려 주었다고 말하라고 했다. 누군가가 나의 땅을 빼앗아 갔다면 나에게 그것을 맡겨두었던 자가 누군가를 통해서 되찾아 갔다고 믿으라고 했다. 이것이 그들이 말하는 정념이 없는 상태 즉 아파테이아(Apatheia)이다. 그들은 영혼의 선 외에는 아무것도 바라지 않았고 우리가 아무것도 두려워 하지 않을 때 우리는 비로소 참된 자유를 얻을 수 있다고 했다. '나는 아무것도 바라지 않는다. 나는 아무것도 두려워 하지 않는다. 나는 자유이다.' 이것이 니코스 카잔자키스의 묘비명이다. 모든 철학은 시대의 고뇌에 대한 대답이다. 시대의 불안에 대한 대답이다. 끝없는 전쟁과 내란으로 혼란하고 불안정했던 헬레니즘 시대에 스토아 철학은 사람들에게 삶의 의미와 참된 행복을 눈에 보이는 것들에서가 아니라 오로지 자기 자신의 보이지 않는 내면 속 마음의 도덕성에서 찾게 함으로써 공포와 불안에서 벗어날 것을 권했다.

분명히 인간의 존재 이유는 맹목적 생존 이상의 것이다. 인간은 생존 이상의 무엇인가를 이루기 위해 존재한다. 살아남기 위해 사는 존재 이상의 것이다. 우리는 숨가쁜 현대 사회에서 삶의 의미와 참된 가치 그리고 역사가 나아가야 할 방향을 생각해야 한다. 에픽테토스는 노예의 신분으로 태어났고 불구의 몸이었지만 자유로운 정신의 철학자가 되었다. 자유로운 나라의 시민인 우리는 육신의 노예로 머물러 있을 수는 없다. 이 철학은 이 시대의 처방을 내려야 한다. 우리가 사는 세상이 아무리 깊은 어둠 속에 있다 하더라도 세상에는 남에게 선하게 보이려고 애쓰는 것이 아니라 참으로 선하게 살려고 애쓰는 사람들이 있다. 남들의 비난이나 부러움 때문이 아니라 단지 하늘을 우러러 한 점 부끄럼이 없기를 바라는 마음 때문에 외로워하는 사람도 있다. 그들은 추수에 대한 보상 없이 선의 씨앗을 뿌리고 보상에 대한 기대 없이 세계에 대한 의무를 다하고 희망이 없어도 인간을 사랑한다. 그들은 영원한 빛의 자녀들이다. 그들에게 인간의 역사는 멸망하지 않고 영원하다.

스토아 철학이 강당(stoa)의 철학이라면 에피쿠로스의 철학은 정원의 철학이다. 그의 철학은 정치가와 황제의 철학이 아니라 은둔자와 예술가의 철학이다. 그는 정원의 꽃 한 송이에서도 삶의 기쁨을 누렸다. 에피쿠로스 철학도 스토아 철학과 마찬가지로 그리스의 고전적 삶의 이상이 무너지고 개인이 공동체로부터 소외되어 황량하고 불확실한 세계 속에 내던져 있다고 느낄 수밖에 없었던 시대의 철학이다. 그러나 스토아 철학이 개인에게 자기 자신을 잊어버리고 오직 전체를 위해 헌신할 것을 요구함으로써 개인을 부정하고 개인을 전체에 동화시키라고 했으나 에피쿠로스는 전체를 위해 개인을 희생하는 삶을 거부했다. 오직 한 번뿐인 자신의 삶에 충실하지 못하고 자기 밖의 일에 얽매여 살아갈 수는 없다고 말했다. 우리의 삶은 바로 지금 여기에서 이루어지고 그 삶의 주인은 바로 나이기 때문에 나의 삶의 온전함과 탁월함은 바로 나의 삶 속에서 실현되고 검증되어야 한다.

세상일이 내 마음대로 될 수는 없다. 개인이 전체를 자기에게 동화시킬 수는 없다. 그래서 개인과 전체가 불화할 때 철학자가 개인에게 해줄 수 있는 말은 한 발짝 물러서서 살라는 것일 수밖에 없다. 그래서 진정한 안전은 우리가 대중들로부터 고요히 은둔할 때 생긴다고 에피쿠로스는 이야기했다. 될 수 있는 한 세상의 일은 잊어버리고 자기 자신의 행복을 추구하라고 했다. 그래서 그는 정치적 야망에 불타거나 명예를 위해 살다 죽은 사람이 아니다. 그는 정원에 핀 한 송이 꽃에 탐닉하는 로마의 시인들에게 영향을 미쳤다. 그러나 우리는 언제나 이웃과 더불어 살 수밖에 없기 때문에 될 수 있는 한 주위 세계와 친숙해지거나 만일 그것이 불가능하다면 적어도 주위 세계가 우리와 낯설지 않도록 노력해야 하며, 그 때 우리는 주위 세계에 대한 불안감 없이 평화롭게 살 수 있다고 했다.

에피쿠로스 철학은 예로부터 쾌락주의와 동의어가 되었다. 그들은 쾌락은 행복한 삶을 형성하는 알파요 오메가라고 했다. 그들은 우리의 쾌락이 첫째가는 재산이라고 했고, 모든 재화는 쾌락을 기준으로 측정했다. 그래서 금욕주의자인 스토아 철학자들의 격렬한 비난의 표적이 되었고, 기독교인들의 멸시와 증오의 대상이 되었다. 근엄한 사람들은 이들을 가리켜 에피쿠로스의 돼지들이라고 불렀다. 그러나 에피쿠로스는 자신이 걷는 길이 어디에서 시작하여 어디에서 끝나는지를 끊임없이 물었다. 근엄한 사람은 쾌락을 경멸하고 통속적인 사람들은 아무런 반성도 없이 쾌락에 탐닉했는데 그는 참된 쾌락의 의미와 가치에 대해서 질문했다. 그 때문에 그는 진실한 철학자가 되었다.

그는 이성간 애정의 쾌락에 대해서도 그때에 법을 위반하거나 예의에 벗어나지 않고 이웃 사람을 괴롭히지 않으며 자신의 건강을 해치지 않아야지 그렇지 않으면 쾌락은 어떤 이익도 되지 않는다고 했다. 또한 모든 욕망이 충족된다고 하더라도 쾌락은 잠깐일 뿐 그 뒤에 지속적이고 보다 큰 고통을 남기는 경우가 많기 때문에 모든 욕망과 쾌락을 무차별적으로 추구하는 것은 현명한 일이 아니라고 했다. 그래서 그는 우리가 느끼는 어떤 욕구는 자연적이고 필연적이지만 어떤 것은 그렇지 못하고 또 어떤 욕구는 자연적이지도 필연적이지도 않으며 다만 공허한 망상에 지나지 않는 경우도 많다고 했다. 따라서 오직 자연적이고 필연적인 본래의 욕망이 충족되었을 때 우리는 참된 쾌락을 느끼기 때문에 진정한 쾌락을 누리려는 사람은 먼저 무엇이 꼭 충족되어야 할 욕구이고 무엇이 절제해야 할 욕구인지를 분별할 줄 알아야 한다. 그는 고상하고 정의롭게 살며 이성적이어야 쾌락을 얻을 수 있다고 했다. 그는 맹목적인 쾌락주의자가 아니었다. 정의와 이성의 원리에 어긋나는 쾌락은 단호히 거부했다. 이성이 없으면 쾌락은 없다고 하면서도 쾌락이 없으면 이성도 없다고 하였기 때문에 그는 소피스트도 아니고 소크라테스도 아니었다. 그래도 그의 철학이 이성주의라 불리지 않고 쾌락주의라고 불리는 것은 그의 철학에서 행복한 삶의 실제적 내용이 쾌락이었기 때문이다. 보다 크고 지속적인 쾌락을 얻기 위해서는 이성이 필요했다. 큰 고통 뒤에 보다 큰 쾌락이 약속된다며 고통을 쾌락보다도 높게 평가했다. 그래서 때로는 욕망을 참고 절제하며 쾌락 대신 고통을 선택하기도 했다. 마치 절제와 금욕을 가르치는 스토아 철학자들처럼 이성적인 삶과 정신적인 만족 속에서 참된 행복을 찾았다. 그는 향락 자체에만 관심을 주는 사치스러운 자의 쾌락을 피했고, 한계를 모르는 부유함도 커다란 가난이라고 말했다. 이것들이 인간을 오히려 불행하게 만든다고 했다. 참된 쾌락은 육체와 정신의 고통과 불안이나 혼란과 광기가 제거될 때 이루어지는데 이러한 영혼의 평온함을 '아타락시아(Ataraxia)' 라 불렀다. 이것이 지복(至福)의 순간이다. 그러기 때문에 이떤 쾌락이 바람직하냐 아니냐를 결정하는 편단 기준도 쾌락 그 자체일 뿐이라고 할 수 있다.

에피쿠로스는 육체의 고통과 마음의 불안으로부터 벗어나는 삶을 추구했다. 그리고 이러한 삶을 우정으로 가득찬 삶에서 찾았다. 그는 모든 사람들의 따뜻한 친구였고, 함께 돌보며 도움을 주는 것이 우정의 증거라고 했다. 그의 정원에 모여든 사람들은 서로 따뜻한 우정을 나누며 황량하고 불확실한 세계에서 항상 마음의 평화를 얻었다.

한번도 경험해 보지 않은 낯선 길을 갈 때 우리는 불안함을 느낀다. 죽음은 절대적으로 낯선 길이다. 그러나 피할 수도 없다. 우리의 삶은 죽음의 그림에서 벗어날 수 없다. 따라서 우리가 불안과 고통 없는 삶을 살기 위해서는 죽음이 주는 공포에서 벗어나야 한다. 사람들은 내세에 대한 종교적 믿음을 통해 죽음의 두려움을 이기려 한다. 그러나 에피쿠로스는 내세와 죽은 뒤의 심판을 철저히 부정하고 죽음을 절대적인 소멸로 이해함으로써 공포에서 벗어나려 했다. 우리가 살아서 존재하는 한 죽음은 우리와 아무런 상관이 없고 반대로 죽음이 우리를 찾아왔을 때는 우리는 더 이상 존재하지 않는다. 그러므로 죽음은 우리와 아무런 상관이 없다고 했다. 그때 우리에게는 아무런 감각도 없고 감각이 없으면 죽음에 대해 걱정할 필요도 없다고 했다. 산 자에게는 죽음이 없고 죽은 자에게 삶은 더 이상 존재하지 않는다. 결국 육체의 고통을 피하고, 사치와 향락을 멀리하고 죽음의 공포에서 벗어나는 것이 욕심 없는 쾌락주의자의 소박한 소망이다. 따라서 모든 경우에 인생을 즐기고 아름다움에 탐닉하는 것이 그 자체로서 악이라고 비난할 수는 없다.

마음을 열어야 진리가 보인다

1869년에 알프레드 러셀 왈러스는 8년 동안의 말레이제도 여행과 연구에 관한 이야기에서 그곳의 미개인들과 사귀면서 알게된 유대감과 정의감을 영국 사회의 악덕과 비교했다. 그리고 그는 우리는 사회과학의 문제에서 아직 야만의 단계를 벗어나지 못하고 있다고 주장했다. 우리는 자연을 지배하고 자연을 약탈하면서 이것을 진보의 기준으로 삼고 있다. 이는 엄청난 에너지와 원료의 소모를 전제로 해야만 가능하다. 그러면서 유럽인들은 남아시아와 동남아시아의 여러 국가들을 혼수상태에서 끌어내어 근대로 이끌었다고 말하고 있다. 유럽인들은 계속 자기들의 지배를 강화했고, 19세기 중엽에 영국인들은 중국에 아편까지 공급했다. 원래 아편은 영국 주부 노동자들이 공장에서 장시간 일하는 동안 아이들을 재우기 위한 조제약으로 사용한 것이었는데 영국인들은 중국 사람으로부터 산 물품값을 아편으로 강제 지불했다.

지배자들은 그들을 지지해 줄 수 있는 것은 여론밖에 없다고 알고 있다. 정부가 의지해야 할 곳은 여론뿐이다. 이러한 원칙은 가장 전제적이고 군사적인 정부나 가장 자유롭고 민중적인 정부에나 똑같이 적용된다. 그래서 국가는 여론을 자기편에 붙들어두기 위해 하층 계급들에게 사회의 위계질서는 신의 뜻이고 합리적이고 정당한 것이라고 믿게 만들어야 했다. 그리고 체제 자체는 나쁜 것이 아니라고 믿게 했다.

로마 제국 멸망 이후의 중세는 암흑의 세기였다. 그 뒤 르네상스까지는 정체와 퇴보의 시기였다. 유럽 대륙의 인구는 1,340년에 7,900만 명이었는데 1,400년에는 5,500만 명으로 줄었다. 60년 동안에 인구의 3분의 1이나 줄었다. 그 뒤 1,500년경에야 다시 7,900만 명이 되었다. 서기 1,000년 이후 유럽 인구의 계속적인 증가는 식량확보를 위해 변두리 토지까지 경작하게 하였지만 이것은 한편으로는 작은 재난에도 생존이 쉽게 무너질 수 있는 불안한 상태이기도 했다. 한 역사가는 생산성이 높아 행복했던 시절 뒤에는 반복되는 홍수와 가뭄 그리고 먼지와 폭풍이 농민들을 괴롭히는 고통의 시기가 찾아온다고 기록하고 있다. 더욱이 이때 기근으로 허약해진 유럽은 몽고인들이 크리미아의 카파(caffa)를 공략하는 과정에서 퍼뜨린 페스트로 죽은 시체들을 성안으로 던졌고 페스트는 3년 동안 대부분의 유럽으로 번져갔으며 그 피해는 막대했다. 도시에서는 전체 인구의 50%까지 희생되기도 했다. 가족 전체가 희생되기도 하였다. 가난한 사람이나 부자 그리고 신분에 관계없이 죽어 갔다. 왕도 죽었고 신부도 죽었다. 작가 푸루아사르는 당시의 참상을 세계의 3분의 1을 앗아가 버렸다고 기록하고 있다. 이렇게 되자 도시에서의 폭동과 농민의 반란으로 사회적 위기가 닥쳐왔다. 농민들은 농산물 가격이 떨어지고 과세가 늘어나자 농사를 포기하고 반란을 통해 스스로 지킬 수밖에 없었다. 농노들은 자유를 찾기 위해, 농민들은 봉건적 착취에서 벗어나기 위해 투쟁했다. 소상인, 기능공이나 상점 주인들도 자기 몫을 차지하기 위해 투쟁했다. 페스트 이후 이탈리아 도시들은 사회구조가 화석처럼 굳어졌고 사회적 폭력은 늘어갔다. 이때 마키아벨리는 신과 자연은 모든 사람들의 운명을 근면보다는 약탈에, 좋은 기술보다는 간계에 더 노출시켜 놓아 가장 힘없는 사람은 더욱더 비참한 존재가 되어간다고 했다.

1381년에는 강제로 세금을 징수하기 위해 파견된 행정관리들과 농민들이 정면으로 충돌했는데 이런 반발들은 차츰 대반항 운동으로 발전했다. 성직자였던 존불도 아담이 밭갈고 이브가 물레질 할 때 누가 귀족이었느냐며 군중을 지원했다. 그리고 농민들은 성직자들의 부패와 탐욕을 비난하며 지금 변하지 않으면 세상에서 최악의 고통이 곧 나타날 것이라고 선언했다. 반항은 영주에 대해서만이 아니라 정부와 사회체제 전반에 대한 도전으로 발전했다.

16세기 초 유럽의 귀족들은 농민들에게 더 많은 세금과 병력의 제공을 요구했다. 그에 따른 반란은 더욱 빈번해졌다. 14세기에 독일에서는 25년에 한 번씩 반란이 일어났으나 16세기 초에는 거의 1년에 한 번씩 반란이 일어났다. 반란은 더욱 의식적으로 되고 과격해졌다. 그들은 사회 개혁과 신의 법과 복음서의 평등주의를 요구했다. 종교가 성직자들의 사회지배의 도구가 되어서는 안 된다고 했다. 15세기부터 일어난 농촌의 소요는 독일 농민전쟁으로까지 진전

했고 이런 위협은 17세기 중엽까지 계속되었다. 최초 박해의 물결은 14세기에 일어났으나 16, 17세기에 이르러서는 최소 5만 내지 20만 명에 이르는 사람들이 사형을 당했다. 이때 피소자의 80%가 여자였으며 그 중의 대부분이 40세 이상이었다. 우리는 이를 마녀사냥이라고 한다. 유럽에서는 마녀사냥에 의한 마지막 처형이 1782년 스위스에서 있었고 미국에서는 그보다 5년 후에 필라델피아에서 군중들이 한 마녀를 처형했다. 그러나 새로운 운동을 매번 힘으로만 진압할 수는 없었다. 마법은 원래 농민들의 단순한 주문과 저주에 불과했으나 1486년에 두 명의 독일 도미니크 수도회 수도사들이 〈마녀들의 망치〉라는 책에서 마법은 기독교를 무너뜨리기 위해 조직된 악마의 음모라고 말하면서부터 사정이 달라졌다. 그때 농촌사회에서는 1년에 한 번씩 마법사들이 밤에 모여서 행사를 치렀고 이들은 민중문화의 전달자로서 여성의 역할을 했다. 이들은 산파의 일과 질병을 고쳐주는 기술에 능한 사람들이었다. 이들이 차츰 교구의 사제들과 맞먹는 영향력을 갖게 되자 박해가 시작되었다. 1748년 '님므' 의 한 주교는 교구 사제들에게 점쟁이, 마법사, 환술사, 예언자들을 비난하는 내용의 설교를 하라고 했는데 이런 박해는 일반적으로 지배자들이 지배력이 취약한 곳에서 심했다.

19세기 말에 고갱이 타이티를 찾았을 때 원주민들에게 문명화된 유럽인들은 도둑이었다. 그러나 그것은 원주민들이 유럽인들의 사유재산 개념을 이해하지 못했기 때문이었다. 그들은 사랑스럽고 친절하고 천진무구했다. 유럽인들은 그들을 미개인이라고 했지만 그들은 유럽인들을 야만인이라고 불렀다. 그들에게는 나의 옷이 너의 옷이고 너의 옷이 나의 옷이었다. 그들은 정말로 전설 속의 미개인이 아니라 고결하고 소박한 원주민일 뿐이었다. 유럽인과 원주민의 만남에서 차츰 원주민들 중에 서로 유럽문명이 개인적으로 유리하게 작용할 수 있다고 믿는 원주민들이 차츰 유럽화에 협력했다. 그러나 오스트레일리아나 북미에서는 유럽의 개척자들에게 원주민들은 그들의 장애물이었다. 그래서 그들은 원주민들의 땅을 빼앗기 위해 그들을 멸종시킬 수밖에 없는 야만스럽고 무식한 인종들이라 하면서 이들을 주저 없이 살해했다. 그리고 자신들은 신으로부터 그러한 책임을 부여받은 존재들이라고 착각하고 있었다. 원주민은 차츰 그 수가 줄어가고 무방비 상태로 되어 차츰 잊혀졌다. 그 위에서 미국의 건설도 시작되었다. 그러면서 저렴한 노동력이 필요했기 때문에 아프리카에서 노예를 들어와야 했다. 1600년부터 1800년 사이에 무려 800만 명의 아프리카 노예가 대서양을 건너 왔다.

지배를 합리화하기 위해서 언제나 지배당하는 사람이 열등하다는 것을 입증하는 이론들이 나타난다. 볼테르 같은 사람도 사냥개와 똥개가 다른 것처럼 흑인종은 우리와는 다른 종류의 사람들이라 했다. 몽테스키외는 노예제도는 모든 인간이 자유롭고 독립적인 존재로 태어난다고 하는 자연권에 위반된다고 하면서도 어느 누구도 지극히 지혜로운 신께서 선량한 영혼을 새까만 그들의 몸속에 불어 넣어 주었으리라고는 생각하지 않을 것이라면서 노예제도를 옹호했다. 뿐만 아니라 사탕수수가 이들 노예들에 의해 경작되지 않으면 설탕은 지나치게 비싸질 것이라고 말하고 있으니 너무나 비논리적인 주장이 아닐 수 없다. 이런 강제 노동 때문에 유럽에 다량의 담배, 커피, 설탕 그리고 목화들이 적당한 가격으로 공급될 수 있었고, 근대적 경제성장이 가능했던 것이다. 이것은 모두가 다른 사람들의 문화를 이해하지 못한 유럽인들의 무지와 교만 때문이었다. 이제 인종차별주의는 과학적 연구를 통해 어떤 정당성도 없다는 것이 밝혀졌다.

우리는 이제 우리 문화를 붙잡고 있는 왜곡된 거울들의 방에서 뛰쳐나와야 한다. 그리고 각각의 변화를 개선이라고만 받아들이지 말고 새로운 시대를 무조건 진보라고만 믿지도 말아야 한다. 이제는 지구상에서 자취를 감추어 가고 있는, 지혜로운 영혼인 아메리칸 인디언들은 일찍이 물질문명에 눈이 먼 인류의 미래에 대해서 우려하고 두려워했다. 대지는 이미 병들어 있고 인간이 한 장소를 더럽히면 그 더러움은 전체로 퍼진다. 머지않아 일어날지도 모르는 자연재해를 걱정하지 않는 사람이 없다. 지구는 살아 있는 생명체이다. 사람들이 자신의 몸을 소중하게 여기듯이 지구도 마찬가지이다. 지구에 상처를 주는 사람들은 곧 자신에게 상처를 주는 일이다. 그런데도 사람들은 이를 절실하게 깨닫지 못하고 있다. 우리는 지금 뿌리를 잊고 가지에만 매달려 있다. 우리들의 삶도 질박함과 수수함과는 너무나 거리가 멀다. 아이들은 기름진 음식만을 좋아한다. 이제 잔잔한 삶의 여백을 어디서 찾을 것인가. 옛날 어른들처럼 소박하고 수수하게 살며 학처럼 곱게 늙어가기는 어렵게 되었다.

갈릴레오는 우리의 철학은 우리 눈앞에 항상 열려 있는 이 거대한 우주에 씌어 있다고 말했다. 데카르트도 세계라고 하는 거대한 책에서 배우라고 했다. 그 동안 보편적으로 인정되어 온 것들과 거짓된 것을 잘 판단하고 분별하는 능력을 분별력 혹은 이성이라고 부르는

데 그것은 본질적으로 모든 사람에게 평등하다고 말했다. 그는 견해의 차이는 다만 관습의 차이 때문이라고 생각했다. 우리와 다른 의견을 가진 모든 사람들이 그 때문에 야만인이거나 미개인은 아니나.

직장에는 정년이 있지만 인생에는 정년이 없다. 흥미와 책임감을 지니고 활동하고 있는 한 아직 현역이다. 인생에 정년이 있다면 탐구하고 창조하는 노력이 멈추는 바로 그때다. 그것은 죽음과 다름없다. 우리는 자신의 삶을 자율적으로 개선하고 심화시켜야 한다. 자기가 하는 일에 흥미와 의미를 느끼지 못하면 하루하루 마모되어 가는 기계와 다름없다. 자기가 하는 일에 인생을 걸고 인내와 열의와 정성을 다하는 사람만이 일의 기쁨을 누릴 수 있다. 이탈리아 르네상스 최대의 조각가요, 건축가이며 화가인 미켈란젤로는 원래 한 영주에게 고용된 정원사였다. 그는 땀흘리며 정성을 다하여 정원을 가꾸었다. 그는 정원을 몹시 사랑하였고 자기가 맡은 일을 다하고 나서 시간이 남으면 더 아름답게 만들기 위해 나무통으로 된 화분에 꽃을 새겼다. 그 일은 그에게 더없이 즐거웠다. 그렇다고 그가 품삯을 더 받게 되는 것도 아니었다. 이를 눈여겨 본 영주는 이를 기특하게 여기고 그의 손재주를 살리기 위해 조각공부를 시켰는데 그것이 계기가 되어 미켈란젤로는 몇년 후에 크게 대성하게 되었다. 그는 자신이 하는 일에 열의와 기쁨을 가지고 아름다움을 만들어 갔다. 그는 나무통 화분에 아름답게 꽃을 조각하면서 자신의 인생을 아름답게 꽃피울 수 있었다. 우리 모두 나의 일에 전심전력하여 나의 인생을 환하게 꽃피우자. 자신의 일을 사랑하고 땀흘리는 사람들이야말로 우리 사회의 높고 귀한 존재들이다.

해가 바뀌면 나이 어린 사람에게는 한 해가 보태지고 나이 많은 사람에게는 한 해가 줄어든다. 그러나 보태지고 줄어드는 일에 상관이 없는 사람이 있다. 육신의 나이에 집착하지 않고 언제 어디서나 순간순간 자신에게 주어진 일에 최선을 다하면서 열심히 살고 있는 사람이다. 조주 스님은 120년을 살았다. 그는 여러 곳을 돌아다니면서 '일곱 살 먹은 어린 아이라도 나보다 나은 이는 내가 그에게 물을 것이요, 백 살 먹은 노인이라도 나보다 못한 이는 내가 그를 가르치리라' 고 했다. 그리고 여든 살이 되어서야 한 절의 주지가 되었다.

진정한 만남에서는 영혼이 진동한다. 서로 눈을 뜬다. 그렇지 않을 때 그것은 만남이 아니라 한 때의 마주침이다. 좋은 친구를 만나려면 먼저 나 자신이 좋은 친구감이 되어야 한다. 사람이 하늘처럼 맑아 보일 때 그 사람에게서는 하늘 냄새가 난다. 그러나 하늘 냄새를 지닌 사람만이 하늘 냄새를 맡을 수 있다. 우리가 언제나 창조적인 노력을 기울여 변화를 꾀하고 아름다움을 드러내기 위해 가꾸고 다듬을 때만 자신의 삶에 녹이 슬지 않는다. 생각과 영혼에 공감대가 있어야 인간관계가 투명해지고 살뜰해진다. 따라서 공통적인 지적 관심사가 전제되어야 한다. 그렇지 않을 때 만남 자체는 빛을 잃는다. 사람은 저마다 따로따로 자기세계를 가꾸면서도 서로 공유하는 만남이 있어야 한다. 거문고의 줄들은 서로 떨어져 있으면서도 한 가락에 떤다.

'날마다 다른 사람과 무엇인가 나누어라. 어떤 식으로든 누군가를 도와라. 그리고 삶과 세계에 대해 생각해 보는 시간을 갖고 할 수 있는 한 생활에서 유머를 찾아라. 그리고 우주의 삼라만상에 애정을 가져라.' 100살을 산 스코트 니어링이 한 말이다. 그는 또 적극적이고 밝은 쪽으로 생각하고 깨끗한 양심을 지니고 바깥 일과 깊은 호흡을 하라고 했다. 날마다 자연과 만나고 발 밑의 땅을 느끼라고 했다. 스코트는 70대에 노령이 아니었고 80대에 노쇠하지 않았으며 90대에 망령이 들지 않았다. 그리고 100세에 죽지 않고 다른 세상으로 옮겨갔다. 마음에 평정을 잃지 않고, 자기가 좋아하는 일을 찾아서 근심 걱정을 떨치고 최선을 다하여 그날그날 살아 간 것이다. 우리는 자신에게 '너의 세상은 어디에 있느냐' 고 물어보자. '너에게 주어진 많은 해가 지났는데 너는 지금 너의 세상 어디쯤에 있느냐' 고 물어보자. 우리는 자기 자신에게 되묻는 이 물음을 통해서 우리는 각자 지나온 세월의 무게와 빛깔을 가늠해 보고 자신의 삶을 들여다보아야 한다.

오늘날 우리들은 자동차의 속도에 길들여지고 시간에 쫓기면서 인간적인 걸음을 잃어가고 있다. 걸음은 그 속에 건강과 사색과 즐거움을 갖고 있다. 그런데 세계의 곳곳을 누비고 다니면서 수많은 것을 대하면서도 정작 여행의 알맹이인 자아 발견이나 자기 탐구는 없이 자랑거리와 가벼워진 지갑과 청구서만 가지고 지쳐서 돌아오는 사람들이 많다. 좋은 여행은 목적지보다 그 과정에서 귀한 것을 얻을 수 있어야 한다. 마찬가지로 인간사에서도 무엇이 되느냐보다 어떻게 사느냐가 더 중요하다. 삶의 의미가 어디에 있는지를 스스로 묻고 탐구하는 과정에서 보다 값진 인생을 이룰 수 있다. 하루하루 살아가면서 고마움과 기쁨을 찾아 누릴 줄 알아야 한다. 살아 있는 것은 끝없이 변하면서 거듭거듭 형성되어 간다. 봄과 여름과 가을과 겨울은 서로 순환한다. 그것이 살아 있는 우주의 호흡이고 율동이다. 지나가는 세월을 아쉬워 하지 말고 오는 세월을 유용하게 쓸 줄 아는 삶의 지혜를 터득하자. 무더운 여름이 있기 때문에 서늘한 가을바람이 불어오고 그 가을바람 속에서 이삭이 여물고 과일에 단맛이 든다. 날씨가 덥다고 짜증낼 일이 아니다. 이런 계절의 순환이 있기 때문에 살아 있는 모든 것들이 제대로 삶을 누릴 수 있다. 우리나라처럼 봄, 여름, 가을, 겨울이 뚜렷이 나뉘어져 있는 땅에서 살고 있다는 것도 우리의 큰 복이다. 이런 사람은 시간에 구애받지 않는다. 세월의 물결에 휩쓸리지 않고 그 자신답게 살아간다. 삶은 끝없는 변화이고 날마다 새로운 시작이다. 우리 자신과 세계가 수시로 변하고 새롭게 전개된다. 이런 흐름 속에서 제정신을 차리지 못하면 목표도 없이 어디론가 끝없이 표류하면서 덧없는 세월 속에서 의미 없는 삶으로 막을 내릴 것이다. 삶의 중심을 잃고 만다. 모든 것은 되어진 것이 아니라 되어 가는 과정 속에 있다. 이미 이루어진 것이 아니라 앞으로 이루려는 그 과정이다. 따라서 우리는 어떤 비극적인 상황 아래서도 절망하거나 낙담하지 말아야 한다. 죽음에 이르는 병이 따로 있는 것이 아니라 절망이 곧 우리를 죽음에 이르게 한다.

우리의 문명은 그 머리만을 믿고 그 머리의 회전만을 과신한 나머지 가슴을 잃어가고 있다. 그러나 가슴을 잃어버린 문명은 그 자체가 크게 병든 것이다. 가슴은 우리 존재의 중심이다. 가슴 없이는 생명의 신비인 사랑도, 다정한 눈빛도 존재할 수 없다. 우리는 따뜻한 가슴을 되찾아야 한다. 따뜻한 가슴만이 우리를 사람의 자리로 되돌린다. 가슴은 이웃과의 정다운 관계와 사물과의 조화로운 접촉을 통해서 따뜻해진다.

한 사람이 다른 사람의 삶에 도움을 준다는 것은 인간의 신의와 유대를 그만큼 굳게 맺어주는 일이기도 하다. 그래야 기다린 생명의 잔치에 함께 동참하게 된다. 논밭에 자라난 잡초는 곡식을 위해 어쩔 수 없이 뽑아내지만 잡초 그 자체는 결코 잡초가 아니라 그 나름의 존재 이유를 갖고 있다. 하늘과 땅 사이에 서로 함께 사는 것이 제각기 그 삶을 완수하는 길이다. 이 세상의 모든 존재는 그 자신의 방식으로 그 자신의 삶을 살아갈 권리가 있다. 자연까지 포함한 우리의 이웃은 모든 형태의 생명들이다. 따라서 나만을 위해 남을 간섭하고 통제하고 지배해서는 안 된다.

제2부

성공을 위한 메시지

고난 속에서도 용기를

솔제니친은 1918년 러시아에서 태어나 대학을 졸업하고 중학교 과학 교사로 재직하던 중 2차 세계대전이 발발하자 군인으로 징집된다. 전선에서 용감하게 싸운 그는 그 공로로 훈장도 받았다. 그러나 1945년 가족에게 보낸 편지에서 스탈린을 비판한 구절이 발각되어 강제 수용소에서 8년, 그리고 광산에서 3년 동안 강제노역을 했다. 1953년 독재자 스탈린이 죽자 11년 만에 자유의 몸이 된 그는 10년 뒤에 〈이반 제니소비치 수용소의 하루〉라는 작품으로 세계 문단에 혜성처럼 나타났고, 그로부터 2년 만에 노벨 문학상을 받았다. 강제 수용소를 무대로 한 이 소설은 한때 소련 문학의 정점에 올랐었다.

솔제니친은 본시 담배를 즐겨 피웠다. 그러나 수용소에서는 수입이 턱없이 모자라 그렇게 즐기던 담배를 쉽게 피울 수 없었다. 한번은 같은 반원(班員)이 궐련을 피우고 있었다. 한 모금 얻어 피우고 싶었다. 그러나 직접 청할 수가 없었다. 그의 옆에 바싹 다가선 솔제니친은 약간 등을 돌리고 곁눈질로 그를 쳐다보았다. 무관심한 척 딴 데로 시선은 돌리고 있었지만 그 반원이 한 모금 한 모금 빨아들일 때마다 담배는 타들어 가고 남은 담배가 짧아지는 것과 함께 자신의 마음도 타들어 가고 있었다. 그 순간의 솔제니친은 자유보다도 이 담배 한 모금 빠는 것이 더 절실했다. 그런 일상 속에서도 하루 일이 끝나고 하늘의 달이 얼굴을 흐린 채 멀리 지평선 위에 떠 있을 때는 큰 탈 없이 하루일이 끝났음이 고마웠고 마음도 상쾌했다. 눈앞이 캄캄한 그런 날이 아니어서 운이 좋은 행복한 날이라며 좋아했다. 수용소 생활 중에 한 수감자가 밤이 지나면 달은 없어지는데 없어진 달은 어디로 가느냐고 묻자, 달은 있으나 우리 눈에 안보일 뿐이라고 다른 수감자가 대답했다. 그러자 솔제니친은 눈에 보이지 않으니 알 수가 없고 우리가 매일 태어나는 것처럼 달도 4주에 한 번씩 태어난다고 할 수 있다며 농을 건다. 시간이 지나면 별이 떨어지기 때문에 하느님은 날마다 달로 별을 만들고 달을 또 다시 새로 만든다고 하면서 웃으며 하루의 끝을 즐거워하기도 했다. 이런 수용소에서의 생활을 그는 단순하고 소박한 언어로 〈이반 제니소비치 수용소의 하루〉에서 담담하게 묘사하고 있다.

그 뒤 발표된 〈암병동〉, 〈제1영역 안에서〉, 〈수용소 열도〉 등도 그의 수용소 생활을 기록한 작품이다. 그들은 그 추위 속에서 동태처럼 되지 않으려고 죽어라고 곡괭이를 휘두를 수밖에 없었다. 그것은 인간의 가장 비극적인 처참한 모습이었다. 남의 죽그릇까지 핥아야 하는 굶주림이 늘 그들 속에 있었고, 담배꽁초 하나에도 전전긍긍해야만 했다. 이런 고된 노동과 굶주림과 혹독한 추위 속에서도 작가는 주어진 운명을 고스란히 받아들이면서 선을 갈망한다. 또한 작은 소망을 가지고 살아가면서 불의에 항거하고 진실을 밝히고 있다.

용기는 고난을 이겨내는 힘이고 역경과 싸우는 의지이며 자기의 신념을 관철하고 유혹을 극복하는 정신력이다. 신의가 없고 지조가 흔들리며 유혹 앞에 무력한 것은 용기가 부족하기 때문이다. 솔제니친이 노벨상을 타게 된 가장 중요한 이유는 문학가로서의 뛰어난 용기 때문이다. 자유를 잃고 노예의 사슬에 얽매여 보냈던 11년 간의 고난 속에서 그의 용기는 더욱 굳건해졌다. 솔제니친의 삶과 문학 속에 면면이 흐르는 것은 그의 용기였다. 그것이 진실을 추구하는 의지로 나타났고, 독재에 대한 저항과 지성과 자유에 대한 절규로 나타났다.

19세기 러시아 문학은 세계 문학의 금자탑을 이루었다. 톨스토이와 도스토예프스키와 투르게네프가 작가적 양심으로 제정 러시아의 부정과 부패를 용감하게 고발하고 증언하고 비판했다. 이들의 저항적 용기와 비판적 정신이 러시아 문학의 위대한 전통을 이룬다. 〈닥터 지바고〉를 쓴 파스테르나크도 자유의 기수요 비판의 투사였다. 다음으로 솔제니친이 그 뒤를 이어 러시아 문학의 전통을 이어갔다. 솔제니친은 소련 작가동맹에 보내는 편지에서 '당신네들의 시계는 1세기나 늦게 가고 있다.' 라고 했다. 모든 사회의 건강에 제일 중요한 것은 자유라며 자신은 진리를 위해서는 죽음까지도 각오하고 있다고 했다. 그것 때문에 그는 소련 작가동맹에서 제명되었다. 온 세계를 콘크리트로 뒤덮어도 풀은 돋아나듯이 영혼의 깊은 곳에서 솟

구쳐 나오는 무한한 정신력은 어떠한 압력으로도 말살할 수 없다. 그래서 많은 사람들이 불굴의 용기로 압제와 싸우며 부정과 대결하는 진리의 순교자가 된다. 솔제니친은 언제나 인생의 진리를 그려냈다. 그는 진리는 죽지 않고 자유의 등불은 꺼지지 않는다고 믿었다. 그는 자신의 믿음을 용기로써 보여준 지성의 기수이다.

하느님은 우리 각자에게 고유한 능력과 재주를 주셨다. 가치있는 인생을 살려면 나에게 주어진 특별한 능력을 계발하고 사용해야 한다. 게으름을 피우면서 내가 받은 능력을 묻어 두기만 한다면 자신에게 충실하지 못한 것이며 자신과 하느님께 죄를 짓는 것이 된다. 그렇지 않으려면 지금 이 순간부터 무엇인가 꿈을 꾸며 시작해야 한다. 매일매일 새로운 감격과 기쁨으로 나의 일을 즐기고 사랑해야 한다. 우리 모두는 이전에도 없었고 앞으로도 없을 유일무이한 보석들이다. 나와 똑같은 특성과 잠재력을 가진 사람은 앞으로도 영원히 태어나지 않을 것이다. 나만의 가치를 깨닫고 목표를 세워 나만이 이 세상을 위해 할 수 있는 일을 하자. 나만의 노래를 완성하자. 그래야 삶의 순간마다 존재의 경이로움과 삶의 참의미를 맛볼 수 있다. 나의 삶에 사소한 것은 아무것도 없다. 나의 삶은 멋있는 선물이다. 하느님이 나를 어디다 데려다 놓든 그곳이 바로 내가 있어야 할 곳이다. 내가 무슨 일을 하고 있느냐도 중요하지만 그 보다는 내가 그 일에 얼마나 많은 사랑과 열정을 쏟고 있느냐가 더욱 중요하다. 어떤 어려움이 나를 괴롭히더라도 누구도 비난하지 않고 얽힌 것은 풀며 암담한 일도 즐거움으로 바꾸어야만 세상을 아름답게 할 수 있다.

다른 사람을 배려하는 마음과 사소한 것이라도 소중히 여기는 마음만 있다면 누구나 자신이 다른 사람에게 줄 수 있는 무엇인가를 가지고 있음을 깨닫게 된다. 스스로를 열등하기나 부족하다고 생각하지 않고 의심과 두려움으로 삶을 헛되이 보내지 않으며 주어진 일에 최선을 다할 때 진정한 자신의 능력을 찾게 된다. 우리가 우리 자신을 알 수 있는 것은 생각이 아니라 행동을 통해서이다. 나에게 주어진 일에 열정을 다 바쳐 헌신하다 보면 내가 누구인지 알게 된다. 그래야 나에게 주어진 기회를 최대한 활용할 수 있다. 자신의 한계를 시험할 수도 있고 자신도 모르는 사이에 더 많은 능력이 계발되기도 한다.

인내의 힘

'천재란 인내다.' 라고 말한 프랑의 박물학자 뷔퐁은 인내와 근면의 힘을 입증한 사람이다. 어린 시절 그는 생각의 속도가 느리고 행동도 민첩하지 못했다. 재능도 평범할 뿐이어서 다른 사람들은 부잣집 아이들이 그렇듯이 그 역시 안일과 사치에 빠질 것이라고 생각했다. 그러나 그는 시간을 한정된 보물이라고 생각하여 늦잠을 자는 것은 많은 시간을 잃는 것이라고 생각했다. 그렇지만 아침마다 일찍 일어나는 일이 쉽지 않자 하인 조셉에게 자기가 아침 여섯 시에 일어나게 해 주면 그때마다 은화 1크라운을 주기로 약속했다. 처음에는 깨워도 싫어하면서 화를 내기도 했으나 하인은 은화를 벌 욕심으로 기어이 일어나게 했다. 완강하게 거절하던 날 아침에는 요 밑에다 한 대야의 찬물은 부어 넣기도 했다. 그 결과 뷔퐁은 자기의 악습을 극복하고 학문에 전념하여 세계적인 박물학자가 되었다. 뒷날 그는 자신의 박물학 책들 중 많은 부분은 조셉의 덕이라고 말했다. 40년 동안 뷔퐁은 아홉 시부터 네 시간 동안 연구를 계속했다. 그에게 일은 필요이면서 기쁨이었다. 그의 성공은 근면한 노력과 집념의 결과였다. 그는 고된 일에서 피로가 아니라 즐거움을 얻었다.

그래서 우리는 천재를 노력하는 힘이라고도 하고 자기 마음 속에 열정의 불을 붙이는 사람이라고도 말한다. 뷔퐁은 '천재는 바로 인내' 라고 말했다. 뉴턴은 특별한 재질도 타고 났지만 그는 언제나 무엇을 깊이 생각했다. 하던 일에 권태를 느끼면 휴식을 취하면서 연구의 내용과 방향을 재정립했다. 그는 정신을 새롭게 하면 마침내 희미하게 비치던 불빛이 둥글고 밝은 빛으로 변한다 했다. 세익스피어는 한 사람이 아니라 만인의 인격을 두루 갖춘 사람이었다. 그러나 그의 일생에 관한 전기는 거의 알 수 없을 정도다. 몇 가지 추측들을 종합하면 그는 비교적 부유한 집안에서 태어났으나 그가 어렸을 때 몰락하였다. 그의 아버지는 백정이었고 목축업자였다고도 한다. 그는 어렸을 때 양털을 벗기는 일을 했을 거라고 한다. 그러나 그가 학교에 급사로 있다가 대금업자의 서기가 되었다고 주장하는 사람도 있다. 그가 바다에 관한 전문 용어들을 정확하게 썼기 때문에 항해에 대해 글을 쓰는 사람들은 그가 뱃사람이었다고 주장하고, 성경지식에 정통한 글을 쓴 것을 보고 사람들은 그가 어느 목사의 서기였을 거라고 추측하고, 말고기에 대해 자세하게 묘사하는 것을 보고 마상(馬商)이었을 거라고 추측하기도 하였다. 그는 배우로서 인생행로의 여러 가지 역할을 말하던 가운데 얻은 지식으로 그의 희곡을 탄생시켰다. 그래서 그의 작품은 지금까지도 우리에게 강력한 영향을 주고 있다. 베이컨도 책에서 배우는 학문은 실제의 응용을 가르쳐 주지 않고, 정말로 유용한 배움은 실제 관찰로써 얻는다고 했다. 우리의 인격을 개선해 주는 것은 학문보다도 생활이요, 행동이요, 품행이다. 그의 작품은 관찰과 생활과 행동의 소산이었다.

우리는 기다릴 줄 알아야 한다. 즐겁게 일하려면 참을성이 있어야 한다. 그래야 성격에 탄력이 생기고 활기가 솟아난다. 거두어 들이기 전에 씨를 뿌려 희망 속에서 기다려야 한다. 기다릴 만한 가치가 있는 열매는 흔히 결실의 속도가 느리기도 한다. 시간의 흐름을 참을 줄 알아야 뽕나무의 잎이 비단으로 변한다.

고대 스칸디나비아의 곡괭이에는 '우리들은 길을 찾는다. 만일 길이 없으면 곡괭이로 길을 만든다.' 라는 문장이 새겨져 있었다. 남에게 의지하지 않고 스스로 역경을 헤쳐 나가며 살아가는 의지의 표현이다. 그들은 우상이나 악마를 믿지 않고 오직 자신들의 육신과 정신만을 믿었다. 설령 어떤 사람의 노력이 실패로 돌아간다 하더라도 강한 의지를 가진 사람은 복된 사람이다. 최선을 다할 때 우리는 그것으로 만족감을 느낄 수 있다.

한 목수가 치안판사의 의자를 유달리 정성들여 수선하고 있는 것을 옆에서 보고 있던 사람이 목수에게 무엇 때문에 그렇게 정성을 들이고 있느냐고 물으니 자신이 장차 이 자리에 앉게 될 때 편히 앉으려고 그런다고 대답했다. 그 사람은 웃어 넘겼지만 그 목수는 후일 실제로 치안판사의 자리에 앉았다. 나폴레옹의 좌우명은 영광이었고 웰링턴의 좌우명은 의무였다. 그러나 나폴레옹은 강한 이기심 때문에 그의 지식과 신념은 선이 결여되어 구체화된 악의 원리에 지나지 않았다. 웰링턴은 아무리 어려워도 당황하거나 겁을 먹지 않았고 극복해야 할 장애가 크면 클수록 정력이 솟아났다. 그의 굳은 결심과 지칠 줄 모르는 인내심이 무서운 고난을 견디게 했다. 그의 명성은 숭고한 대담성과 참을성 그리고 굳은 의지와 조화 속에서 이루어진 것이다.

남이 한 일은 나도 할 수 있다고 믿어야 한다. 유명한 선교사 카리가 어렸을 적에 나무에 오르다가 실족하여 다리가 부러졌다. 그리하여 몇 주일 동안 자리에 눕게 되었는데 다 나아서 걸을 수 있게 되자 맨 먼저 한 일은 또 한 번 그 나무에 올라가 보는 일이었다. 큰일을 하는 사람은 지칠 줄 모르는 용기와 인내 그리고 과감하게 일을 추진하는 힘이 있다.

아무리 작은 일이라도 소홀히 하지 말고 아무리 사소한 사물이라도 주의 깊게 그 뜻을 살피자. 오랜 항해에 지친 선원들이 육지가 보이지 않는다고 반란을 일으켰을 때 콜롬버스는 아주 사소한 현상 즉, 때마침 옆에 떠 있는 해초를 발견하고 그것을 선원들에게 보여주며 이제 그들이 찾고 있던 신천지는 멀지 않다고 안심시켜 반란을 진압했다. 러시아 속담에 숲 속을 거닐면서 땔감을 발견하지 못하는 사람도 있다고 했고, 솔로몬 왕은 지혜로운 사람의 눈은 머리 속에 있고 어리석은 사람은 어둠 속만을 거닐고 있다고 했다.

용기가 없는 지혜는 아무 소용이 없다. 마찬가지로 희망이 없는 믿음은 가치가 없다. 희망만이 불행을 견디고 극복하게 해 준다. 아일랜드 속담에서 희망은 불행을 치유하는 의사라고 한다. 인간은 무수한 얼굴을 갖고 있다. 하지만 대부분은 그 많은 얼굴 중 한 가지 얼굴만을 알고 있다. 평소 숨겨왔던 자아의 다른 면에는 어떤 것들이 있는지 자문해 보고 또 다를 자아도 똑같이 드러내 보자. 사람은 자기 속에 어떤 힘이 숨어있는지 모르고 살 수 있다. 마치 개발되지 않는 산 같아서 파 보기 전에는 모른다. 인간 속에 죽음을 이길 수 있는 힘이 있다는 것을 처음 보여 준 이가 예수이다. 우리 모두는 각기 다른 모양과 색깔로 아름답게 피어날 꽃과 같다. 자기 속에 있는 자아를 만나자.

온전한 존재에 이르는 길

깊은 산 속의 작은 시냇물이 바다에 도달한다는 것은 상상하기도 힘들지만 그러나 반드시 도달한다. 크고 작고는 문제가 되지 않는다. 작은 꽃나무라도 꽃을 피운다. 나무가 꽃을 피우는 것은 그 자체가 즐겁다. 크고 작음은 문제가 되지 않는다. 작은 시내도 노래부르고 춤을 추며 바다에 도달한다. 우리 또한 어디를 가더라도 즐겁게 춤을 추며 가자. 신은 어디에나 넘쳐 있다. 그런데 사람들은 구세주를 기다리고 있다. 예수는 이미 세상에 나타났었고, 예수가 없었던 그 이전에도 또 다른 예수가 있었다. 그런데도 사람들은 언제나 예수를 기다리고, 마호멧을 기다리고, 부처님을 기다린다.

화가는 계속해서 그림을 그린다. 그러면서 늘 자기를 초월한다. 누군가가 반 고흐에게 당신의 그림 가운데 어느 그림이 가장 좋으냐고 묻자, 그는 내가 지금 그리고 있는 바로 이 그림이라고 말했다. 얼마 후 그 사람이 다른 그림을 그리고 있는 고흐에게 같은 질문을 하자

고흐는 또 다시 같은 대답을 했다. 아무리 아름다운 세계라 하더라도 사람들은 언제인가는 싫증을 낸다. 천국에 있다 하더라도 지옥을 동경한다. 자신의 생각을 변화시킬 때만 같은 세상도 변화한다. 또 다른 세계가 눈앞에 나타난다. 아침마다 같은 곳에서 바라보는 하늘이지만 어제와 오늘의 감흥이 다르다. 마을을 떠나 깊고 깊은 산 속으로 간다 하더라도 마음이 그대로면 자기 자신으로부터는 탈출하지 못한다. 그곳에서 또다시 똑같은 세계를 만든다. 사고는 언제나 희귀한 새로운 감동과 새로운 흥분을 필요로 한다.

노자와 장자는 자연으로 돌아가라, 도로 돌아가라고 했다. 부처와 예수는 전진하라, 다리를 통과하라, 그리하여 신성한 것에 이르라고 했다. 니체는 인간은 다리이다. 그리고 그 다리는 넘어갈 만한 가치가 있는 것이다. 인간은 자연과 신이라고 하는 두 개의 영원 사이에 걸려 있는 다리에 지나지 않는다고 했다. 인간의 반은 자연이고 반은 신이다. 때로는 자연으로 향해 움직이고 때로는 신으로 향해 움직인다. 다만 다리 위에는 집을 지을 수도 없고 그곳에서 쉴 수도 없다. 동물에게는 존재가 있고 신에게도 존재가 있으나 인간은 하나의 이행이고, 그것은 완전으로의 이행이기 때문에 존재가 없다.

정신병자에게 한 대 얻어맞은 친구에게 어째서 아무런 조치도 취하지 않느냐고 묻자, "이것은 그의 문제다. 때린 것은 그의 문제이지 나의 문제는 아니다. 어째서 내가 혼란스러워야 하느냐"고 반문을 했다. 누군가에 모욕을 당해도 내가 혼란되지 않으면 모욕당하지 않은 것이다. 상대방이 모욕하려고 모든 것을 동원하더라도 이쪽이 그 모욕을 받아들이지 않으면 상대방은 실패한 것이다. 누군가가 나를 미워하더라도 나는 그것을 미움으로 생각하지 말아야 한다. 사람이 화를 내고 있다면 그 사람은 마음에 병을 앓고 있기 때문이다. 오히려 그 사람을 위로하고 치료해 주어야 한다.

임제는 먹을 때는 단지 먹을 뿐이고 잠잘 때는 단지 잘 뿐이라고 했다. 그리고 그렇게 하고 있는 사람이 부처이고 깨달음을 얻게 된다고 말했다. 순간에 머물기는 쉽지 않다. 슬픔이든 노여움이든 우울이든 불행이든 아니면 그 어떤 무엇이든지 그것과 함께있어 보면 슬픔도 어떤 아름다운 것으로 변화하고 오히려 슬픔에서 깊은 의미를 찾게도 된다. 노여움과 함께 있으면 노여움은 용서가 되고 그리고 모두가 사랑으로 변한다. 언제나 순간과 함께있게 되면 기적이 일어난다. 그것과 함께 살기 시작하면 행복은 보다 커진다. 종교적인 사람은 남을 비난할 수 없다. 그는 단지 수용할 뿐이다. 종교적인 사람은 겸허하다. 나는 성인이고 자네는 죄인이라고 말하지 않는다. 타인을 죄인이라고 생각하는 한 그는 성자라 할 수 없다.

자신에게 사랑이 없다면 이 세상에 사랑은 없다고 말할 것이다. 만약에 자신의 심장이 사랑으로 고동치고 있다면 그 고동을 주위 모든 곳에서 느낀다. 나무를 스쳐가는 미풍에서도, 흘러가는 강물에서도 사랑을 느낄 수 있다. 사람은 자신이 가지고 있는 것만을 느낀다. 사랑이 싹트면 너와 나는 하나이다. 그렇게 되면 미움도 사라지고 없을 것이다. 부처는 사랑에 넘쳐 있다. 그러나 그 사랑은 관찰해서 알 수 있는 성질의 것이 아니다. 부처에게는 미움 같은 배경이 없기 때문에 사랑이 뛰어나게 보이지 않는다. 부처의 눈 속에는 미움이 보이지 않고 분노도 보이지 않는다. 장미를 보고 달리 정의할 수 없다.

장미는 장미일 뿐이다. 아름답다고 말한다고 미에 대한 정의가 되지는 못한다.

금세기 영국의 위대한 철학자 G. E. 무어는 〈윤리학 원리〉라는 저서의 결론에서 선이 무엇이라고 정의하기는 어렵다고 서술했다. 철학자는 장미에 대해 생각하고 시인은 장미를 느낀다. 우리의 내면은 누가 주인인지를 모르는 집이다. 분노가 힘을 얻으면 분노가 주인이 되고 사랑이 힘을 얻으면 사랑이 주인이 된다. 이것은 끊임없는 전투이다. 손님은 많고 그 손님 모두가 주인이 되고 싶어한다. 그 주인이 긴 여행을 하고 돌아오지 않기도 하고 잠이 들어버리기도 한다. 그래서 예수는 눈을 뜨라 했고 부처는 더욱 의식을 가지라고 했다. 의식하게 되면 주인이 되고 주인이 나타날 때 객은 사라진다. 부처도 죽는다. 그러나 그는 죽는 방식이 다르다. 그는 마치 죽음 따위는 없다는 듯이 기쁘게 죽는다. 다만 사라질 뿐이라고 말한다. 태어난 자는 죽지 않으면 안된다. 탄생은 곧 죽음을 의미한다. 그것을 그대로 받아들여야 한다. 걱정을 많이 하고 과거와 육체에 너무 집착하게 되면 눈이 열리지 않아 죽음이 가져다 줄 수 있는 아름다움이나, 최후의 순간에 일어나는 자비로움이나, 육체와 영혼이 분리되는 찰나에 일어나는 섬광을 놓칠 수 있다. 문제가 되는 것은 그러한 사실 때문이 아니라 그것이 발생한 사실을 자기가 수용할 수 없다는 것이다. 태어난 이상 나는 죽어야 한다. 그날이 왔다. 그러나 나는 다시 태어난다고 말할 수 있어야 한다. 괴로워할 필요가 없다. 생각할 필요도 없다. 그것을 흡수하고 소화해야 한다. 구두가 발에 맞으면 편안해 한다. 그리고 발을 잊어버린다. 그때 자기 자신도 사라져 버린다. 발생한 사실을 자기가 수용한 것이다.

죽음은 탄생과 함께 시작되는 하나의 성장이다. 탄생은 죽음의 한 끝이고 육체의 죽음은 그 반대쪽 끝이다. 우리가 탄생이라 부르고 있는 것은 사실은 죽음의 첫째 날인 것이다. 그래서 죽음을 응시하는 자는 사는 기술을 알게 되고, 죽음에 따르는 자가 지고의 생을 살기에 적합하게 된다. 우리에게는 현재의 순간이 유일하게 살아 있는 순간이다. 과거는 그것이 이미 없기 때문에 죽어 있고 미래 역시 아직 태어나지 않았다는 의미에서 죽어 있다. 그렇기에 과거에 구애되는 것은 죽음을 의미한다. 따라서 지금 이곳에서 순간에서 순간으로 발랄하게 살아갈 때 우리는 완전하게 살고, 시간을 초월해서 살고, 드디어 죽음을 뛰어넘을 수 있다. 삶은 언제나 지금 이곳에 있다. 과거는 지나가 버린 현재이고 미래는 아직 오지 않은 현재일 뿐이다. 과거나 미래를 마음에 두지 않으면 과거나 미래가 나를 마음에 둔다. 현재를 완전하게 살면 미래는 그곳에서 태어나고 내가 과거를 완전하게 살았다면 나의 현재는 내 과거의 옥동자이다.

모든 부정적인 감정은 에너지를 소모하고 사람을 소모하지만 긍정적인 감정과 태도는 에너지의 발전기가 된다. 보다 많은 에너지를 생산해 낸다. 자기가 행복하다고 생각하면 전 세계가 자기 쪽으로 흘러들어 온다. 전 세계가 자기에게 웃음을 보낸다. 당신이 웃으면 세상도 웃지만 당신이 울면 당신은 혼자이다. 그렇다. 그대가 긍정적일 때 모든 존재는 계속 그대에게 보다 많은 것을 준다. 왜냐하면 당신 때문에 모든 존재가 행복하기 때문이다. 그때 그대는 꽃이고 새이다. 전체가 당신으로 인해 행복을 느낀다. 사람이 행복하고 자유스럽고 기쁨에 넘쳐 있을 때 자아는 사라진다. 행복하고 환희에 넘쳐 있을 때는 자기도 타인도 사라지고 그곳에는 행복과 환희만이 있다. 그곳에는 춤이 있다. 노래가 있다. 나는 그곳에서 하나의 파도일 뿐이다. 자기와 나 양쪽은 사라지고 하나인 것만이 남는다. 존재하는 모든 것이 부활한다.

고통 속에서 진리를 체득하자

스피노자의 시대는 동시에 갈릴레오와 뉴턴의 시대였으며, 역사학자들은 이 시대를 가리켜 과학혁명의 시대라고 부른다. 갈릴레오와 뉴턴으로 대표되는 새로운 자연과학이 중세적 자연관을 혁명적으로 무너뜨림으로써 새로운 세계가 등장하게 되었다. 처음에 교회는 권력을 통해서 새로운 세계관의 확산을 막았다. 르네상스 시대의 선구적 사상가였던 브루노는 화형에 처해졌고 갈릴레오는 69세의 고령에 종교재판에 회부되어 자신의 견해를 철회하도록 강요받았다. 그러나 새로운 자연과학은 끊임없이 발전하고 유럽에는 새로운 세계관이 점차 확산되었다.

예전에 사람들은 지구가 우주의 중심에 있다고 믿었다. 그 위에 달로부터 시작하여 아홉 개의 천구(天球)가 지구 주위를 돌고 있고 그 위의 열 번째 하늘이 움직이지 않는 하늘로서 신이 거주하는 낙원이라고 생각했다. 이처럼 우주는 닫혀 있었고 이것이 창조된 세계의 유한성이었다. 그러나 새로운 우주관으로 말미암아 우주의 한계는 무한해졌다. 이제 자연을 이해하는데 신의 존재는 불필요해졌다. 자연은 영원 전부터 정해진 법칙을 따라 자기의 길을 가고 있을 뿐이다. 원래 뉴턴은 거의 신비주의자에 가까우리만치 경건한 기독교인이었지만 그도 자연을 탐구하기 위해 더 이상 성경을 뒤질 필요가 없게 되었다. 자연은 이제 그 자체로서 자율적 체계였기 때문이다. 아리스토텔레스는 돌이 땅으로 떨어지는 것은 돌의 본성이고 불이 하늘로 올라가는 것은 불의 본성이라고 했다. 사람의 본성은 그 사람의 고유한 본질 형상이기 때문에 우리는 사물의 진실을 인식하기 위해서는 사물의 본성을 알아야 한다고 했다. 그러나 갈릴레오와 뉴턴은 더 이상 그런 설명에 의존하지 않았다. 돌멩이가 땅위로 떨어지는 것은 지구가 돌멩이를 끌어당기기 때문이며 불이 위로 올라가는 것은 그것이 상대적으로 공기보다 가볍기 때문이다. 이처럼 근대과학은 모든 것을 자신의 내적 본성만이 아니라 다른 것과의 관계 속에서 설명했다.

스피노자는 이런 과학적 세계관에 형이상학의 옷을 입혔다. 자연은 그 자체로서 완전하고 유일한 실체이며 창조된 것이 아니다. 자연은 스스로 존재하는 자기 원인체이다. 자연이 곧 신이다. 우리가 자연을 설명하고 인식하기 위해서는 어떤 초월적 신도 끌어들일 필요가 없다. 신이든 인간이든 존재하는 모든 것은 자연 속에 존재하기 때문에 우리가 무한한 자연 속에서 신을 찾는다면 그것은 오직 전체로서 자연 그 자체일 수밖에 없다. 따라서 자연을 곧 신이라고 보았다. 그렇지만 그는 자연이 절대자라는 것을 말하기 위해 전통적으로 사용한 신이란 이름을 빌려왔을 뿐이다. 그는 자연을 설명하는

데도 누구의 의도나 목적 때문에 자연이 생성되었다는 관념을 천천히 배제하고 기계적 필연성 때문에 자연이 생성되었다고 했다. 스피노자는 우리의 감정 문제에 관해서는 나 아니 다른 것과의 관계에서 내가 존재의 힘이 억압당하는 것을 느낄 때 슬픔을 느끼고 반면에 존재의 힘이 증대되는 것을 느낄 때의 정념이 기쁨이라고 했다. 우리가 느끼는 모든 정념은 기쁨과 슬픔의 안에 포함된다고 말했다. 그는 선악의 개념에 대해서도 객관적이고 존재론적인 범주로 보지 않고 인간중심적이고 주관적으로 이해했다. 음악은 우울한 사람에게는 좋으나 슬픈 사람에게는 나쁘며 귀머거리에게는 좋지도 나쁘지도 않다고 말했다. 모든 대상이 주체와의 관계에 따라 좋은 것이 되기도 하고 나쁜 것이 되기도 한다. 스피노자에게 있어서 인간의 내적 본질은 이성이다. 따라서 인간이 이성의 인도로만 살 수 있다면 그는 자신의 존재를 온전히 보전할 수 있고 참된 자유를 얻을 수 있다. 그리고 그런 삶이 바로 도덕적으로 유덕한 삶이기도 하다. 이성적인 삶은 마음에 아무런 동요도 회한도 불안도 없이 티 없이 맑은 가을 하늘처럼 사는 것이기 때문에 번뇌 없이 산다는 것을 의미한다. 고통이 인간의 정신을 고귀하게 만들지 못하고 오히려 이기적이고 탐욕스럽게 만드는 것은 우리가 그 고통을 오직 자기 한 사람의 일이라고만 생각하기 때문이다. 어떤 사람이 가난 때문에 고통받고 있을 때 자기가 받는 고통이 오직 자기 혼자만 받는 것이라고 생각한다면 또 같은 말이지만 자기 뿐만 아니라 다른 사람들도 자기와 같은 고통을 받고 있다는 것을 생각할 줄 모른다면 그는 고통을 통해 더욱 이기적인 사람이 될 것이다. 그러나 한 번만이라도 눈물과 함께 빵을 먹어보지 못한 사람은 결코 삶의 깊은 의미를 깨달을 수 없다. 오직 고통을 통해서만이 삶의 깊은 의미와 진리에 도달할 수 있다. 그때 내가 받고있는 고통이 나 혼자만의 것이 아니라 수많은 다른 사람들이 나와 같이 겪고 있는 고통이라는 것을 기억해야 한다. 그래야 고통은 나의 정신을 깊게 한다. 지혜로운 사람은 이웃과 서로 돕고 협동하나 어리석은 사람들은 작은 어려움에서도 자기 이익만 생각하며 분열한다. 나의 고통을 우리의 고통의 한 부분으로 볼 때 나의 고통은 우리의 고통 속에서 정신의 깊이를 체득하게 된다.

현명한 사람은 자기의 고통을 통해 타인의 고통을 헤아리는 법을 배우지만 어리석고 탐욕스런 사람은 오로지 자기가 고통 받지 않기 위해 타인을 고통 속에 빠뜨리기도 한다. 그러나 우리의 마음속에는 본성적으로 동정심이 내재해 있다. 나 아닌 타인을 생각하게 한다. 동정심(Sympathy)에서 온 말이다. 이 말은 같이(With)를 뜻하는 신(Syn)이란 전치사와 감각이나 정념을 뜻하는 파토스(Pathos)의 합성어이다. 따라서 동정심은 파토스 즉 슬픔이나 고통의 감정을 같이 느끼는 것을 뜻한다. 흄은 동정심의 발생을 현악기에서 한 현의 떨림이 다른 현에 전달되는 것에 비유했다.

우리는 감각능력은 모두 비슷한 방식으로 조율되어 있기 때문에 다른 사람의 고통은 표정이나 몸짓 혹은 소리 같은 외적 징표를 통해 우리 마음에 일정한 파장을 불러일으킨다. 이처럼 한 사람의 감정은 다른 사람에게 쉽게 옮아가며 또한 그에 상응한 운동을 불러일으킨다. 이처럼 우리가 타인의 고통을 간접적으로 느끼는 것이 동정심이다. 이런 공감과 동정심이 없다면 우리는 결코 선한 사람이 될 수 없다.

18세기는 동정심의 시대였다. 영국에서는 흄과 애덤 스미스가 동정심을 이야기했고, 프랑스에서는 루소가, 독일에서는 레싱이 그랬다. 이들은 모두 고통이 인간을 도덕적으로 하나 되게 하는데 주목했다. 루소는 〈에밀〉에서 인간을 사회적인 존재로 만드는 것은 인간이 약하기 때문이라고 말했다. 인간은 불완전한 육체를 갖고 있으며 고통을 느낄 수 있기 때문에 도덕적 능력도 갖게 되었다. 이런 점에 착안하여 레싱은 연극을 통해 관객의 동정심을 자극하여 당시의 봉건적 질서 아래서 억압받는 사람들을 통일된 계급의식 속에 결속시켰다.

유덕한 행위는 유쾌한 느낌을 주나 부덕한 행위는 거북하고 불편한 느낌을 준다. 그리하여 우리에게 쾌락을 주는 것은 선하고, 고통을 주는 것은 악하다고 말할 수 있다. 이처럼 흄도 에피쿠로스처럼 쾌락과 고통의 감각에서 선악 관념의 기원을 찾고 있지만 흄은 우리에게 쾌락을 주는 것 모두가 선하다고 주장하지는 않는다. 전쟁터에서 적이 보여주는 용기는 우리에게 쾌락보다는 고통을 준다고 할 수 있으나 우리는 용감한 적에 대하여 도덕적 존경심을 느낀다. 이처럼 인간의 성격과 행위에서 도덕적 칭찬이 주는 쾌락은 일반적 의미의 쾌락과 언제나 같은 것은 아니다.

긍정도 삶의 자양분이다

1941년 토마스 에디슨의 실험실에서 불이나 수백만 달러 상당의 기자재와 그가 평생 심혈을 기울여 온 연구 자료가 다 타버리고 말았다. 그 슬픈 소식을 듣고 아들 찰스가 달려와서 보니 아버지는 불타고 있는 실험실 옆에서, 엄마는 어디 계시냐면서, 이런 광경은 두 번 다시 볼 수 없으니 빨리 이리 모시고 오라고 했다. 그 이튿날 67세의 발명가는 꿈과 희망의 잿더미 사이를 걸으면서 "파괴란 얼마나 유익한 것인가? 우리들의 모든 잘못을 재로 만들어 버렸으니, 신이여! 감사합니다. 지금 우리는 다시 한 번 도전할 것입니다."라고 말했다. 신의 은총은 헤아릴 수가 없다. 그저 그것을 바라보는 눈이 필요할 뿐이다. 에디슨은 그런 눈을 가졌다. 그것은 희망이요 끈기이며 기다림이고 신뢰이다.

옛날에 한 노파가 해가 바뀔수록 젊음을 느끼게 되었다. 그는 젊음이란 마음의 자세라고 생각하게 되었다. 나이를 먹으면서 마음이 풍성해지면 젊은이보다 더 젊어질 수 있다고 생각했다. 어느 방문자가

"그래도 당신의 인생에 구름이 끼었던 적이 있었겠지요."라고 묻자 그 노파는 정말이지 구름이 없었다면 어떻게 축복의 비가 내릴 수 있있겠느냐고 대답했다. 긍정적 자세가 인간을 행복하게 하고 창조적으로 만든다. 그것은 삶의 자양분이다. 어떤 한 사람이, 나이가 들면 눈이 나빠져서 안경을 쓰는 사람을 보고 자신은 그렇지 않기 위해서 젊었을 때 한 눈을 봉해버리고 한 눈만 사용하기로 했다. 눈이 나빠졌을 때 봉했던 눈을 활용할 작정이었다. 그러나 한 눈이 잘 보이지 않아 봉했던 눈을 열었지만 그 눈은 전혀 보이지 않았다는 이야기가 있다. 누군가가 지어낸 이야기이겠지만 삶은 활용해야 개발된다는 이야기일 것이다. 시간을 향해서 잠깐만 기다려 달라고 할 수는 없다. 그래서 삶은 주어진 때와 상황이 그렇게 소중하다. 삶은 그만큼 존엄하다.

데이비드 흄은 무신론자였다. 그런데 그는 일요일만 되면 유신론자인 존 브라운의 설교를 들으러 갔다. 주위 사람들이 의아하게 생각하자 흄은 자신은 브라운이 말하는 어느 것 하나 믿지 않지만 브라운처럼 자신이 말하는 것을 전적으로 믿고 있는 사람의 말을 들어보기로 하였다고 말했다. 자기 자신을 신뢰하는 자는 천국에 있다. 그 신뢰의 힘에서는 평화와 행복과 진리가 흘러나온다. 그대는 길을 잃고 헤맬 수도 있지만 거기에는 아무런 잘못도 없다. 길을 잃고 헤매는 상황에서도 우리는 무엇인가를 배울 수 있다. 실패할 용기가 있을 때만 무수한 것을 배울 수 있다. 이때 꼭 기억해야 할 한 가지는 실패를 되풀이해서는 안 된다는 것이다.

현대에 들어와서 신앙이 서서히 사라져가고 있다. 독일의 사상가

포이에르바하(Ludwig Feurbach)는 신이란 없다고 말했다. 신은 객관적 실체로서는 존재하지 않고 단지 인간의 심리적 소원 성취일 뿐이라고 했다. 인간의 욕구는 무한하고 불멸하며 신이 되기를 소망하기까지 한다고 말했다. 다시 말하면 신은 인간의 마음의 투영이고 심리적인 꿈일 뿐이다.

칼 막스(Kal Marx)는 사람들은 가난하고 고통받고 불행하기 때문에 희망을 줄 수 있는 꿈이 필요하다고 말했다. 그래서 그는 신은 곧 아편이라고 말했다. 종교는 일종의 마약이라고 말했다. 고통받고 있는 사람에게는 내일은 좋아질 것이라는 꿈이 필요했다. 예수는 가난한 자에게는 복이 있다고 했다. 그들은 신의 왕국으로 들어갈 수 있다고 말했다. 그래야 사람들이 희망을 가질 수 있다. 이렇게 생각할 때 가난한 자는 가난을 잊는다. 예수는 낙원이 가난한 자를 기다리고 있으며 그곳에서 이 세상에서 못 가졌던 모든 것을 가질 수 있게 된다고 말했다. 이러한 꿈들이란 짓밟히고 억압받는 사람들의 유일한 위안이다. 니체는 사람이 자신의 생존을 위해 더 이상 싸우지 않을 때 그는 종교적이 되기 때문에 신은 삶과는 반대라고 말했다. 삶은 힘에의 의지이고 싸움이며 부단한 몸부림인데 신은 삶에 의지를 약화시킨다고 했다. 그래서 이들은 신은 죽었고 인간은 자유라고 공언했다. 이제 우리는 자신의 내면에 존재하는 신을 찾아야 한다. 나의 가슴 속에서 맥박치고 호흡하며 꽃피워 노래하는 신을 찾자. 그 신은 하늘나라 어디에 있는 신이 아니라 지금 여기에 우리 모두 속에 살아 있는 신이다. 그곳에 이르는 길은 사랑의 길뿐이다.

하이데거는 다른 누구나 다른 무엇에 의지하지 말고 자기 자신을 따르라고 했다. 나는 혼자이며 어디서도 구원은 오지 않기 때문에 자주적으로 되라고 했다. 실존적 결단을 내리라고 했다. 작은 나무는 분명 작고 큰 나무는 분명 크다. 그러나 작은 나무는 작은 나무의 아름다움이 있고 큰 나무에는 큰 나무의 아름다움이 있다. 큰 나무는 구름에 가깝고 작은 나무는 땅에 가깝다. 큰 나무는 큼에 기뻐하고 작은 나무는 작음에 기뻐한다. 만물은 모두가 있는 대로 좋다. 거기에 잘못은 없다. 한아름이나 되는 큰 나무도 아주 작은 싹에서부터 자라나고 높이 솟은 탑도 벽돌 하나하나가 쌓여서 만들어진 것이며 천리 여정도 한 걸음부터 시작한다. 우리의 여정은 길 없는 길에서 영원하다. 그곳에는 지도도 없고 안내해 줄 사람도 없다. 그래도 선택의 여지가 없다. 그곳에서 빠져나갈 수도 없고 피할 수도 없다. 여행을 계속할 수밖에 없다. 장미꽃은 가시와 더불어 있다. 한 송이 장미꽃을 발견할 때 수 많은 가시도 함께 발견하게 된다. 가시를 피하려고만 한다면 결코 장미꽃을 얻지 못한다.

예수가 십자가에 못 박히던 날 예수의 양쪽에는 강도가 또한 못에 박혀 있었다. 두 강도는 고통을 못 이겨 울부짖고 있었지만 예수는 침묵을 지키고 있었다. 많은 사람들이 예수를 향해 돌을 던지고 온갖 욕설을 퍼붓고 있었다. 그런데도 예수는 "주여 저들을 용서하소서. 저들은 저희가 하고 있는 일을 알지 못하나이다."라고 기도하고 있었다. 한 강도는 예수의 기도 소리를 듣고 믿을 수 없었다. 그래서 강도는 예수에게 당신은 정말 하느님의 아들입니다. 가시기 전에 자신에게도 은총을 내려달라고 했다. 그러자 예수는 그대는 오늘 나와 함께 하느님 나라로 갈 것이니 근심하지 말라고 말했다. 그래서 그는 예수와 함께 행복하게 죽었고 예수의 일부가 되었다. 그러나 다른 강도는 울부짖으며 고통스럽게 죽어 갔다. 사람은 커질수록 그만큼 더 자아를 강화시킨다. 더 이기적이 된다. 그러나 그럴수록 자신을 더 조그맣게 느낀다. 커질수록 더 커지려는 욕망이 일어나기 때문이다. 사람들은 자아를 버린다고 말하면서 또 다른 허구를 만든다. 그것은 다른 방식으로 자아를 강화시키고 있는 것이다. 그리고 자신은 세상에서 가장 겸손하고 제일로 겸허하다고 말한다. 겸허하고 겸손한 사람은 자기가 겸손하다고 말하지 않을 뿐 아니라 그것을 모른다. 그저 자기로서 존재할 뿐이다.

어느날 한 원숭이가 맛있어 보이는 버찌를 보고 자신의 나무에서 내려왔다. 그것은 투명한 병 안에 있었다. 원숭이는 재빨리 손을 병 안에 넣어 버찌를 움켜쥐었다. 그런데 버찌를 잡은 채로는 병 안에서 손을 빼낼 수가 없었다. 버찌를 잡은 손이 병 주둥아리의 지름보다 컸기 때문이다. 그것은 원숭이 사냥꾼이 설치해 놓은 덫이었다. 사냥꾼은 원숭이의 두뇌작용을 알고 있었다. 원숭이는 자신이 그것을 쥐고 달아날 수 없음을 알면서도 자신이 아직 버찌를 쥐고 있다는 생각을 하면서 자신을 위로했다. 결국 사냥꾼은 원숭이를 잡았다. 이처럼 집착은 속박이다. 집착에서 자유로워야 한다. 우리는 사냥꾼이 오기 전에 자신의 손이 병에서 빠져 나와 있는 것을 확인해 두어야 한다.

한 프랑스 여배우가 버나드 쇼에게 구혼을 하면서 나는 매우 아름다운 육체를 가지고 있고 당신은 세상에서 둘도 없는 지성과 지혜를 갖고 있으니 우리가 아이를 낳는다면 당신의 두뇌와 나의 육체를 합한 완벽한 아이가 태어날 것이라고 말했다. 그러자 쇼는 나는 결과가 반대로 나타날 것 같다면서 우리가 아이를 낳으면 나의 육체와 당신의 두뇌를 닮은 이이기 태이날지도 모른다고 했다. 여배우는 한 가지 생각에만 매달리고 있었던 것이다. 길을 가던 사람이 큰 강을 만났다. 강을 건널 배도 없었고 다리도 없었다. 이때 나뭇가지와 풀과 넝쿨로 뗏목을 만들어 무사히 강을 건넜다. 그 뗏목은 그에게 더없이 고마운 것이었다. 그렇다고 그 뗏목을 머리에 이고 갈 수는 없다. 이제 뗏목은 자신의 도리를 다했다. 이제 뗏목을 버려야 한다. 그것은 시효가 이미 지난 물건이다. 그것을 아까워 하고 움켜쥐는 것은 잘못된 애착이고 집착이다. 이 애착과 집착이 우리 삶의 맑은 기운을 가로막는다. 과거사를 자신의 의지로 소화해야 새로운 눈이 열리고 귀가 트인다. 지나온 과거사를 기억만 한다면 그것은 현재의 삶에 별로 도움이 되지 않는다. 또한 잊을 것은 잊어야 하지만 그 망각 때문에 어리석음을 반복해서도 안 된다.

몰입의 황홀경을 체험하자

아르키메데스는 왕의 부탁을 받고 과학적인 진리를 찾고자 낮과 밤을 잊고 궁극에는 자신마저 잊고 연구하고, 실험하고, 사고하고, 사색했다. 그러던 어느 날 목욕탕 속에 누워있을 때 진리가 떠올랐다. 순간 그는 자기가 옷을 벗고 있다는 사실조차 잊어 버렸다. 그의 의문은 해결되었고 모든 긴장이 풀렸다. 그는 큰 소리로 '유레카, 유레카!' (나는 그것을 알았다. 드디어 알았다.) 하면서 옷을 챙겨 입지도 않고 거리로 달려 나갔다. 사람들은 아르키메데스를 늘 이상스럽다고 생각하고 있었기 때문에 이제는 확실히 미쳐 버렸다고 확신해 버렸다. 그는 그 순간 자신도 잊은 채 황홀 속에 파묻혀 버렸던 것이다. 발견의 순간에 그의 모든 사념은 사라지고 그는 너무 행복하고 황홀했다. 그래서 자기 자신을 잊어버렸다. 행복의 절정에서 우리는 자신을 잊는다. 행복할 때 나는 그곳에 없다. 행복은 깊은 사랑의 순간에 무엇을 발견하고, 성취한 순간에 그곳에 있다. 그때 나는 사라진다. 나는 돌연 그곳에 존재하지 않는다. 행복을 위해서 행복을 추구하다보면 영원히 그것을 얻지 못할 것이다. 다른 어떤 것을 찾기에 몰두하다가 그것이 찾아졌을 때 우리는 충족감을 맛본다. 그때 긴장은 사라져 평안해지고 평화스러워지며 안도한다. 그리고 그때 행복으로 가득 차게 된다. 행복은 도전과 몰입의 부산물이다.

세계적인 악성 베토벤은 17세 때 모차르트를 만나 자기의 작곡 노트를 보여 주었다. 그리고 베토벤은 당시 유럽 최고의 음악가인 모차르트로부터 작곡이란 이런 게 아니라는 말밖에 듣지 못하였다. 베토벤은 앞이 캄캄했다. 그러나 베토벤은 다시 한 번 용기를 내어 자신의 오르간 연주를 들어줄 것을 간청하고 마음속으로 하느님을 연호하며 기도하는 마음으로 건반을 두들겼다. 그러나 모차르트는 '그 정도는 누구나 할 수 있어!' 라고 할 뿐이었다. 수치감, 분노감마저 느끼면서 '나는 음악을 때려치워야 한단 말인가.' 하면서 괴로워했다. 세계적인 시성 괴테도 대학시절 한 편의 시를 교수에게 보여준 뒤 그의 시평을 받고 나서 자기의 능력을 의심했다. 실의에 빠져 시 쓰기를 그만두려 하였으나 쉴러 때문에 시 쓰기를 계속했다. 그리고 우뚝 섰다. 금세기 최고의 과학자 아인슈타인도 고등학교 시절 그의 스승으로부터 '너는 공부하기는 틀렸다.' 라는 꾸지람을 듣기까지 했다. 그러나 그들은 불후의 업적을 남겼고, 세계사에 밝은 불빛으로 지금도 타고 있다. 근대 음악의 아버지라 불리고 있는 바하는 10세 전에 아버지와 어머니를 여의고 오르간 연주가였던 형의 집에서 자랐다. 형의 음악책들을 빌려 보고자 했으나 거절당하자 형이 집에 없는 틈을 타 6개월 동안에 그 책의 악보를 모두 베꼈다. 15세에는 형의 집에서 나왔고, 48km나 떨어진 함부르크까지 걸어가서 당시의 대 오르간 연주자인 라이켄의 연주를 가끔 듣기도 했다. 모든 일을 아내에게만 맡기고 음악에만 몰입하며 살았던 그는 아내가 죽자 어쩔 줄을 몰라 했다. 하인이 찾아와 장례를 치르는 데 사용할 돈을 요구하자, 책상에 얼굴을 묻고 울면서 그런 것은 아내에게 말하라고 대답할 정도였다. 그들은 모두가 시간을 잊고, 나를 잊고, 심오한 어떤 것을 찾기 위해 전념했다.

아주 오랫동안 육지를 보지 못한다는 각오 없이는 새로운 땅을 발견할 수 없다. 원하는 것을 정말 얻고자 한다면 기꺼이 안정과 친숙함을 떠나 위험을 감수할 각오를 해야 한다. 익숙한 곳으로부터 멀어져 미지의 세계로 힘차게 나아가기 위해서는 우리가 지불해야 할 대가가 크다. 거센 폭풍도 각오해야 충만한 삶을 기대할 수 있다. 건너야 할 어두운 계곡이 없다면 정상에서의 경탄은 반으로 줄어들 것이며, 넘어야 할 한계를 어렵게 넘었을 때 기쁨은 배로 늘어날 것이다.

나뭇꾼이 뿌리를 내린 지 100년이 넘은 나무를 베고 나이테를 보았다. 다섯 개의 나이테가 알아볼 수 없을 만큼 붙어 있었다. 그것을 보고 나이가 많은 현명한 나뭇꾼은 그때는 몹시 가물었기 때문에 나무는 자라지 못했지만 실제는 그때가 그 나무에게 가장 중요한 시기였다고 말했다. 가뭄 때문에 그 나무는 땅속으로 뿌리를 더 깊이 내려야 필요한 영양소와 수분을 얻을 수 있었으며 그 때문에 그 나무는 뿌리가 더욱 튼튼해졌고 다음해부터는 더욱 크고 빠르게 성장할 수 있었다고 말했다. 힘들고 어려운 시간은 좌절과 슬픔을 극복하고 내적으로 성장할 수 있는 기회이기도 하다.

고통을 등에 지고도 끝 없는 인내와 노력으로 용기를 잃지 말아야 한다. 그러면서 인생의 계단을 하나씩 오르면 밝은 세상이 우리를 기다리고 있다. 아무리 어려움이 닥쳐와도 그것들을 딛고 보다 나은 미래를 꾸준히 준비하는 자만이 새로운 기쁨의 영역으로 옮아갈 수 있다. 사실 고난은 우리에게서 용기와 지혜를 창조해 내기도 하고 우리는 이를 통해 정신적으로나 영적으로 성장한다. 그래서 사람에게는 두 가지 큰일이 있으니 하나는 사랑이고 또 하나는 일이다. 일과 사랑의 세계에서 무엇인가 잘못되었을 때 정신적인 고뇌와 장애가 생긴다. 자기 일에 열심인 사람은 아무 잡념 없이 주어진 일에 밀착한다. 몰입하여 자기조차도 잊고 삼매경에 빠진다. 거기에는 시간마저 멈춰버린다. 그곳에는 두려움이나 고독이나 불안은 없고 선악과 미추, 행복과 불행, 이해득실의 저울질도 없다. 진실한 창조적인 활동은 이런 몰입을 수반한다. 밭일에 열중한 농부에게서도, 밤낮을 잊고 실험에 몰두하고 있는 과학자에게서도 그것을 알 수 있다.

우주의 근원을 생각하며 걸어가던 철학자 탈레스는 도랑에 빠졌고, 실험에 몰두하고 있던 에디슨은 배가 고파 달걀을 삶아 먹는다고 끓는 물속에 회중시계를 집어넣기도 했으며, 학문연구에 몰입해 있던 아인슈타인은 그의 생활이 어렵다는 것을 알고 있던 미국의 학자들이 보내준 수표가 든 봉투를 뜯어보지도 않고 그대로 책갈피 속에 넣어두고 있기도 했다. 우리는 누구나 'Heart' 와 'Head' 와 'Hand' 를 갖고 있다. 그리고 가장 행복한 자아실현의 모습은 '일하는 것(Hand)' 이 동시에 '생각하는 일(Head)' 이 되고 그것이 동시에

'즐거운 일(Heart)' 이 되는 경우일 것이다. 일함과 생각함과 즐김이 어우러지는 몰입을 경험하자. 노벨상은 꼭 노벨상을 타야겠다는 생각은 하지 않고 단지 자신의 일이 재미있어 주야로 연구에 몰두한 사람들에게 돌아갔다. 기억의 지평선 위에 산봉우리 같이 감격적인 것으로 솟아 있는 것은 가장 깊게 전심(全心)으로 몰두하고 몰입했던 일들이다. 그것들은 황홀하고 감격스런 행복과 감탄의 순간들이다. 그것들이 '절정 경험(peak experience)' 이다. 아르키메데스는 목욕탕 속에서 부력 원칙의 아이디어가 번뜩이자 어찌 기뻤던지 벌거벗은 채 아테네 도로 위로 뛰어갔고, 피타고라스는 직각삼각형 속의 원리를 발견하고는 환희에 차 델포이 신전에 양 200마리를 바쳤다. 사과나무 아래에서 만유인력의 아이디어가 떠오른 뉴턴이 허겁지겁 방으로 뛰어 들어가 이를 수치로 계산해 보고 맞다는 것을 알았을 때 그 순간 그는 절정 경험을 한 것이다. 그 순간에는 시간은 사라지고 지금과 여기만 있다. 과거도 미래도 지금 이 순간 속에 스며들어 있고 그런 것이 영원히 사는 길이다.

구하라, 얻으리라

우리는 모두 가슴 뛰는 삶을 살기 위해 이 세상에 태어났다. 우리는 그 일을 찾아야 한다. 그것이 바로 행복이며 진리의 길이다. 인간은 저마다 고유의 모습과 생각과 파장을 갖고 있기 때문에 가슴 뛰는 일은 사람마다 다르다. 가슴 뛰는 일은 방종이나 무질서가 아니라 신비하고 창조적인 것이다. 그들은 가슴이 뛰기 때문에 자신의 일을 찾아 밤을 세우면서 그 일을 한다. 억지로 노력하는 것과는 다르다. 그런 사람에게는 남들이 싫어하는 일도 가슴 뛰는 일이다. 우리는 일을 하기 위해 태어나 이 세상에 왔다. 그리고 가슴 뛰는 일에서 창조력을 발휘한다. 진정한 행복은 가슴 뛰는 일을 할 때 찾아온다. 그때는 하루 열 두 시간 일을 해도 괴롭지 않다. 어떤 시련과 고난도 물리칠 수 있다. 가장 자연스럽게 창조성을 꽃피우고 모든 불안을 뛰어넘는 때이다. 가슴 뛰는 일을 통해서 무한한 사랑을 체험할 수 있는데 그것이 곧 사랑의 행위이다. 우리가 진정으로 가슴 뛰는 일을 하고 있을 때 그것은 고역이 아니라 즐거운 놀이가 된다. 그리고 그때 시간은 사라지고 우리는 지금을 산다.

베짱이에게 하루살이는 하루밖에 살지 못하는 불쌍한 존재이지만 베짱이 역시 다람쥐에게는 몇 달밖에 살지 못하는 불쌍한 존재이다. 거북이의 입장에서 본다면 백년도 살지 못하는 인간이 불쌍한 존재인지도 모르지만 하루살이에 비하면 인간은 거의 영원히 사는 존재이다. 하루살이의 알은 애벌레와 번데기와 아성충의 단계를 거치면서 물속에서 성충이 되기 위해 약 천일 동안 준비한다. 그 동안 약 25회 정도 허물벗기를 한다고 한다. 하루를 살기 위해 그 많은 세월 동안 수많은 변신의 노력을 견딘다. 하루살이는 입과 소화기가 거의 퇴화되었다. 먹는 시간까지 줄여서 열심히 살고 간다. 하루 동안에 그렇게 무리지어 날고 짝짓기까지 마치고 자기의 생을 마감한다. 우리 인간도 천일 뒤의 하루를 위해 준비해 가는 하루살이에서 배워야 한다. 내일을 위해 참고 준비하고 기다려야 한다. 오늘의 이익과 욕망을 위해 자신을 속이고 세상을 속이고 자연을 파괴하지 말아야 한다.

14세기 이탈리아 르네상스 초기의 인문주의자요, 시인인 복카치오는 피렌체의 상인이었던 아버지와 프랑스 아가씨 사이의 사생아로 파리에서 태어났다. 나이가 들어 나폴리 교회에서 매혹적인 소녀를 만났는데 그녀를 '작은 불꽃' 이라 부르며 그녀의 불꽃 속에서 자신을 태우기를 열망하였다. 그렇게 5년 동안이나 그녀에게 시와 산문을 바쳤지만 결국 이루어지지 못할 사랑임을 알았다. 그녀는 나폴리 황국의 황녀였다. 그리고는 평생을 결혼하지 않고 오직 문학공부에만 모든 정열을 바쳤다. 35세 때 그가 살고 있던 피렌체에 대규

모 흑사병이 돌면서 10만 명 인구 중 절반이 죽었다. 복카치오는 교회에서 단 일곱 명의 숙녀와 남자친구 세 명과 함께 이 병을 피해 널찍한 시골의 성으로 가서 머물면서 지루함을 달랠 방안으로 각자가 하루에 이야기를 하나씩 하기로 결정했다. 그들이 금요일과 토요일을 제외한 열흘 동안 함께 머물렀기에 이야기가 일백 개가 되었다. 복카치오는 이 이야기 모음을 〈데카메론〉이라 이름붙였다. 그리스어로 열흘이라는 의미였다. 이 이야기 중에 미덕이 있는 사랑의 이야기, 철학적 이야기, 유대교, 기독교, 회교신앙을 상징하는 세 개의 반지 이야기가 있다. 〈데카메론〉은 단테의 〈신곡〉에 대하여 '인곡'이라 부를 수 있는 작품으로 소설의 기틀을 세운 글이다. 단테는 높은 이상을 내걸고 중세에의 경고를 의미하는 데 반하여 복카치오는 현실을 냉정하게 받아들여 웃음과 비꼬임마저 섞어가면서 근대소설의 선구자가 되었다.

단테의 〈신곡〉과 괴테의 〈파우스트〉는 고전 문학의 유산 가운데 가장 위대한 것이다. 단테가 18세 때, 그의 생애에 결정적인 영향을 준 사건이 있었다. 그가 9세 때 만나 그 아름다움에 놀랐었던 소녀 베아트리체를 다시 만나게 된 것이다. 천사처럼 아름답고 고결한 베아트리체를 바라본 단테의 가슴 속에는 사랑의 불길이 일어났다. 그러나 단테는 말 한 마디 나누지 못한 채 헤어졌고, 단테가 25세 때 베아트리체는 24세의 젊은 나이에 이 세상을 떠나 버렸다. 단테는 베아트리체를 홀로 사랑하게 되었을 때부터 시작한 새로운 생활을 그린 〈신생(新生)〉이란 책을 썼다. 그러나 다른 사람과 결혼한 베아트리체는 단테가 자기를 사랑하고 있다는 사실조차 몰랐다. 베아트리체는 젊은 나이에 죽었고 단테의 사랑은 보상받지 못했다. 그래서 단테의 사랑에는 어떤 출구가 필요했고, 그 사랑은 단테의 장대한 시 〈신곡(神曲)〉속에 흘러 들어갔다. 〈신곡〉은 단테가 평생을 두고 그의 모든 것을 바쳐 완성시킨 최대의 걸작이다. 이처럼 개인적인 사랑을 잃거나 자발적으로 버린 것이 계기가 되어 전 인류를 사랑하는 업적을 이루거나 인류와 우주의 배후에 있는 정신적 존재를 사랑하는 위업을 성취한 경우가 있다. 베아트리체가 죽은 뒤 단테는 정적에 몰려 20년 동안을 망명생활로 유랑하게 되는 비참한 생활 속에서 정적들에 대한 증오와 분노, 이미 이 세상을 떠나 버린 베아트리체에 대한 숭고한 사랑과 사모의 정이 얽힌 웅대한 서사시 〈신곡〉을 써내려 갔다. 베아트리체를 잃고 피렌체에서 쫓겨났기 때문에 〈신곡〉을 낳게 되었다. 석가와 예수도 자기 가족과 인연을 끊고 인류를 감싸 안았다. 불교의 보살들도 열반으로 들어가는 것을 스스로 연기하고 열반 밖에 머무르면서 동료들이 먼저 들어가는 것을 도와주었다.

닐 루딘스틴이 하버드 대학의 총장이 되었을 때 주변에서 말이 많았다. 그의 아버지는 유태계 소련인이었고 어머니는 이탈리아 출신으로 식당 종업원이었다. 기자들이 식당에서 일하고 있는 총장의 어머니를 찾아가 아드님이 저렇게 되었으니 이제는 식당 일을 그만두셔도 되지 않느냐고 묻자 루딘스틴의 어머니는 나의 아들은 자기 일에 최선을 다하여 총장이 되었으니 나도 맡은 바 내 일에 최선을 다해야 한다며 나의 아들이 설령 대통령이 된다 하더라도 나는 내가 하는 일을 계속하겠다고 대답했다. 그 아들에 그 어머니였다.

사자보다 강한 체력을 가진 사람은 없고 새보다 높이 그리고 멀리 날 수 있는 사람도 없다. 따라서 인간의 인간다움은 신체보다 정신력에 있다. 사고력이 인간의 본질과 운명을 좌우한다. 사고하기 때문에 인간은 정신적 내용을 갖고 살고 있다. 파스칼이 인간은 생각하는 갈대라고 말할 때 신체는 갈대와 같이 제한되어 있어도 사고는 그 한계를 모를 정도로 확대되어 간다. 우주는 나를 생각할 수 없어도 나는 우주를 생각할 수 있다. 풍요로움이 돈을 뜻할 수도 있지만 꼭 돈일 필요는 없다. 모든 일들이 가장 자연스럽게 이루어질 때 최상의 풍요를 만끽한다. 자신이 하고 싶은 일을 할 때 풍요로운 것이다.

'나는 원래 그렇게 생겼기 때문에 할 수 없다.' 라고 말한다면 그것은 옳지 않다. 왜냐하면 우리의 현재 모습은 우리의 행위를 규정짓는 무엇이 아니라 오히려 우리의 행동에 의해 항상 다시 형성되는 것이기 때문이다. 우리는 호기심을 갖고 매사에 다가가야 한다. 왜 그 일이 일어나는지, 산 너머에 무엇이 있는지에 의문을 품고 탐구하여야 한다. 아무도 가 본 적이 없는 땅에 들어설 용기, 배우려는 의지, 새로운 지식에 대한 도전, 무엇인가 만들려는 의욕은 인간의 본성 속에 자리잡고 있다. 이것이 발현되도록 노력해야 한다. 보이는 것만 믿고 사는 사람들은 종종 기회를 놓치고 만다. 새로운 눈으로 우리 주위에 널려 있는 수많은 기회를 인식할 수 있어야 한다. 현재와 미래를 바라볼 줄 알아야 한다. 우리는 도토리를 보며 떡갈나무를 알아보고, 씨에서 꽃을 보고, 부싯돌에서 불꽃을 알아보아야 한다. '기다려라. 찾아올 것이다.' 가 아니라, '구하라. 얻을 것이다.'

란 말을 잊지 말고 반드시 찾아야 한다. 기회는 기다리는 것이 아니라 찾아 다녀야 만날 수 있다.

우리는 누구나 부정적인 면들을 지니고 있다. 그러나 그것들이 나 전체를 대변하지는 않는다. 실수를 하고 실패를 겪었다고 해서 실패가 곧 내 인생은 아니다. 나는 실패하려고 이 세상에 오지는 않았다. 있는 그대로의 자신을 받아들이고 나 자신이 되어야 한다. 그리고 스스로가 알고 있는 것보다 자신은 훨씬 더 훌륭하고 현명하고 강한 존재임을 잊지 말아야 한다. 우리가 얼마만큼 할 수 있느냐는 스스로가 얼마만큼 할 수 있다고 생각하느냐에 달려 있다. 할 수 없기 때문에 포기하는 것이 아니라 포기하기 때문에 할 수 없게 된다.

두려움으로 떠는 사람으로 가득한 사회는 결코 부유한 사회가 아니다. 개개인의 개성과 탐구정신을 활짝 꽃피울 수 있게 해주는 사회가 부유한 사회이다. 때때로 의심을 품고 두려워 했던 사람들의 말이 맞을 때도 있지만 아무도 모험을 무릅쓰고 감행하고 탐구하지 않는다면 어떤 가능성도 없다. 자본주의는 창조적 파괴의 과정이다. 새것이 옛것을 파괴한다. 창조와 파괴가 필수적이다.

용기를 잃지 말자

용기는 허세와는 다르다. 허세는 있지도 않으면서 있는 체하는 겉치레에 불과한 자기 속임수일 뿐이다. 세상을 살아가는 데 허세가 때로는 도움이 될 때도 있을 수 있으나 그것은 일시적인 위장일 뿐 근본적인 해결책은 되지 않는다. 그것은 금방 허물어져 버리는 모래 위에 세운 집과도 같다. 그러나 용기는 절대로 무너지지 않는다. 오랜 시간을 두고 축적된 강한 힘인 용기는 더 이상 나아갈 길 없는 절망의 한가운데서 비로소 솟아오른다. 사소한 불만이나 얼마든지 바꿀 수 있는 일로부터는 진정한 용기는 생기지 않는다. 죽음처럼 움직이기 어렵고 바꿀 수 없고, 피하기 어려운 것에서 신비한 힘으로 솟아오른다.

알렉산더 대왕은 동방원정길에 풍토병에 걸려 심한 고열로 생명이 위태로웠다. 몇 가지 약을 복용하였으나 아무 효험이 없었다. 시의가 대왕에게 이제는 극약을 사용할 수밖에 없다며 다행히 효과가 있으면 목숨을 건지게 되나 그렇지 않으면 목숨을 잃게 될지도 모른다고 했다. 대왕은 조용히 그 극약을 복용하겠다고 대답했다. 시의가 왕권을 노리는 역도들에게 포섭되어 대왕을 독살하려 한다는 투서가 들어왔다. 얼마 후 시의가 들어와서 준비한 약을 대왕에게 올렸다. 대왕은 한 손으로 그 약을 받아들고 다른 한 손으로는 시의에게 그 투서 쪽지를 건네주었다. 시의가 놀라서 공포에 떨고 있는 사이에 대왕은 받아든 약을 마신 것이다. 대왕의 믿음과 용기는 적중했다. 극약이 효험을 발휘하여 병세가 호전된 것이다. 만약에 그가 두려움과 불안 때문에 그 약을 마실 용기가 없었더라면 대왕은 그 병으로 목숨을 잃었을 것이다.

펄벅 여사가 중국에서 살고 있던 거리가 혁명군에 의해 공격을 받았다. 혁명군의 슬로건의 하나는 '백인을 쫓아내자!' 였다. 펄벅여사의 이웃에 가족을 거느린 한 사람이 살고 있었다. 그는 교사로 봉직하고 있었는데 정치와는 아무 관련도 없었으나 반체제 사람들을 가까이 하면 목숨이 위태롭다는 사실은 알고 있었다. 백인을 도와주면 죽을 것이라는 것도 알고 있었다. 펄벅 여사의 가족들이 어느 오두막집에 숨어있을 때 그 사나이가 조용히 문을 열고 들어와서는 여기에 있을 줄 알았다며 누가 노크하더라도 절대로 문을 열어 주지 말고 이곳에 그대로 있으라면서 두 번 노크하고 나서 다시 두 번 노크할 때만 문을 열라고 당부하고 갔다. 무서운 시간이 지나가고 밖에서는 건물이 불에 타고 사람들의 미친 듯 한 함성이 들려왔다. 밤이 깊어갈 무렵 노크 소리가 두 번 들리고 다시 두 번 들렸다. 문을 열어주자 그 사나이가 들어와서 무릎을 꿇고 최선을 다했으나 일이 잘 안 되었으니 어찌하면 좋겠느냐고 안타까워 했다. 그러면서 다시 한 번 아마 마지막일지도 모르는 기회를 만들어 보겠으니 그대로 있으라며 나갔다. 펄벅 여사의 어머니는 그래도 용기를 잃지 않고 어떻게 최후를 맞아야 할까를 생각하고 있었다. 무서운 절망의 순간이었다. 소름이 끼치고 뼛속까지 떨리고 마음도 얼어붙었다. 그러나 용기는 절망에서 생겨나는 것이라는 생각을 잊지 않았다. 문이 열리고 피할 수 없는 사태가 일어난다면 그리고 이제 끝장이라고 생각되는 때가 오면 두 아이를 자신의 앞에 내세워 아이들이 먼저 당하게 하겠다고 각오했다. 아이들을 뒤에 남길 수는 없다고 생각했다. 그런데 그때 그 사나이가 나타나서 새로 지휘관이 된 사람과 약속을 하였으니 이 사람들을 따라 다른 곳으로 옮기자고 했다. 펄벅 여사의 가족들은 그 사람을 따라 어둠 속을 걸어 갔고 다행히 다음날 그들의 증원군이 와서 구출되었다. 그리고 2년 뒤 다시 그곳에 돌아간 펄벅 여사의 어머니가 그 중국인에게 자기의 목숨 뿐만 아니라 가족의 목숨까지도 내건 그날의 용기가 어디서 솟아나왔느냐고 물었다. 그 사람은 자신은 그때 절망에 빠져 있었으며 그래서 무질서와 광기와 폭력의 소용돌이 속에 몸을 던지면서 어차피 부딪쳐야 하는 것에는 부딪치는 길 밖에 없다는 생각을 하고 거리를 유지들과 함께 새로운 지휘관에게 가서 강국의 배경을 갖고 있는 백인을 학살하는 것은 현명한 일이 못된다고 설득했다고 했다. 그래서 펄벅 여사는 조그마한 불만이나 피할 수 있는 일이나 도망칠 수 있는 일이나 변경할 수도 있는 일에서는 용기가 생기지 않으나 죽음처럼 움직일 수 없고, 변경할 수 없고, 피할 수 없는 데서는 용기가 생기고 살아갈 힘이 솟는다고 했다. 불사조는 잿더미 속에서 소생하고 다시 하늘 높이 날아간다. 절망에서 용기가, 죽음에서 희망이 솟아난다.

금단의 열매를 넘보려면 용기가 필요하다. 신의 노여움은 두렵다. 그러나 아담과 이브는 신이 금한 열매를 따먹었다. 그것은 호기심과 용기와 창조였다. 긴 세월 각고의 고행을 이겨내야 하는 창조적인 인물들에게는 용기가 필요하다. 병사가 나라를 위해 목숨을 걸고 적진에 돌진하는 데도 용기가 필요하다. 우리는 내가 속한 집단이 어떤 위기를 맞았을 때 '참여하는 용기(courage to participate)'가 필요하다. 내가 속해 있는 보다 큰 자아인 가족과 민족, 사상과 종교 등에 대한 소속감과 의무감에 뿌리를 둔 용기이다. 순교자 이차돈의 용기가 그것이고 안중근 의사의 용기도 그것이다. 우리에게는 '자신이 되는 용기(courage to be oneself)'가 필요하다. 모든 문화영역에서 창조를 이룩한 주인공들은 하나같이 자신이 된 용감한 인물들이었다. 소크라테스가 그렇고 갈릴레오가 그렇다. 아담과 이브는 신의 세계에 살면서도 신의 명령대로만 행동하지는 않는다. 하늘나라의 관례와 지시대로 사고하거나 행동하지 않음으로써 자기를 찾았다. 이렇게 자신이 되는 용기는 어쩌면 참여하는 용기보다 훨씬 더 힘든 것일지도 모른다. 그들은 죽임을 당하기도 하고 사회적 죽음인 추방을 당하기도 하기 때문이다. 그러나 그들의 용기 때문에 인류문명은 획기적인 전환과 비약을 가져왔다. 지동설이나 진화론처럼 위대한 창조일수록 기존의 것에 대한 강한 저항 때문에 창조자에게는 더 커다란 용기가 필요했다. 그리고 종교의 창시자들에게는 '초월하는 용기(courage to transcend)'가 요구된다. 종교적 자각과 득도와 같은 새로운 깨달음은 더 고차적인 용기가 필요하다. 사람들이 가장 과감하고 용감한 행동을 할 때는 가장 위험하고 가장 절망적인 상황에 빠졌을 때이다.

1973년에 민주적으로 선출된 칠레 대통령 살바도르 아옌데가 유혈 쿠테타로 죽었을 때 당시 재무부 장관이었던 페르란도 플로레스는 독방에 3년간 구금되었다. 그는 그 뒤 미국으로 건너가 모든 것을 새로운 시작으로 이해하고 새로운 열정을 가지고 살면서 수감생활을 희생이었다고 말하지 않고 오히려 전환의 시기였다고 말했다. 당시를 회고하면서 자신은 아무런 희망도 가질 수 없었고 아무도 자신을 도와주려 하지 않았다면서 신이 자신을 잊은 것으로 생각했었다고 했다. 정말로 견디기 힘든 시간이었고 앞으로도 나아질 것도 없고 상상할 수 없을 정도로 더 어려워질 것이라고 생각되었지만 그런 상황에서도 희망과 용기를 저버리지는 않았다고 했다. 다행히 그는 국제사면위원회의 도움으로 석방되어 미국 켈리포니아 대학에서 새로운 인생을 시작했다.

토끼들은 모든 동물들이 자기들을 잡아먹으려고 쫓아다닌다고 생각했다. 아무도 자기들을 두려워 하지 않는데 토끼들은 모든 동물들이 다 무섭다고 생각했다. 몹시 어두운 어느 날 밤 토끼들은 모임을 갖고 이렇게 쫓기면서 살 바엔 차라리 자살을 할 수밖에 없다고 생각하고 근처의 호수로 달려가 함께 빠져 죽자고 했다. 토끼들이 호수로 달려오는 것을 본 개구리 떼들이 질겁을 하여 물속으로 뛰어들어가 물속에 숨어버렸다. 그것을 본 토끼들의 대장이 우리의 상황이 그렇게 절망적인 것만은 아닌 것 같다며 서둘지 말고 자신과 용기를 갖고 살자고 소리쳤다.

시련을 극복하고 역경을 딛고 일어서고 신념을 관찰하고 목표를 달성하고 고난에 도전하기 위해서는 우리에게 용기가 필요하다. 용기는 성공과 승리의 원동력이다. 비겁하면 아무것도 이룰 수 없다. 유교는 지인용(智仁勇)의 삼덕을 강조한다. 용기가 있는 사람은 아무것도 두려워하지 않는다고 했다. 그러나 만용은 용기와는 다르다. 그것은 무모한 사이비의 용기이다. 이성과 양심의 지지를 받아야만 진정한 용기가 된다. 의(義)가 없는 용기는 악행이 되기 쉽고, 지(智)가 없는 용기는 만용이 되기 쉽다. 용기에 이성과 양심이 결여되면 악의 무법자가 되어 범죄를 저지르기 쉽다. 우리는 저마다 지와 인과 용을 겸비하는 사람이 되어야 한다.

사람들은 활력이나 영감의 원천이 없을 때 짜증을 내며 이기적이 되고 지루함을 느껴 게을러진다. 일하고 싶은 의욕도 사라진다. 때문에 뚜렷한 목표를 갖고 자부심과 열정을 버리지 말고 용기를 잃지 말아야 한다. 우리를 일어서게 하는 것은 성취가 아니라 좌절이요, 우리로 하여금 앞으로 나아가게 하는 것은 안정이 아니라 불안이다. 불안은 기대의 또 다른 이름이다. 내일이 어제, 오늘과 마찬가지로 정해진 대로라면 삶은 시계추일 뿐이다. 끈질기게 도전에 응전하는 사람들에게 불안은 의지의 주춧돌일 수 있다.

봄은 말한다. 살아라, 자라라, 꽃피워라, 꿈꾸고 사랑하고 기뻐하라, 새로운 충동을 느끼면서 삶을 두려워하지 말라고. 사람들이 가장 과감하고 용감한 행동을 할 때는 가장 위험하고 가장 절망적인 상황에 빠졌을 때이다. 용기 있는 사람만이 고난을 이기고 시련을 극복하고 역경에 도전하고 신념대로 행동하고 진리를 관철한다.

자신을 이기는 사람이 되자

우리는 어떤 경우에도 방심하거나 승리감에 도취되어서는 안 된다. 끊임없이 노력해야 한다. 우리의 앞에는 우리의 의지와 결단력 그리고 정신력을 시험하는 순간들이 놓여 있다. 사자는 모기가 자신의 주위를 빙빙 돌며 윙윙거리자 화가 났다. 그러나 모기는 다들 너를 동물의 왕이라고 한다고 해서 내가 너를 겁낼 줄 아느냐며 사자 등에 달라붙어 약을 올렸다. 모기는 사자의 등과 얼굴과 코를 찌르며 공격했다. 화가 난 사자는 모기를 쫓기 위해 몸을 큰 바위에 힘껏 부딪쳤다. 그러나 결국 정글의 왕인 사자는 기진맥진하여 쓰러졌고 모기는 승리감에 도취되어 윙윙 노래를 부르며 날아가다가 그만 거미줄에 걸리고 말았다. 거미는 모기를 한 입에 낚아챘다. 우리도 거대한 장애를 넘어 승리할 수 있지만 어떤 상황에서도 자만하고 방심해서는 안 된다. 어리석은 자도 어리석은 줄 아는 만큼은 지혜롭다. 어리석으면서 지혜롭다고 생각하는 것이 참으로 어리석은 것이다. 어리석은 사람은 어진 사람을 가까이 모시고 있어도 숟가락이 국 맛을 모르듯이 참다운 진리를 깨닫지 못하나, 지혜로운 사람은 혀가 국 맛을 알듯이 곧 진리를 깨닫는다. 어리석은 사람은 나쁜 짓을 하고도 불행한 결과가 눈앞에 닥쳐와서야 뉘우치고 괴로워 한다.

맹자는 사람들은 집에서 키우는 닭이나 개를 잃으면 그것을 찾아 사방을 헤매면서도 마음이 꼬부라지는 데는 무관심하다고 하면서 이것은 무엇이 중요하고 무엇이 덜 중요한 줄을 모르는 무지라고 했다. 우선 순위의 뒤바뀜을 경계한 말이다. 우리는 남의 행동은 통제할 수 없어도 그들에 대한 나의 반응은 통제할 수 있다. 관용과 인내가 반드시 굴종을 수반하지는 않으며 부정에 굴복한다는 뜻도 아니다. 참으로 용감한 사람은 증오와 분노가 가져오는 정신적 고통을 느끼지 않고 그 해악을 견딜 수 있다. 내면의 평온을 유지하면서 신체적 피해를 견디는 능력이 어느 정도냐에 따라서 나의 하루는 고통으로 얼룩지기도 하고 기쁨으로 충만하기도 한다. 우리는 인간이기 때문에 공포와 분노, 슬픔도 갖는다. 그러나 인간다운 지혜와 훈련으로 이를 극복해야 한다. 내 허물을 지적하고 꾸짖어 주는 지혜로운 사람을 만나면 나에게 감추어진 보물을 찾아준 사람이라 생각하고 그 사람을 따라야 한다. 이런 사람을 사랑하는 사람은 선한 사람이요, 미워하는 사람은 악한 사람이다. 지혜로운 사람은 자기 자신을 다룰 줄 알고 그들은 항상 즐겁고 마음이 맑고 편안하다. 큰 바위가 어떤 바람에도 끄떡하지 않는 것처럼 지혜로운 사람은 비난이나 칭찬에 흔들리지 않는다. 마치 깊은 연못처럼 맑고 고요하여 세속의 물결에 흔들리지 않는다. 진리를 들으면 들을수록 마음은 더욱 깨끗해진다. 대개의 사람들은 생의 이쪽 기슭에서 갈팡질팡 헤매고 있지만 그들은 생의 저쪽 기슭에 이른다. 그들은 어둠을 등지고 밝음을 찾아가고 고독 속에서도 기쁨을 찾는다. 그들의 마음은 잔잔하고 말과 행동은 고요하며, 그들은 어디에 있거나 즐거운 절대평화에 이른다.

어린아이들은 좋게 느껴지면 그대로 행동하고 싫게 느껴지면 행동하지 않는다. 그러다가 철이 들고 어른이 되면 좋다고 생각되는 것은 선이기 때문에 해야 하나, 싫다고 느껴졌거나 나쁘게 생각되는 것은 악이기 때문에 해서는 안 된다는 생각을 갖는다. 이때 무엇이 선한 것이고 무엇이 악한 것인지 판단을 내리는 주체는 양심이다. 이 양심은 도덕적 주체이기 때문에 양심의 소리는 법의 조문보다 신성한 것이다. 옛날 사람들은 이러한 양심은 하늘로부터 주어진 것이고, 도덕적으로 선한 의지와 공존하기 때문에 선천적 기능으로 생각했다. 인간으로 태어난다는 것은 양심적 기능을 갖고 태어난다는 뜻이기도 하다.

꿀벌들은 꽃의 향기와 빛깔을 다치게 하지 않고 꿀만 따간다. 꿀벌은 지혜로운 성자 같다. 덕이 있는 사람은 남의 허물은 보지 않고 자신의 허물과 게으름만 본다. 그래서 덕이 있는 사람의 향기는 바람까지 거슬러 사방으로 풍긴다. 많은 향기 가운데도 덕행의 향기가 가장 뛰어나다. 눈먼 중생들 속에 있어도 바르게 깨달은 사람들은 그의 지혜 때문에 찬란하게 빛난다.

수레바퀴는 소의 발자국을 따른다. 마찬가지로 나쁜 마음을 가지고 말하거나 행동하면 괴로움이 따른다. 모든 일은 마음에서 나와 마음으로 이루어진다. 마음이 모든 일의 근본이다. 맑고 순수한 마음을 가지고 말하거나 행동하면 그림자가 주인을 따르듯이 즐거움이 따른다. 이 세상의 원한은 원한에 의해서는 결코 사라지지 않고 원한을 버릴 때에만 사라진다. 남 때문에 내가 고통 받고 있다는 생각을 버릴 때 미움도 사라진다. 그리고 우리는 영원한 진리에 이른다. 선한 일은 서둘러 행하고 악한 일은 마음에서 멀리 해야 한다. 선한 일을 하는데 게으르면 그의 마음은 벌써 악을 즐기고 있을 수 있다. 악한 일을 쌓는 것은 괴로움이고 선한 일을 쌓는 것은 즐거움이다. 악의 열매가 익었을 때는 재난을 당하고 선의 열매가 익었을 때는 복을 받는다. 한 방울의 물이 고여서 항아리를 채우듯이 악이 쌓이면 큰 죄악이 되고 조금씩 쌓인 선은 큰 선을 이룬다. 성경은 '너희는 다른 사람들이 너희에게 해주기를 바라는 모든 것을 다른 사람에게도 그대로 행하라.' 라고 했다. 우리는 순간순간 마땅히 해야 할 것과 해서는 안 될 것을 선택하는 상황에 놓이게 된다. 이 순간에 우리는 자신의 입장을 타인의 입장보다 앞세우지 말아야 한다. 그래서 오래된 도덕규칙은 내가 당하기를 원치 않는 일은 다른 사람에게 행하지 말라고 한다. 버나드 쇼는 다른 사람은 나와 다른 취향을 갖고 있기 때문에 내가 다른 사람에게 바라는 대로 다른 사람에게 행하지 말라고 했다. 우리는 모든 존재를 그 각각이 지닌 고유한 가치에 걸맞게 취급해야 한다.

박목월 선생의 한 수필의 제목은 '평생 서서 일하며 살았다.' 로 되어 있다. 이로써 그는 많은 세월동안 교단에 서 있었지만 선생으로 살아가기 위해서 서 있었다는 뜻을 넘어 언제나 학생들 선두에 있어야 하고, 세상을 서서 바라보는 정직성을 가져야 하며, 남 앞에서 거드름을 피우며 앉아 있는 것이 아니라 서서 겸손하게 맞아야 하고, 서서 멀리 바라보며 앞날에 대한 희망을 그려 나갈 수 있는 에지를 지녀야 함을 말해주었다. 누구나 서서 가르치는 이에 대한 존경의 마음 없이는 배움이 이루어질 수 없고, 조그마한 것일지라도 그 바탕에 감사하는 마음이 깔리지 않고는 서로 간에 인간적인 유대가 맺어질 수 없다. 쓸모없는 말을 엮어 늘어놓은 천 마디의 말보다 들으면 마음이 가라앉는 한 마디가 훨씬 뛰어나다. 전쟁터에서 싸워 백만 인을 이기기보다 자기 자신을 이기는 사람이 가장 뛰어난 승리자이다. 남을 이기는 일보다 자기 자신을 이기는 일이 훨씬 어렵기 때문이다. 자기 자신을 이기는 사람은 누구에게도 지지 않는 사람이다. 자신을 억제하고 절제할 줄 알아야 한다. 먼저 자기 자신을 바로 갖추어야 한다. 남을 가르치듯 스스로 행하면 자신을 잘 다룰 수 있고 남도 잘 다루게 된다. 그래서 자신을 다루기가 참으로 어렵다. 내가 악행을 하면 스스로 더러워지고 내가 선행을 하면 스스로 깨끗해진다. 아무도 나를 깨끗하게 해줄 수는 없다. 깨끗함과 더러움은 나에게 달려 있다. 남을 위한 일이라도 자기가 해야 할 일로 알고 그 일에 항상 최선을 다해야 한다. 어제는 게을렀더라도 지금 게으르지 않으면 구름을 벗어난 달처럼 이 세상을 비추게 된다. 게으름을 피우지 말고 비열하거나 거들먹거리지 말고 진리에 따라 떳떳하게 행동하는 사람은 이 세상이나 저 세상에서 복을 누리며 편히 잠든다.

인화의 길

화를 잘 내는 사람은 거의 언제나 화가 나 있다. 그는 어느 경우에도 즉시 성을 낼 준비가 되어 있다. 그의 내면은 항상 부글부글 끓고 있으면서 성낼 기회만 찾고 있다. 질투를 잘하는 사람도 마찬가지이다. 질투할 구실을 계속 찾아다닌다. 질투심이 많은 부인은 혹시 무슨 구실을 찾을 수 없을까 해서 남편의 호주머니와 서류철을 뒤진다. 탐욕, 질투, 증오 같은 것들은 모두가 삶의 불순물들이다. 침착하자. 분노는 불이다. 화를 내지 말자. 화를 내면 자신의 영혼을 스스로 태우는 꼴이 된다. 잘못은 다른 사람이 했는데 왜 자신을 벌해야 하는가. 그것은 어리석다. 어떤 사람이 붓다를 모욕했으나 붓다는 묵묵히 침묵을 지키고 있었다. 자기와는 아무런 상관도 없는 일이라며 바라보기만 했다. 욕하고 있는 사람은 더욱 화가 났다. 그러나 그것은 그 사람의 잘못일 뿐이다. 그것은 그 사람의 천성이고 기질이다. 한 사내가 마누라의 성화 때문에 술과 담배와 도박을 끊었다. 그 아내는 남편을 나무라고 탓할 구실을 찾지 못하자 더욱 안절부절못하였다. 그래서 남편은 다시 담배를 피우고, 술을 마셨다. 그러자 아내는 다시 자기의 일을 찾은 듯이 좋아했다. 바가지를 긁을 구실을 찾게되자 아내는 행복해졌다. 그녀는 남편이 완벽해지는 것을 원치 않았던 것이다.

우리의 얼굴에는 입은 하나인데 눈과 귀는 둘이다. 보고 듣는 것의 절반만 말을 하라는 깊은 뜻의 표현이다. 말하기에 앞서 남의 이야기에 조용히 귀를 기울이고 눈으로 자세히 보고 확인한 뒤에 절반쯤만 말하라는 신의 가르침이다. 일찍이 지혜의 도인이었던 장자는 청무성(靑無聲)의 천리를 강조했다. 무성을 들으라고 했다. 양심의 소리, 지혜의 소리, 영혼의 소리, 진리의 소리는 모두 소리가 없다. 그것은 마음과 영혼의 귀로 들어야 한다. 성인은 남의 말을 다 듣고 난 뒤에 입을 연다. 그래서 성인의 '성(聖)' 자는 귀와 입과 왕의 세 글자로 이루어져 있다. 그리고 귀 '이(耳)' 자를 제일 먼저 썼다. 공자도 그의 나이 60이 되어서야 비로소 남의 이야기가 귀에 거슬리지 않는 경지에 이르렀다. 무슨 이야기를 들어도 바다와 같은 넓은 마음으로 받아들였다. 그것이 성숙한 인간의 길이다. 성숙한 사람은 순리에 따라 순리대로 행동한다. 그들은 도리를 지키고 억지를 쓰지 않는다. 그들은 스스로 자신을 다스릴 줄 안다. 스스로 자신을 통제하고 지배한다. 그들은 자주인이요, 자율인이다. 그들은 자신이 지켜야 할 행동 질서를 알고 남을 존중하고 남과 화목하게 지낸다. 남을 불쾌하게 하지 않는다. 그들은 언제나 즐겁고 편안하다. 그들의 마음은 평화롭다. 그것이 가장 큰 복이다. 행복은 평화의 나무에 피는 향기로운 꽃이다. 아무리 많은 재물과 높은 권좌를 차지해도 마음 속에 불화가

차 있으면 결코 행복할 수 없다. 사람들이 억지와 불안과 시기와 분노와 질투와 탐욕의 노예가 될 때 인간은 마음의 평화를 얻을 수 없다. 이런 악들에서 자유로울 때 평화의 맑은 경지에 이른다. 서로의 사이에 인화가 깨질 때 사는 것은 괴롭고 힘들어진다.

몽테뉴는 억지를 부리는 것은 다른 사람에게 불고문을 하는 것이나 마찬가지라고 했다. 볼테르는 그의 〈관용록〉에서 우리는 모두 나약하고 실수로 가득 차 있기 때문에 서로서로 우리의 어리석음을 용서해야 하며 그것이 자연의 제1법칙이라고 했다. 그리고 그는 부언하기를 우리 모두는 연약하고, 무분별하고, 변하기 쉽고, 실수가 많은 존재들이기 때문에 서로 관대하지 않으면 안 된다고 말했다. 바람 때문에 진흙탕 속으로 기울어진 갈대가 반대 방향으로 기울어진 갈대에게 '바보야, 너도 나와 같은 방향으로 기울어져야지 그러지 않으면 사람들이 너를 뽑아서 불살라 버릴거야.' 라고 말할 수는 없다. 군주가 아무리 절대적이라 해도 자기 생각을 다른 사람에게 강요할 수는 없다. 확실하게 거짓으로 보이는 것을 사실로 믿게 할 수는 없다. 한 개인의 표현을 막을 수는 있어도 생각 자체를 막을 수는 없다. 판단의 자유가 없으면 지성도 있을 수 없고, 지성이 없으면 건전한 사회를 생각할 수도 없다. 스피노자도 그렇게 되었을 때 정직은 사라지고 가증스러운 아첨과 배반만 남게 되어 사회 전반을 부패시키는 사기만이 횡행하게 될 것이라고 했다. 따라서 우리는 사람들이 서로 사랑하고 서로를 알고 이해하게 될 그날을 기다리면서 서로 참고 지낼 수 있어야 한다. 그것은 작지만 필요한 미덕이고 지혜이다.

그래서 일찍이 맹자는 천시(天時)는 지리(地理)만 못하고 지리는 인화(人和)만 못하다고 하였다. 그리스도도 '평화를 건설하는 사람(peace-maker)' 이 하느님의 아들이라고 했다. 우리의 영원한 비원과 소망은 평화로운 세계의 건설에 있다. 그것이 인류의 이상이다. 저마다 아집과 독선과 사심을 버리고 양보하고 관용하고 이해할 때 인화는 이루어진다. 권위적인 사람에게는 진정한 권위가 없다. 그러나 진정한 권위를 지닌 사람은 적나라하게 자신을 드러낸다. 그의 권위는 외부에서 부여된 것이 아니고 그의 경험, 진실성, 내면 모두이다. 권위적인 사람은 그의 권위를 잃어버릴까 두려워 한다. 그러나 진정한 권위는 잃어버릴 수가 없다.

교만을 버리고 마음의 문을 활짝 열고 바다와 같은 넓은 마음과 포용력을 갖고 남의 의견에 귀기울이고 폭 넓게 받아들여야 한다. 나의 지식도 유한하고 나의 경험도 미숙하고 나의 인격도 부족함을 인정해야 한다. 미흡한 소아(小我)를 고집하지 말아야 한다. 소아에 집착하지 않을 때 진정한 자유인이 된다. 우리에게 가장 바람직한 사회는 협동과 조화의 사회이다. 교향악에서는 수십 명의 악사가 저마다 다른 악기를 연주하면서도 아름다운 화음을 이루어 위대한 미(美)를 창조한다. 내 소리가 네 소리를 침해하지 않고 혼연일체가 되어 우리를 기쁘고 황홀하게 한다. 나도 살고 너도 살고, 너도 기쁘고 나도 기쁜 그런 경지를 창조한다. 그것이 화합이고 협동이며 평화이고 조화이다. 여러 목소리가 자유롭게 자기표현을 하되 남을 침해하지 않고 공생공영의 조화를 이룬다. 인간은 미완성의 존재이므로 누구나 잘못을 저지를 수 있다. 때문에 독선과 편견과 아집과 독단을 버려야 한다. 공자가 말한 화이부동(和而不同)의 지혜를 배우자.

성실의 보상

우리는 누구나 하루에 몇 차례씩 치약을 사용한다. 사공이 허드슨 강을 건너가는 17세 소년에게 어디로 무엇하러 가느냐고 물었다. 그때 소년은 숙부 공장에서 일하다가 비누공장을 세우기 위해 간다고 대답했다. 그때 사공이 "소년아, 저울눈을 속이지 마라. 그러면 성공하리라."라고 했다. 그 소년은 일생동안 그 사공이 던진 한 마디 교훈을 마음에 새겨 세계적인 콜케이트 치약 사장이 되었다. 정직은 하느님의 마음에서 나온다. 사람은 자기에게 성실할 책임이 있다. 예수를 따라 살지 못하는 것이 문제가 아니라 내가 성실하게 살지 못하는 것이 문제다. 지상의 유토피아는 미국의 정당과 영국의 의회와 독일의 정부에다 네덜란드의 국민성이 합쳐질 때 가능하다고 한다. 네덜란드 사람들은 독일인의 근면과 영국인의 합리성을 지니고 있다. 근면, 성실, 소박한 품성과 자연을 사랑하고 순리에 복종하는 심성과 정직과 겸허가 그들의 미덕이다. 인간은 사막의 골짜기를 생명의 골짜기로 만들어 낼 수 있다. 네덜란드는 신이 버린 나라였다. 바다보다 낮은, 인간이 살 수 없는 나라였다. 그러나 네덜란드인은 다른 나라들은 신이 만들었지만 네덜란드만은 인간이 만들었다고 주장하며 많은 악조건과 싸워 이상적 인간의 낙원을 만들었다.

사람은 노동의 축복을 받았다. 일하는 것만큼 신성한 것은 없다. 이 세상에서 제일 적적한 사람은 일이 없는 사람이다. 쉬지 않고 열심히 일만 하는 꿀벌은 고민할 시간이 없다. 사람은 땀흘리며 일할 때가 가장 행복하다. 서울대학교 사회학과의 한 교수가 발표한 1981년의 조사에 의하면 '당신은 먹을 것이 있고 생활이 안정되어도 일을 하겠느냐'는 물음에 86%가 일을 하겠다고 대답했으나, 1991년에 같은 질문을 했을 때는 그래도 일을 하겠다는 대답이 28%로 떨어졌다고 한다. 80년대 초반에는 우리 민족이 역사상 가장 열심히 일하여 경제부흥을 이룩했는데, 불과 10년만에 세계 선진국가에서는 물론 개발도상국가에서도 상상할 수 없이 모든 경제적 수치가 낮은 단계로 떨어져 버렸다. 우리는 새로이 출발해야 한다. 영국 메이저 수상은 곡마단 단장이었던 그의 아버지가 젊은 여자 곡예사와 결혼하여 낳은 아이였다. 아버지는 아들에게 어디에서나 모나지 말고 순수하게 매사에 최선을 다하라고 했다. 메이저는 수상이 된 후 취임 소감에서 오늘 내가 수상이 된 것은 곡마단 단장이었던 아버지가 가르쳐 준 교훈을 지킨 덕분이라고 했다. 마호메트는 사막에서 '이 세상 모든 것은 먼지처럼 전부 사라진다. 영원히 남는 것은 선행뿐이다.'라고 외쳤다.

어느 한 대학생이 〈이데올로기의 종언〉의 저자인 다니엘 벨에게

"이데올로기 종언 이후의 이데올로기는 무엇입니까?"라고 질문했다. 그는 종교라고 대답했다. 즉 인류 역사의 마지막 혁명인 제3혁명은 사랑의 혁명으로 신의 인간화, 신성의 인간화이다. 세계화도 곧 인간화이다. 〈25시〉의 작가 게로르규는 그 작품 〈한국의 찬가〉에서 "나는 인류에 대한 세 가지 희망을 가지고 있다. 한국처럼 오랜 수난 속에서도 아름다운 생을 믿고 버티며 살아온 동양 사람들, 그리고 안정을 박차고 생의 모험에 투신한 서양 젊은이들, 마지막에는 신과 종교를 믿는 사람들이다."라고 했다. 게오르규는 한국을 처음 방문했을 때 한국 농부의 얼굴에서 하느님을 보았다고 했다. 소박하고 천진스런 백의 민족의 참된 혼을 보고 선민의 모습을 찾았을 것이다.

여우가 강을 건너갈 때는 꼬리가 물에 젖지 않는다. 그러나 강을 건너간 끝에서는 물에 젖는다고 한다. 세상에는 언제나 작은 실수가 있다. 미완성이 있다. 그래야 언제나 새로운 탄생이 약속된다. 그러나 불가능은 없다. 사막에서 종살이 하던 유태 유목인의 후손에서 탄생한 예수의 사상이 오늘날 전 세계의 인류를 감동시키고 있다.

우리는 누구나 사람이 할 수 있는 작은 일부터 해야 한다. 쓰레기는 쓰레기통에 버리고, 줄을 서서 차례를 기다려야 한다. 사람들과 만나면 기쁘게 인사하고 언제나 감사하며 겸양해야 한다. 젊은이들은 신념과 자각심을 갖고 역사적 책임과 의무와 명예를 걸고 새로운 신화를 창조하는 불사조가 되어야 한다.

아라비아 사막에는 피닉스라는 새가 있다. 그 새는 늙어 죽을 때가 가까워 오면 계속 마른 나무를 물어 나른다. 나뭇가지가 쌓여지면 불을 지르고 그 나무더미 위에 앉아 서서히 불에 타 죽는다. 그리고 그 잿더미에서 젊고 힘있는 아름다운 한 마리의 새가 창공으로 날아오른다. 이 새가 바로 불사조(不死鳥)라 부르는 피닉스이다. 이것이 부활이다. 우리의 소망은 그렇게 이어져야 한다.

인간은 씨앗이며 가능성이다

인간은 지구상에서 유일하게 의식을 가진 존재로서 그것은 은총이자 고통이다. 그것이 고통이 되는지 은총이 되는지는 나에게 달려있다. 의식은 양날을 가진 칼이다. 그리고 그 칼은 자신을 보호하는 데 바르게 쓰여질 수도 있지만 어린 아이의 손에 있는 칼과도 같은 자신을 해칠 수도 있다.

헤라클레이토스는 인간은 하나의 씨앗이며, 알이며, 가능성이라고 했다. 인간은 신의 씨앗이다. 그것은 성장하여 그 자체가 우주가 되는 지점에까지 이르러야 한다. 알 속에는 새가 있고 씨앗 속에는 나무가 있다. 새는 알에서 나와 날개를 펴고 광활한 하늘을 날아다닌다. 하늘 끝 미지의 세계로 날아가면서 황홀경을 경험한다.

항상 어두운 밤이 계속되는 것은 아니다. 어둠이 깊을수록 새벽도 그만큼 더 가까워진다. 다만 기회를 놓치지 말아야 한다. 갓 태어난 새는 자신에게 날개가 있다는 것을 모른다. 어미 새는 둥지 주변을 날아다니지만 새끼 새는 자기도 그렇게 날 수 있을까 하고 의심한다. 둥지 구석에 몸을 기대고 망설인다. 그러나 어미 새는 계속 주변을 날아다닌다. 새끼들에게 날고 싶은 충동을 일으키려 하기 때문이다. 어미 새는 이 나무 저 나무로 날아다니면서 새끼들을 부른다. 새끼 새는 아직 하늘의 자유를 모른다. 날 수 있을지 두렵기만 하다. 그러나 곧 날개를 퍼덕거려 보고 결국 이 나무 저 나무로 날기 시작한다. 새에게 나는 능력이 있듯이 인간의 능력 또한 무한하다. 인간에게는 선천적으로 수영하는 능력도 있다. 한 교수가 9개월 된 아기들에게 수영을 가르치는 데 성공한 후 그 다음에는 6개월 된 아기를, 그리고 3개월 된 아기를 가르치는 데 성공했다. 그래서 인간은 선천적으로 수영하는 능력을 갖고 있으며 다만 용기를 내어 기회를 잡기만 하면 된다고 했다. 소련에서는 아기를 물 속에서 태어나게 한다고도 한다. 믿어야 하고 용기를 가져야 하며 기회를 붙들어야 한다.

퀴리 부인은 어떤 수학문제를 풀기 위해서 무척 고심했다. 가능한 모든 노력을 다했으나 아무런 결과도 나오지 않았다. 그녀는 완전히 지쳤다. 그러던 어느날 밤 완전히 지쳐서 잠이 들었다. 그런데 꿈속에서 하나의 결론이 영롱한 이슬처럼 떠올랐다. 그는 꿈에서 깨어나 종이에 그 결론을 적어 놓고 다시 잠이 들었다. 아침에 잠에서 깨었을 때 그녀는 어리둥절했다. 믿기가 어려웠다. 그 결론이 옳았던 것이다. 그는 그 꿈 덕분에 노벨상을 받았다. 그리고 항상 그 사건에 대해 궁금해 했다. 마음이 탈진해 버려 그 이상 작동할 수 없는 순간에 내면의 인도자가 힌트를 준다. 열쇠를 준다. 과학자들의 위대한 발견도 지적인 것이 아니라 직관에 의한다고 말하는 사람들이 있다.

아인슈타인은 자신의 통찰력은 자신이 전혀 작업하지 않을 때,

실제로 자신이 부재할 때 어떤 알 수 없는 근원에서 일어났다고 했다. 상대성 원리의 발견도 그렇게 찰나에 이루어졌다. 그러나 작업을 하고, 실험을 하고, 증명해야 하는 데는 20년이 걸렸다. 밀턴의 위대한 시들은 모두 그가 장님이 된 후에 창작된 것들이다. 그는 시력을 잃고 회복할 길이 없게 되자 자기 인생은 이제 끝나는 것이라고 생각했다. 그의 충격은 컸다. 그러나 그는 다시 생각했다. 밀턴은 종교적인 인간이었다. 그것이 신의 뜻이라면 그렇게 될 수밖에 없다고 생각했다. 그것을 받아들이자 차츰 새로운 내적인 사상의 세계가 열리는 것을 느꼈다. 우리는 눈을 통해 그 모든 에너지를 내적 성찰과 성장에 사용할 수 있게 되었다. 장님이 매우 우아하고 고요해지는 것도 외부 세계로 인해 주의가 산만해지지 않기 때문이다. 그는 귀를 통해 보기 시작한다. 장님의 손을 잡으면 따스함이 전해옴을 느낀다. 밀턴은 눈이 멀게 되자 그의 내부에 있는 무한한 빛깔을 느낄 수 있었다. 그리고 그는 훌륭한 시인에서 위대한 시인이 되었다.

러시아의 심리학자 파블로프는 개에게 먹이를 주기 전에 항상 종소리를 들려줬다. 그러자 나중에는 개가 종소리만 들리면 침을 흘렸다. 그래서 그는 인간의 삶은 모든 것이 조건반사라고 주장했다. 마음은 하나의 조건이다. 그리고 하나의 조건을 없애면 그것과 관련된 모든 것이 멈춘다. 우리의 얼굴에는 일곱 개의 구멍이 있다. 이 구멍을 모두 손으로 막으면 이제까지 밖으로 흘러나가던 의식이 그 흐름을 멈춘다. 그것은 내면에 그대로 머물러 있다. 아무런 생각도 진행되지 않는다. 그때 두 눈 사이에는 하나의 공간이 만들어진다. 그 공간이 바로 제 3의 눈이다. 그 공간 속에 존재계 전체가 담겨 있다. 그 공간을 느낄 수 있는 사람은 모든 것을 느낄 수 있다. 그래서 우리는 눈은 눈에 보이는 유한한 물질만을 보나 제 3의 눈은 무한을 본다. 영적인 것을 본다. 모든 구멍이 닫히면 의식의 흐름은 밖으로 흘러 나가지 못하고 의식이 그것의 근원인 한 곳에 머물러 있게 된다. 그의 의식의 근원이 또한 제 3의 눈이다. 그때 태양이 내 안에서 놀고 별들이 내 안에서 운행된다. 달이 내 안에서 뜨고 전 우주가 내 안에 있다. 모든 감각이 가슴 속으로 녹아들어갈 때 연꽃의 중심에 이를 수 있다.

타골은 〈기탄잘리(Gitanjali)〉라는 유명한 시집으로 노벨 문학상을 받았다. 동양에서는 최초로 받은 상이었다. 〈기탄잘리〉는 '노래의 선물' 이라는 뜻이다. 그는 시를 잘 쓰고, 그림을 잘 그릴 뿐만 아니라 작곡과 강연에도 뛰어났다. 우리나라를 동방의 빛이라고 노래한 사람도 그였다. 인도의 국가도 그가 작사 작곡했다. 그는 세계 각국에서 강연을 하면서 여행했으며 그의 고향에 촌락위원회와 초등학교를 설립하고 후에 이 학교를 인도에서는 처음으로 대학으로 키웠다. 이 학교를 사랑과 평화와 지식의 중심이 되는 대학으로 발전시켜 세계 평화에 크게 공헌했다. 1861년 타골이 태어났을 때 인도는 영국의 식민지였다. 그는 간디와 함께 인도의 르네상스를 짊어진 쌍벽이었다. 간디는 정치와 사회운동의 횃불이었고 타골은 예술, 철학에서 불멸의 존재였다. 그의 정신세계는 너무나 오묘하고 심원해서 여러 영역에서 숨은 창조적 근원을 캐내어 닦고 길렀다. 그는 태양처럼 나타나 국민에게는 기쁨과 희망을 주고 조국에는 영원한 정신적 바탕을 마련했다.

어렸을 때 빗방울이 떨어지는 소리를 듣고 나뭇잎이 흔들리는 소리를 들으면서 '비가 내리니 잎새가 떨리고' 라고 표현하는 등 열다섯 살에 벌써 '들풀' 이라는 시집을 냈다. 타골의 시에는 리듬과 멜로디가 함께 움직인다. 그가 작사 작곡한 시가 300수나 된다. 그의 개인적 생활은 깨끗하고 고매했으며 그의 문학도 소박하고 아름다웠다. 그는 글과 똑같이 생활했다. 슈바이처는 타골을 인도의 괴테라고 불렀고, 간디는 '그는 우리의 감성을 항상 기쁘고 깊게 하고 그의 말소리는 인도 국민의 양심의 소리' 라고 했다. 그는 성직자들은 천국으로 데려다 준다고 하고, 정치가들은 천국을 갖다 준다며 제도만 바꾸면 낙원이 땅에 내려올 것 같이 말하지만 인간의 지혜와 성격 그리고 남의 권리를 존중할 줄 아는 시민의 덕을 강조해야 한다고 했다.

그의 시집은 타골의 모국어인 뱅갈어로 씌어졌다. 그런데 그가 영어로 옮긴 시가 모국어만큼 아름답지 않았다. 그래서 그때 인도에 살고 있던 선교사 앤드류에게 부탁하여 잘못된 부분이 있으면 지적해 달라고 했다. 앤드류는 아름다운 그의 시에 깊게 감명을 받았으나 다만 네 구절을 지적하면서 이곳만 바꾸면 흠잡을 데 없는 완벽한 시가 될 것이라고 말했다. 그래서 타골은 앤드류의 의견에 따라 네 구절을 바꾸었다. 그 뒤 타골이 영국시인들의 모임에서 〈기탄잘리〉를 노래하자 모든 사람들이 크게 감명을 받았다. 그런데 그 자리에 참석했던 예이츠(Yeats)가 타골에게 시가 아주 훌륭하나 네 구절에서 무엇인가 잘못되었다고 했다. 시의 흐름이 끊겨 있어 가슴에 있는 그대의 말이 아니라면서 자신의 언어로 다시 바꾸라고 했다.

그 구절은 앤드류가 고쳐준 구절이었다. 예이츠는 타골의 원고를 여러 날 동안 가지고 다니면서 기차 안에서, 자동차 안에서 그리고 식당에서도 읽었다. 그리고 너무나 감격하고 있는 자신의 모습을 남들이 알 수 없게 하려고 원고를 덮어놓고 눈을 감고 앉아 있기도 했다. 이 시구 안에는 예이츠가 긴 세월 동안 꿈꾸어 오던 세계가 전개되고 있었다. 그리고 예이츠는 최고의 교양 작품이 보통 흙에서 자라난 풀과도 같으며, 이 시의 섬세한 부분까지도 앞으로 몇 세기에 걸쳐 인류의 귀한 보물로 남을 것이라고 말했다. 예이츠도 그 후에 자신의 시로 노벨 문학상을 받은 영국의 시인이다. 타골이 자신의 언어로 자신을 찾고, 자신의 주인으로 머물렀을 때 그의 시는 우리의 내면과 공감하고 있었다.

축복은 어디에나 있다

한 사람이 사냥을 하다가 활을 잘못 잡아 엄지 손가락을 잃었다. 따라 갔던 종이 주인의 깊은 상처를 치료하고 붕대를 감으면서 스승님에게 잘못된 일은 없습니다. 교훈을 얻었다고 생각하면 이 일에서도 배울 것이 있을 것이라며 주인을 위로했다. 그러자 주인은 하인 주제에 감히 주인을 가르치려 한다며 화를 내면서 종을 우물 속에 던져버리고 혼자서 사냥을 계속했다. 얼마 후 주인은 산적들에게 붙잡혀 끌려갔고 산적들은 그를 산신령에게 제물로 바치려 했다. 그러나 산적들은 붕대가 감긴 손가락을 보고 제물은 건강한 육신을 가져야 한다면서 풀어주었다. 그때야 주인은 하인에게 했던 자신의 행동이 부당했음을 깨닫고 우물로 달려가 하인을 꺼내주고 자신의 잘못을 빌었다. 그러자 종은 주인에게 아무런 잘못도 하시지 않았을 뿐 아니라 건강한 육신을 가진 자신이 스승님을 모시고 갔더라면 자신이 제물로 죽었을 것이라면서 오히려 목숨을 살려주어 고맙다고 말했다. 우리가 마음을 열어 무언가를 배우겠다는 마음만 먹으면 잘못이라고 생각되는 일도 교훈이 되고 축복이 될 수도 있다. 갓난아이가 넘어지지 않고 걷는 법을 다 배울 수는 없듯이 실패와 성공은 서로 짝지어져 있다. 아무리 힘든 순간에 처하더라도 자기 연민에 빠질 필요는 없다. 일어나 먼지를 툭툭 털고 계속해서 걸어가야 한다. 그리고 그 실수에서 배울 것을 찾아 성공에 필요한 소중한 기회로 활용해야 한다. 실패를 실패로 바라보기만 하면 절망과 실망을 떨칠 수 없고 좌절감에서 벗어날 수 없다. 나의 기분을 상하게 하는 사람이 있다면 그는 내가 나 자신에 대해 더 많이 알 수 있도록 도와주는 사람이라고 생각하자. 나를 화나게 하고 나를 배신하는 사람 때문에 나는 더 현명해지고 강해질 수 있다. 또 다른 역경을 이겨낼 수 있는 교훈을 얻을 수도 있다. 넘어지는 것은 수치가 아니나 그 자리에 누워 불평하는 것은 수치이다. 고난은 인간이 가장 싫어하는 것이지만 삶에서 이보다 더 필요한 것은 없다. 고난을 사랑하는 사람만이 인생을 참되게 살아갈 수 있다. 고난을 안 사람만이 삶을 안 사람이다.

우리는 항상 옳은 일만 하기는 어렵다. 예전보다 조금 나아졌을 뿐이라는 생각을 갖자. 끊임없이 자신만이 옳다고 주장하지 말자. 다른 사람을 비난하기를 그만두고 내 잘못을 살피면서 책임을 나에게서 찾으면 더 나은 인생을 살아갈 수 있다. 자기 잘못을 인정하는 것은 힘이 들고 때로는 비굴한 느낌도 갖게 한다. 그러나 내가 실수했다거나 내가 잘못했다고 말할 수 있는 사람은 자신의 인생에 자신감을 갖고 있는 자이며, 그에게는 새로운 힘이 솟고 행복이 찾아온다. 자신의 잘못을 감추는 사람은 약하지만 실수를 인정할 수 있는 사람은 강하여 계속 성장할 수 있다. 자신만이 항상 옳아야 한다는 생각을 떨칠 수 있을 때 긴장은 사라지고 마음의 평화가 찾아와 매사에 자신감이 생긴다. 자신의 잘못을 즉시 인정할 때 마음은 가벼워지고 마음의 평화도 얻게 된다.

우리는 누구나 매순간 선택을 한다. 그 선택은 다시는 번복할 수 없다. 하루하루가 마지막인 것처럼 매일을 충실하게 살면 더 이상 후회는 없다. 혀와 펜으로 할 수 있는 말 중에 가장 슬픈 말은 '그랬더라면!' 이다. 다른 사람과 자신을 비교하는 것은 정신의 성장을 방해한다. 다른 사람이 갖고 있는 것만을 바라보면 자신이 얼마나 많은 것을 갖고 있는지 알지 못한다. 자신이야말로 남들이 받지 못한 또 다른 축복을 받았음을 알지 못한다. 내가 받은 축복은 다른 사람이 받은 것과 다를 뿐이다. 질투는 이기적인 생각이고 열등감만 더해 간다. 다른 사람의 축복을 기뻐하고 감사할 때 나의 축복이 더욱 커진다. 기쁜 일을 함께 하면 똑같이 기뻐한다.

세상에서 제일 신비롭고 신통한 것은 나다. 우주보다도 세계보다도 큰 것이 나다. 일체가 내 안에 있다. 세상에 나처럼 큰 것은 없다. 내 속에서 정의의 불이 타고 있고, 진리의 빛이 빛나고 있고, 생명의 샘이 흐르고 있다. 아름다운 자연이 내 속에 있고, 끓어오르는 생각과 알 수 없는 신비가 내 속에 있다. 베토벤은 들을 수가 없는데도 음악을 창조했다. 밀턴은 보지 못하면서 〈실락원〉을 썼고, 단테는 조국에서 쫓겨난 상황에서 〈신곡〉을 썼다. 무엇보다 중요한 것은 몰입이다. 정신없이 빠져들어 시간조차도 망각하고 일상의 근심 걱정에서 벗어나 편안함을 느낄 수 있는 활동이 있어야 한다. 그때는 시간이 정지한 것 같고 아무 소리도 들리지 않는다. 진심으로 좋아하고 자신을 표현할 수 있는 일을 찾아 몰입의 경지를 경험해 보자. 그보다 순수한 기쁨은 없다. 무엇을 선택하든 거기에 폭 빠져들어 그 활동으로 자신을 계발하자. 영혼의 핵심으로 파고드는 일만큼 신나고 즐거운 일은 없다.

이것저것 많이 알기보다는 한 길을 걸어가는 사람이 있다. 그에게는 목적이 있고 정열이 있다. 우리는 그런 사람을 찾아 따라가야 한다. 우리는 그의 정열에 감격해야 한다. 그때 우리는 다함께 감격과 정열과 보람을 느낀다. 그 힘은 지식이나 기술의 힘이 아니고 자연의 힘도 아니다. 그 힘은 정신의 힘이요, 인격의 힘이요, 실존의 힘이다. 그들을 좇아가다 보면 그들은 자기도 모르는 사이에 어느덧 자기 자신도 하나의 진실한 존재가 되고, 자신에게서 힘이 솟아나고 빛이 피어남을 느끼게 된다. 계란이 어미닭의 품안에서 깨어나듯이 새로운 존재가 된다.

흐름만이 영원하다

헤라클레이토스는 오직 변화만이 영원하다고 했다. 삶은 변화하고 있다. 그는 영원한 순환을 믿었다. 같은 강물 속에 두 번 들어갈 수 없다. 한 번 들어가고 다음 번에 또 들어갈 때 그 강물은 이미 이동했다. 모든 것이 순환 속에 있다. 고정되어 있는 것은 아무 것도 없다. 어떤 사람이 붓다를 찾아와서 욕하고 얼굴에 침을 뱉었다. 붓다는 얼굴을 닦고 나서 이제 더 할 말이 없느냐고 물었다. 그 사람은 붓다가 이렇게 반응할지는 몰랐기 때문에 당황했다. 그날 밤 그 사람은 죄책감 때문에 한 잠도 못 자고 다음 날 아침 붓다를 찾아가 무릎을 꿇고 용서를 구했다. 그러자 붓다는 어젯밤 나의 얼굴에 침을 뱉은 사람은 여기에 있지 않고 내가 모욕을 당했던 것 또한 이제 존재하지 않는데 누가 누구를 용서하겠느냐며 그 일은 잊어버리라고 했다.

이제 우리는 어제의 우리가 아니라 새로운 우리이다. 모든 것은 유전한다. 고정된 것은 없다. 어떤 것에도 매달리지 않아야 한다. 이것이 헤라클레이토스의 메시지이다. 눈을 감고 있으면 태양을 볼 수 없다. 너무 어둡기 때문이다. 그리고 태양이 너무 밝게 빛나도 태양을 볼 수 없다. 삶과 죽음은 별개의 현상이 아니다. 사람은 태어나는 순간 죽기 시작한다. 마찬가지로 사람은 죽는 순간 다시 살기 시작한다. 그들은 서로의 속에 내재하면서 서로를 보완하고 있다. 노자가 세 가지 보물에 대해서 이야기했다. 하나는 사랑이고, 다음 하나는 결코 극단으로 가지 말라는 것이고, 그리고 마지막으로 세 번째 보물은 자연스러워지라는 것이다. 그러면 모든 것은 스스로 이루어진다고 했다. 노자는 결코 극단으로 가지 말라고 했다.

삶은 항상 흘러가고 있다. 그 흐름과 함께 움직이자. 그 흐름을 받아들이자. 학교에서는 검은 칠판 위에 흰 글씨를 쓴다. 흰 칠판 위에 흰 글씨를 쓰면 아무 소용이 없다. 검은 것이 배경이 되어야 하얀 것이 나타난다. 그 둘 사이에는 서로 대조되는 긴장이 있다. 서로 대립적이다. 그러나 그 대립 속에 숨은 조화가 있는 것이다. 하얀 색은 검은 색 위에서 더 하얗게 보인다. 그것이 조화이다. 유태인이 예수를 십자가에 못 박지 않았더라면 예수는 지금까지 살아 있지 못했을 것이다. 그가 아직까지 살아 있는 것은 십자가 때문이다. 예수는 검은 칠판 위에 쓰여진 하얀 글씨였다. 도덕적인 사람은 표면에서만 조화를 이룬다. 그러나 종교적인 사람은 중심에서 조화를 이룬다. 예수는 원수를 사랑하라고 하면서도 채찍을 들고 환전상들을 내쫓았다. 그래서 베트란트 러셀은 예수의 이런 모순성을 지적하고 예수를 노이로제에 걸린 사람 같다고 했다. 러셀은 예수가 숨은 조화 속에 있었음을 몰랐다. 러셀은 도덕주의자이지 종교적 인간은 아니었다. 강은 왼쪽으로도 흐르고 오른쪽으로도 흐르나 결국 바다에 이른다. 거기에 숨은 조화가 있다. 어느 방향으로 가든 강은 항상 바다를 향해서 움직이고 있다. 숨은 조화는 드러난 것보다 뛰어나다.

모하메드가 생존했을 때 아랍에는 여자들이 남자보다 네 배나 많았다. 수 많은 전쟁 때문이었다. 그래서 모하메드는 한 남자가 네 명의 여자와 결혼할 수 있는 규칙을 만들었다. 그리고 자신은 아홉 명의 아내를 거느렸다. 세월은 흘러 이제 남녀의 수는 균형을 이루고 있다. 그런데도 모하메드교인들은 특히 그곳의 시골에서는 아직도 그 규칙을 따르고 있다. 이제 그것은 추한 것이 되어버렸는데도 그들은 코란을 변절없이 따르고 있다. 자이나교에서도 그들은 마하비라가 마지막 성자라고 한다. 이제 더 이상의 성자는 나오지 않는다고 한다. 그들은 문을 닫아버렸다. 경전이 그들을 위해서 있지 않고 그들이 경전을 위해서 있다.

숨은 조화에 이르기 위해서는 모두 자각해야 한다. 그것이 비밀의 열쇠이다. 헤라클레이토스는 분노도 이용하고 증오도 친구로 만들면 사랑이 더욱 깊이 성장한다고 했다. 그것들이 사랑을 더욱 성장시키고 아름답게 만드는 토양이고 소금이다. 원수는 원수가 아니고 곧 친구이다. 숨은 조화 속에 들어오면 원수와 친구는 하나이다. 대립되는 것은 적이 아니라 하나의 배경일 뿐이다. 대립은 화합을 가져오고 불화로부터 가장 아름다운 조화가 나온다. 죄인이 없는 세계는 성자도 없다. 성자는 죄인 없이는 존재하지 못한다. 죄인은 성자를 필요로 하고 성자는 죄인을 필요로 한다. 그들은 양극성의 존재이고 거기에 숨은 조화가 있다. 악마가 없으면 신이 존재할 수 없기 때문에 신이 악마를 이용한다. 아담이 악마에게 이용당할 때 사실 악마(Devil)라는 단어는 신성(Divine)을 의미하는 산스크리트어 'dcv'에서 나왔다. 두 단어는 가지만 다를 뿐 뿌리는 하나이다. 한 가지는 악마가 되고 한 가지는 신성이 되었다. 여기에 깊은 숨은 조화가 있었다. 만일 악마가 존재한다면 그것은 신이 창조한 것이다.

종교적이 된다고 함은 그리스도교인이 되는 것도 아니고 힌두교인이 되는 것도 아니며, 불교인이 되는 것도 아니다. 그런데 불교인은 그리스도교인을 불교인으로 만들려 하고 유태교인은 회교도인을 유태교인으로 만들려고 한다. 그러면서 자기들만이 천국으로 가는 유일한 열쇠를 가지고 있으며 그리고 그들이 아니면 다른 사람들은 모두 지옥으로 간다고 믿고 있다. 그들의 말을 믿고 사람들이 모두 개종하기 시작하면 진리로 가는 길은 더욱 찾기 어려워진다. 길은 많다. 그 동안 많은 진리로 가는 길들이 우리를 진리로 이끌어 왔다. 인간은 합리적 동물이 아니라 그저 합리화하는 동물에 지나지 않는다. 그리고 그것은 단순히 불합리한 것보다 더 위험하다.

한 술꾼이 바텐더에게 물과 술을 한 잔씩 주문하고는 물컵 속에 구더기를 한 마리 떨어뜨렸다. 잠시 구더기가 돌아다닌 것을 바라본 뒤 남자는 물에서 구더기를 건져 이번에는 위스키 잔에 떨어뜨렸다. 구더기는 당연히 얼마 지나지 않아 죽어 버렸다. 그러자 술꾼은 우리가 계속 위스키를 마시고 있는 동안은 절대로 기생충 때문에 고생할 필요가 없다는 증거라며 계속 술을 마셨다.

그리스도교 선교사들이 처음으로 아프리카에 와서 신은 하얗게 묘사하고 악마는 까맣게 묘사하자, 흑인들은 선교사의 말을 들으려

하지 않았다. 그래서 악마를 하얗게 묘사하고 신을 까맣게 묘사하자 흑인들은 매우 기뻐하면서 그들의 말을 잘 받아들였다. 흑인들은 신을 그들 자신의 모습대로 묘사한다. 우리는 항상 우리 자신의 이미지대로 신을 창조한다. 영국과 독일이 전쟁을 할 때, 두 나라 장군들은 서로 기도를 하면서 자신들의 승리를 기원했다. 모든 사람들이 신은 자기들 편이라고 생각하고 있었다. 이런 기도 때문에 신은 무척 고통스러웠을 것이다. 신은 빛이라고 말한다. 인간은 어둠을 두려워하고 빛이 있을 때를 좋아한다.

그런데 엣세네(Essenes)라는 학교에서는 신을 어둠이라고 말했다. 엣세네는 기원전 2세기경 팔레스타인에 유행했던 유태교의 한 종파였다. 그들은 다른 극단으로 간 사람들이다. 그러나 생각해 보자. 사람들은 빛 속에서는 두려워하지 않는다. 사물을 볼 수 있기 때문이다. 그때는 누구도 다른 사람에게 해를 끼치지 못한다. 반면 어둠 속에서는 두려움이 생긴다. 어둠은 밖으로 알려지지 않은 것을 상징한다. 어둠 속에서는 주변에 무슨 일이 일어나는지 알 수 없고 무슨 일이든 일어날 가능성이 있다. 어둠에서도 아름다움이 있고 빛은 왔다 가지만 어둠은 항상 남아 있다. 어둠은 신비하고 영원하다. 방안이 어두우면 불을 켜서 빛을 가져올 수 있지만 어둠은 가져올 수 없다. 어둠은 조종할 수 없다. 어둠은 우리의 힘 너머에 있다. 어둠은 어떤 원인도 없이 존재했고 앞으로도 항상 그러할 것이다. 그래서 엣세네에서는 어둠을 신의 상징으로 선택했다. 그러나 헤라클레이토스는 신을 낮이면서 밤이고, 겨울이면서 여름이며, 전쟁이면서 평화라고 했다. 양자를 다 선택했다.

희망의 씨를 뿌리자

그동안 우리는 경제성장의 흐름을 타고 소중하고 귀한 것을 등진 채 함부로 버리면서 잘못 살아 왔다. 가진 것이 늘어나 생활은 편리해졌지만 인간의 정신과 덕성은 날로 피폐되었다. 아름다운 인정과 풍습은 사라지고 우리의 기상도 나약해졌다. 상품광고의 용어들이 너무나 비정하다. 무한경쟁시대이기 때문에 일류가 아니면 살아남지 못할 것이라면서 정복할 것이냐 아니면 정복달할 것이냐고 묻는다. 지금의 자본주의 경제 현실에서 이해하려고 하면서도 말 속의 냉혹한 야만성이 귀에 거슬린다. 인간의 이기적인 야만성 때문에 이제 자연은 통곡하고 있다. 안타깝다. 이제 전국이 자동차 길로 뒤덮이고 있다. 무엇을 위한 개발이 될지 앞이 어둡다. 자연의 질서와 조화를 깨뜨리면 자연도 무너지고 결국 사람도 살 수 없게 된다. 자연의 은덕에 보답하는 지혜를 펼쳐야 한다.

우리는 한정된 자원 속에서 살아가는 유한한 인간이다. 때문에 무한한 경제성장의 추구는 그 자체가 잘못이다. 지금 분수에 넘치는 대량생산, 대량소비는 잘못된 소비주의적 경제방식이다. 그 결과 자원고갈과 환경파괴는 물론 인간성 상실로 인한 사회적 불안까지 야기되고 있다. 우리는 허세와 과시욕 등의 거품을 빼고 새롭게 태어나야 한다.

이기적인 욕망이나 소유에서 오는 쾌락을 생활의 전부라고 보는 사람들은 그 목적을 채우기 위해 사회악을 증폭시키기 쉽다. 생활의 목적과 방향이 잘못되면 악의 길을 가게 된다. 따라서 인간다운 삶을 위해서는 선한 의지와 가치 있는 목표가 있어야 한다. 기술의 개발과 발전이 아무리 소중하더라도 그 자체는 수단일 뿐 목적은 될 수 없다. 이것들은 더 좋은 삶을 위한 수단과 방편일 뿐이다. 삶의 궁극적 목적은 어떻게 하면 좀 더 많은 사람들이 인간답고 행복하게 살 수 있는가를 돕는 데 두어야 한다. 우리는 자연과의 조화 속에서만 행복한 삶을 누릴 수 있다. 아울러 자연의 법칙으로부터 올바른 삶의 태도를 배워야 한다. 지금의 우리는 미래의 후손들로부터 자연을 잠시 빌렸다는 사실을 이해해야 한다. 자연을 잘 유지시켜 돌려주고 자연의 많은 보물들을 지켜주어야 한다. 직업과 환경을 두고 우선순위를 정할 때는 환경이 우선되어야 한다. 미래가 녹색이 아니라면 우리는 많은 것을 잃게 될 것이기 때문이다.

생각하면 착잡하고 암담하고 두렵다. 한 시대를 비판적으로만 보는 사람들에게는 세상은 언제나 말세였고 난세였다. 좋게 보아 과도기였을 뿐이다. 우리가 지금의 현실을 어떻게 받아들이느냐에 따라 지금이 말세일 수도 있고 과도기일 수도 있다. 그 동안 우리는 더 크고 더 새롭고 더 비싼 것만을 추구하다가 삶의 질을 수용할 정신적

여유를 잃어버렸다.

지금 많은 사람들이 소유의 극대화, 향락의 극대화의 길에서 행복을 구하고 있다. 그러나 행복을 위해서 가장 중요한 것은 마음의 평화, 자아의 성장, 공동체 안에서의 떳떳한 역할 그리고 아름답고 선한 인간관계 등이다. 인류가 추구해야 할 공동목표는 자유와 평등과 우애의 사회를 건설하는 일이다.

그릇된 행복관에 젖어 있는 동안 사람들은 법을 어기고 윤리를 배반하게 된다. 많은 사람들이 착각에 사로잡혀 있다. 물질문명 속에서 일어나고 있는 자기 상실은 심각한 문제이다. 인류는 자신이 만든 것들에 의해 지배당하고 있으며 매일매일 홍수처럼 쏟아지고 있는 상품과 그 광고에 매몰되어 있다. 인류는 자신이 만든 조직과 대중매체들에 의해 자신의 모습을 잃고 주인의 자리에서 밀려나고 있다.

그러나 어두운 생각 속에만 갇혀 살면 우리들의 삶 자체가 어두워진다. 이제 어느 때보다도 새로 시작한다는 결의와 각오가 요구된다. 진정한 인간의 행복과 삶의 의미가 어디에 있는지를 다시 묻고 생각을 바꾸어야 한다. 비관적이고 절망적인 한탄이 아니라 새로운 희망과 꿈과 의지를 가지고 살아가야 한다. 비관과 절망이 죽음에 이르는 병이라면 낙관과 희망은 건전한 삶에 이르는 새로운 길이다. 인생은 끝없는 시도이고 실험이다. 걱정과 근심에 차 있는 사람에게는 늘 근심과 걱정만이 이어온다. 그러나 희망과 신념에 차 있는 사람은 희망에 찬 우주를 자기 쪽으로 끌어들인다. 순간순간을 최선을 다하며 살아가야 봄이 일찍 찾아온다. 덜 갖고도 우리는 더 많이 존재할 수 있다. 절약하면 텅 비어 있어도 언젠가는 다시 찰 수 있고 절약하지 않으면 가득 차 있어도 언젠가는 마르게 된다. 삶의 방식은 소유와 소비지향적인 데서 존재지향적으로 바뀌어야 한다. 크고 많은 것보다 작고 적은 것 속에 삶의 향기와 아름다움과 고마움이 있다는 사실을 깨달아야 한다. 그때 낡은 문은 닫히고 새 문이 열린다. 얼어붙은 대지에서 봄이 솟아오른다. 좌절하지 말고 희망의 씨를 뿌리자. 세월에는 시작도 없고 끝도 없다. 해가 바뀌면 나이가 어린 사람은 한 살이 보태지고 나이가 많은 사람은 한 살이 줄어든다. 그렇지만 해가 바뀌어도 보태지거나 줄어드는 일에 상관없는 사람이 있다. 순간순간 자신이 놓여 있는 자리를 안으로 살펴보면서 깨어 있는 사람은 세월의 물결에 휩쓸리지 않는다. 그것이 삶의 지혜이다. 지혜는 조화와 균형을 갖춘 영혼의 빛이다. 이 풍진 세상의 경험을 통해 몸소 가꾸어진 지혜 속에는 우리가 헤쳐가야 할 삶의 길이 있다. 인류의 스승들은 지나가 버린 것을 슬퍼하지 말고 오늘 할 일을 부지런히 행하라했다. 현재를 충실히 살고 있는 사람은 늘 생기에 넘친다. 그러나 오지 않는 것을 탐내거나 지나간 과거사에 연연해하는 사람은 꺾인 갈대처럼 시들고 만다. 인생이 날마다 새로워질 때 우리는 영원한 삶을 산다.

제3부

인생을 위한 메시지

사랑의 은총

어미 독수리는 새끼를 낳으면 그 새끼를 물고 하늘 높이 날아가서는 땅으로 떨어뜨린다.

그리고 어미독수리는 살아남은 새끼만을 비로소 만조의 왕으로 축복한다.

하느님은 모든 민족을 수난 속에 떨어뜨려 놓고 자력으로 이를 극복하고 살아남은 민족만을 만국의 주관자로 세운다. 타락한 인간의 원죄는 뼈와 살을 깎는 고난을 통하여 씻겨진다.

고난은 인생을 깊게 만든다. 이마에 깊은 주름살이 생길 때 인간에게 깊은 지혜가 생긴다.

상처가 깊을수록 영혼에서 솟아오르는 향기는 짙다.

생명의 깊은 뜻은 눈물의 노래로 나타난다. 고난을 견디고 나야 인생이 진화한다.

배부른 돼지에게 이상은 없다. 밤잠을 못 이루며 베개에 눈물을 쏟을 때 하느님의 소리를 듣게 된다. 레닌은 '인간의 종착지는 무덤이다. 제2의 길이 있을 뿐이다' 고 말했다.

그러나 인간의 종착지는 사랑이다. 인류의 미래는 제3의 길이 있다.

그 길은 사랑이 열어주어야 할 길이며, 선택과 약속 그리고 승리의 부활의 길이다.

인간 최대의 비극적 타락은 사랑이 증오로 바뀌어진 것이다. 이러한 세계가 인간지옥이다.

인간의 삶속에 요청되는 것은 자유와 평등 그리고 사랑이다.

한 랍비가 죽기 전에 회개하라고 하자, 한 사람이 우리는 죽을 날을 모르는데 어떻게 해야 하느냐고 물었다. 그러자 랍비는 그렇다면 오늘 당장 회개하라고 말했다고 한다.

모른다고 해서 뒤로 미루지 말아야 한다. 내일 우리는 이 세상에 존재하지 않을지도 모른다. 우리가 가진 유일한 순간은 지금이고 여기는 우리의 유일한 장소이다.

우리는 이미 그자체로 준비가 되어 있다. 지금 이 순간을 즐길 때 행복은 따라온다.

행복은 꼬리에 있기 때문이다. 우리가 자신의 일에 몰두할 때 그것은 자연히 따라온다.

시인은 낡은 말과 글이 굳어버린 껍질을 깨고 거기에 새로운 생각과 느낌을 드러내 새순을 키워내는 사람이다. 마찬가지로 길을 거드는 사람의 마음자세는 늘 낯선 것 사이에서 온몸과 마음을 활시위처럼 팽팽하게 긴장시켜 주위 모든 것에 깊은 관심을 늘 자신을 내던짐으로써 스스로를 새로움으로 가득 차게 한다.

어린아이의 눈은 호기심으로 살아 있다. 늘 새로운 느낌, 새로운 눈으로 세상과 만나는 사람이 살아 있는 사람이다. 사랑이 삶의 궁극 표현인 것은 사랑하는 사람 눈에 비친 세상은 사랑 없는 사람의 눈에 비치는 세상과는 다르기 때문이다.

그들에게는 순간순간이 생명이고 창조이다. 그들은 사랑 속에서 일을 놀이로 만들고, 그 과정에서 생기는 상처와 고통도 온 가슴으로 끌어안는다.

사랑의 철학만이 인간적인 시대를 개막하기 위한 제3의 길이다.

사랑만이 지옥도 포용하여 꽃을 피워 향기로 진동케 한다. 사랑의 감동은 강도를 성자로 거듭나게 한다. 사랑 안에서는 슬픔과 고통도 기쁨으로 변한다. 사랑과 일치할 때 우리는 하느님이 계신 곳에서 하느님과 동거할 수 있다. 사랑은 꽃보다 아름답고 별보다 빛난다.

사랑의 종교가 최고의 종교요 사랑의 예술이 최고의 예술이다.

우리는 사랑에서 태어나서 사랑에서 살다가 사랑에서 죽는다. 그러나 사랑은 기술이 아니다. 아무도 사랑하는 법을 가르쳐 주지 않는다. 사랑은 자연스럽고 자발적이다.

거기에 어떤 기술이 있다면 그러한 기교는 오히려 장벽이 된다. 동물조차도 사랑하고 있다. 우리는 태어날 때 몇 가지를 함께 지니고 태어난다. 막 태어난 간난 아이에게 아무도 숨쉬는 법을 가르쳐 줄 수 없다.

배워야 숨을 쉴 수 있다면 누구도 살아남지 못한다.

갓난아이는 호흡하는 능력을 갖고 태어난다. 그것은 때가 되면 나무에 꽃이 피어나 듯 자연스러운 것이다. 또한 그 아이가 얼마만큼 자라면 이성에 대한 매력을 느끼기 시작한다.

아무도 그것을 가르쳐 주지 않았다. 오히려 선생과 부모는 그 반대로 가르쳐주었다.

그렇지만 그는 그것을 느꼈다. 태어날 때부터 그 속성을 지니고 태어났기 때문이다.

인류역사상 모든 종교와 문화 정치는 성을 억압하는 법을 가르쳐 왔다.

그러나 성을 억누르는 것은 불가능하다. 그것은 무엇보다도 강하다.

누구도 통제할 수 없다. 꽃을 피우는 나무더러 꽃을 피우지 말라 해도 꽃은 자연스럽게 핀다. 사랑도 그렇다. 오직 자연스럽게 살면서 자연과 함께 흘러가면 어느 날 갑자기 사랑의 은총이 내린 것을 깨닫게 된다.

걷는 즐거움과 자유

에스키모 사람들은 화가 났을 때 자연의 풍경을 바라보며 직선으로 걸어감으로써 자기의 몸에서 분노의 감정을 몰아낸다. 그리고 화가 풀린 지점을 지팡이로 표시하여 분노의 강도와 지속 시간을 알아본다. 걷기는 대지와의 만남이다. 대지는 아무것도 거절하지 않는다. 걷는 사람은 모든 것을 다 받아들이고 모든 것과 다 손잡을 수 있는 마음으로 세상의 구불구불한 길을 그리고 자기 자신의 내면의 길을 더듬어 간다. 걷는 것은 상징적으로는 성스러운 땅에 도달하는 데 그 목적이 있다. 자연과 길의 자력에 발을 맡기는 것이다. 산에서부터 흐르는 물줄기들이 강물이 되어 구불구불 흘러가지만 결국은 바다로 가는 가장 짧은 지름길을 찾고 있는 것처럼 걷는 것은 공간 속에서만이 아니라 인간의 내면 속으로 난 길을 찾아가는 것이다. 혼자 걸을 때 우리는 익숙한 세계를 벗어나 여러 가지 근심 걱정을 떨쳐 버리고 어떤 흥분을 경험하기도 한다. 걷기는 때로는 어떤 행동 속의 몰아지경인 황홀과 비슷하다. 걷는

데는 분명히 내 생각들에 활력과 생기를 부여하는 그 무엇이 있다.

한가로이 거니는 것, 그것은 시간을 중단시키는 것이 아니라 시간에 쫓기지 않고 오히려 시간과 조화를 이루는 것이다. 그것은 구애받지 않는 자유로움을 의미한다. 분주한 도시 한가운데서 아무런 구속도 받지 않고 자유롭게 누구의 관심에서도 벗어나 한가롭게 걷는 것만큼 기분 좋은 일도 흔하지 않다. 복잡한 도시 속을 거닐면서도 마치 깊은 숲 속을 걷고 있는 듯한 느낌을 받는다. 이때 마음은 공간과 시간을 넘어 물처럼 바람처럼 흐른다. 정신과 마음을 풀어놓고 세상과 약간 거리를 두고 무리와 대세로부터 한 걸음 옆으로 떨어져 나와 그들을 보고 나를 본다. 그것은 세상으로부터의 도피가 아니라 버리고 돌아오는 것이다. 균형잡힌 인생을 살기 위해서는 어느 정도 고독한 시간을 가져야 한다. 혼자만의 시간은 마음의 평화와 고요한 시간은 내 인생의 윤활유이다. 우리는 고독 속에서 안정감과 충만함을 얻을 수 있다. 우리는 혼란 속에서도 때때로 조용하고 평온한 내면의 나만의 장소를 마련해야 한다. 누구나 언제 어디서나 기운을 되찾고 긴장을 풀며 인생을 재충전할 수 있는 내면의 안식처를 찾아야 한다. 키에르케고르도 자신은 걸으면서 가장 풍요로운 생각들을 얻을 수 있었고 그때 쫓아 버릴 수 없을 만큼 무거운 생각은 하나도 없었다고 했다. 짜라투르트라도 오랫동안 걷는 길 위에서 심오한 영감이 떠올랐고, 육체적인 탄력과 충만을 얻을 수 있었다고 했다.

진정한 걷기 애호가는 구경거리를 찾아서 여행하는 것이 아니다. 즐거운 기분을 찾아서 여행한다. 걷는다는 것은 세계를 온전하게 경험하는 것이다. 아무 목적 없이 시간을 그냥 음미하며 전에 알지 못했던 장소들과 얼굴들을 발견하고 감각과 관능의 세계에 대한 지식을 확대한다. 걷기는 시간과 공간을 새로운 환희로 바꾸어 준다. 걸으면서 서두르지 않고 시간을 즐긴다.

걷는 사람은 시간의 부자다. 그는 한가로운 어떤 마을을 지나면서 휘휘 둘러보며 구경하고 산을 오르고 숲을 통과하고 아무데나 드러누워 하늘을 걸을 수 있다. 그때만이 진정한 자기 시간의 유일한 주인이다. 자기 시간 속에 몸담고 헤엄을 친다. 발걸음은 덧없음의 고뇌를 진정시켜 준다고 한다. 혼자서 걷는 것은 명상, 자연스러움, 소요의 모색이다. 옆에 누군가가 있으면 말을 하지 않을 수 없게 되고 의사소통의 의무를 지게 된다. 영국의 소설가 스티븐슨은 도보로 산책하는 맛을 제대로 즐기려면 혼자여야 하고 둘이서 하는 산책은 산책이 아니라 피크닉이 되고 만다고 했다. '피크닉'의 원래 뜻은 모두가 음식물을 가지고 와서 공동식탁을 꾸미는 회합이라는 뜻이다. 혼자 산책할 때는 마음 내키는 대로 발걸음을 멈추거나 계속하여 가거나 이쪽으로 가거나 저쪽으로 갈 수 있다. 그때 완전한 자유인이 될 수 있다. 그는 방 안에 있을 때는 남과 어울려 지내기를 즐기나 일단 밖에 나가면 자연만으로 충분하다며 들판에 나가면 들에 난 식물이 되어 지내고 싶다고 했다. 헨리 데이비드 소로는 자신이 만약 산책의 동반자를 찾는다면 자신이 자연과 하나가 되어 교감하는 어떤 내밀함을 포기하는 것이 된다며 사람들과 어울리고자 하는 취미는 자연을 멀리하게 되고 그렇게 되면 산책함으로써 얻게 되는 심오하고 신비한 그 무엇과 작별하게 된다고 했다.

소로는 고향의 길을 걸으면서 완전히 새로운 전망을 얻는 것은 커다란 행복이라며 매일 오후 두세 시간의 산책이 자신을 언제나 이상한 나라로 데려다 준다고 했다. 또한 걷기를 통해서 육체와 세상에 시달리지 않으면서 육체와 세상 속에 머물 수 있다고 했다. 걷는 것은 생각하는 것인 동시에 바라보는 것이다. 경치를 구경하며 생각할 수 있고 해방과 경이와 정화를 경험하게 된다.

장 자크 루소는 〈고백록〉에서 자신은 걸을 때 명상에 잠기나 걸음을 멈추면 생각도 멈춘다고 했다. 자기의 마음은 언제나 자신의 다리와 함께 작동한다고 했다. 루소는 자기만의 고독을 소중히 여겼다. 누가 자신에게 마차의 빈자리를 권하거나 길을 가던 사람이 가까이 올 때면 걸으면서 이룩해 온 큰 재산이 와르르 무너지는 기분이었다고 했다. 혼자서 걸으며 여행하던 때만큼 생각을 많이 하고 살아있음을 강하게 느끼고 강렬한 경험을 한 적이 없고 그때만큼 나 자신이 된 적은 없다며 걷기는 생각을 자극하고 생명력을 불어넣는 무언가가 있다고 했다. 정신을 움직이게 하려면 육체가 움직여야 한다고 했다. 그는 걷기를 소박함의 연습이자 사색으로 생각했다. 그는 저녁식사 후 혼자서 숲을 거닐며 앞으로 쓰게 될 작품들을 생각하다가 밤늦게 돌아오곤 했다. 루소는 스위스에서 파리까지 도보로 혼자 걸어간 보름 동안의 여행을 자기 생애에서 가장 행복했던 순간이라고 했다. 그렇게 많은 생각을 해 본적이 없었고 그렇게 뿌듯하게 존재하고 살아 본 적이 없었다고 했다. 혼자 걸어가면서 했던 생각들 속에서만큼 나 자신이었던 적은 없었다고 했다. 루소보다 100년 뒤에 태어난 키에르케고르도 커다란 기쁨은 매일같이 도시의 거리를 거니는 것이었다. 사람들과 어울리지 못하는 그에게 거리를 걷는 일이란 사람들 틈에 낄 수 있는 방법이었다. 고독한 그는 아는 사람들의 인사, 짧은 마주침, 들려오는 이야기소리에서 희미하나마 온기를 느꼈다. 그리고 그는 사람들이 많이 모인 곳에서 홀로 앉아있을 때 상상력이 활발하게 움직인다고 했고, 그 짬을 놓치지 않고 작품을 구상하고 진행했다. 그의 유명한 작품 〈이것이냐, 저것이냐〉도 걸으면서 구상했다. 아리스토텔레스도 걸으면서 강의하고 가르쳤기 때문에 이곳 출신의 철학자들을 소요하는 철학자 또는 소요학파라고 불렀다. 이곳 숲 속에 아리스토텔레스의 학당이 세워졌다. 그 뒤로도 우리는 오랫동안 걷기와 철학 사이에는 어떤 관계가 있다고 믿어왔다. 우리는 헤겔, 칸트, 케에르케고가 각자 자신의 마을에서 걸었다는 철학자의 거리들을 기억하고 있다. 제러미 벤담과 존 스튜어트 밀을 비롯한 수많은 철학자들이 먼 길을 걸었고, 토마스 홉스도 휴대용 잉크병이 장착된 지팡이를 가지고 걷다가 생각이 떠오르면 그때그때 기록했다. 젊은 시절의 프리드리히 니체는 기분전환을 위해서 세 가지에 의존했다며 쇼펜하우어와 슈만의 음악 그리고 혼자만의 산책을 들었다. 니체는 소나무 숲과 산들이 보이는 농가에서 일곱해 여름을 보냈다. 그는 아침 다섯시에 잠자리에서 일어나 정오까지 작업을 했으며, 마을을 에워싸고 있는 산봉우리를 올랐다. 그러면서 그는 자연으로부터 인간의 삶에서 긍정적인 요소들과 부정적인 요소들 즉 완성과 고난의 상호 의존성을 유추해 냈다.

걸을 때 자신은 스스로의 주인이 된다. 걷는 것을 통해서 우리의 세계는 내부와 외부로 확장된다. 걷는 사람은 자유롭다. 그리고 자신을 들여다 볼 수 있다. 걸으면 자기 자신으로부터 나올 수도 있고 걸으면서 자기 자신과 만날 수도 있다. 괴테는 '아무것도 찾지 않으면서 숲 속에서 혼자 걸었다. 그것이 내 의도였다.' 라고 쓰고 있다. 야외에서 자유로운 움직임에서 나온 생각을 믿으라고도 한다. 걸을 때는 공간이 열리고 빈 공간들이 춤을 춘다. 걷는 사람은 높은 나무의 소리를 듣고 자신에게로 갈 수 있다. 걷는 것과 사고하는 것은 두 가지 형태의 동일한 개념이라고 한다. 걷기를 좋아하는 사람은 생각하기를 선호한다. 걸으면서 사람들은 다양한 충동에 마음을 연다. 연상, 사고의 조합, 이념의 소용돌이에 마음을 연다. 걸으면 육체와 마음이 함께 산책한다.

믿음, 희망 그리고 용기

미국 해병 위랜드는 월남전에서 지뢰를 밟아 두 다리를 잃었다. 구사일생으로 살아 남은 그는 자기를 살려준 친구가 원망스러웠다. 그때 차라리 죽었더라면 좋았을 것이라고 생각하였다. 앞이 캄캄하고 절망적이었다. 그는 겨우 스물 네 살이었다. 누구의 위로도 그에게는 도움이 되지 않았다. 병원에 누워서 자살을 결심했다. 유난히도 맑고 따뜻한 어느 봄날 침대에 누워 있던 그의 눈길과 마주친 것은 작은 상자 안에서 온갖 재주를 부리고 있는 도마뱀이었다. 도마뱀은 좁은 공간에서 잠시도 쉬지 않고 움직이며 재미있게 놀고 있었다. 도마뱀은 뒷다리는 없고 앞다리만 두 개 있는데 그 두 다리로 물구나무서기를 아무 불편 없이 하고 있다. 위랜드는 엎드려 기쁨의 눈물을 흘렸다. 그리고 두 다리 없이도 살 수 있다고 확신했다. 야전 병원 한 군의관의 현명한 지혜가 자살 직전의 한 동료에게 믿음과 희망과 용기를 주었다. 그는 두 다리가 없는 도마뱀보다 더 열심히 신나게 행동할 수 있는 자신이 되겠다고 결심했다. 그는 고향에 돌아가 밤낮없이 열심히 훈련을 하였다. 그는 물구나무서기를 시작하고 두 팔로 거꾸로 걸었다. 그는 LA마라톤에 참가하여 두 손으로 74시간 8분 46초를 달렸다. 기적이었다. 3일 2시간을 물구나무를 서서 달린 것이다. 1982년에는 두 팔로 걸어 3년 8개월 6일만에 북미대륙 4,405km를 횡단했다. 그가 미조리에 도착했을 때 월남전에서 피투성이가 된 그를 헬리콥터까지 업고 간 전우가 나와서 얼싸안고 울었다. 그는 신만이 나의 곁에 있었다고 했다. 인간의 믿음과 용기가 이루어 낸 기적이다. 먹고 입고 사는 것이 풍족해지면서 신까지 버리고 무기력해진 인간에게는 그는 신성한 영웅으로 별처럼 떠올랐다.

나에게 권태로운 날이라고는 단 하루도 없다. 어떤 목표를 세우고 그것을 해내는 것이 사는 재미이다. 절망하고 안 된다고 생각하면 다리가 열두 개가 있어도 그의 인생은 끝장이다. 산다는 것은 남들과의 경쟁이 아니며 나의 의지와의 경쟁이다. 성서는 겨자씨만한 믿음을 이야기했다. 신념 때문에 불가능이 가능해지고 죽은 사람도 부활한다. 믿음은 삶의 의미이고 지적 깨달음이다. 위랜드는 미국의 젊은이들에게 제2의 청교도정신(Puritanism)을 깨닫게 했다. 인간은 감격했을 때 새로운 자각이 생긴다. 또한 새 마음을 갖고 새롭게 결심하고 선택하고 출발한다. 낡은 자기가 죽고 새로운 자기가 태어난다. 앉은뱅이가 일어나고 소경이 눈을 뜬다. 우리는 실패도 값진 영광으로 기억하고, 노력하여 감격의 순간을 찾아야 한다. 감격 없는 인생에는 빛이 없다. 감격하기 위해서도 신념과 용기를 가져야 한다. 감격이 새로운 빛을 발견한다. 새로운 용기를 찾아준다. 도마뱀을 바라보면서 받은 감격이 위랜드에게 영감과 빛을 주었다. 남아프리카 공화국의 넬슨 만델라 대통령은 인종차별의 타파와 평등한 인권과 자유를 위해 투쟁하다 감옥에서 27년을 보냈다. 그는 자서전에서 감옥에서 27년을 견디어 낼 수 있었던 것은 성서를 읽을 수 있었기 때문이며, 믿음 때문이라고 했다. 그는 일생을 관용과 화해와 사랑의 정신 그리고 순교자적 열정으로 헌신하고 있다. 그는 우리 나라에도 다녀갔는데 진실하고 겸허한 사랑의 전도사 같았다. 테레사 수녀는 노벨상 수상식 기념사에서 인간의 진정한 배고픔은 물질적 빈곤이 아니라 사랑의 빈곤이라고 말했다. 우리 모두 인간의 존재 의미를 다시 생각해 보자.

성서는 고전중의 고전이다. 성서만큼 깊고 넓게 도덕적인 감화를 끼친 책은 없다. 기원 3~4세기에 유럽은 성서를 가졌지만 아프리카에는 번역된 성서가 없었다. 그것이 아프리카와 유럽을 갈라놓았다. 남미와 북미의 차이도 바로 성서가 있었느냐 없었느냐에서 오는 것이었다. 괴테는 독일이 위대했던 것은 독일인이 독일어 성서를 갖고 있었기 때문이라고 했다. 빅토르 위고는 영국민은 세익스피어와 성서를 가진 국민인데, 성서는 영국을 만든 책이며 세익스피어의 문학은 영국이 만든 정신이라 했다. 성서를 읽는 사람은 정신적으로나 사회적으로 노예가 되지 않는다. 성서는 죽은 자에게도 부활을 약속한다. 우리는 진정 겸허하고 경건한 마음으로 성서를 읽어야 한다.

우리는 양심 때문에 즐겁고 양심 때문에 괴로워 한다. 인간됨의 가치는 본질적으로 양심을 가지고 아름다운 삶을 꾸려가는 데 있기 때문이다. 파우스트는 선과 진리와 사랑을 위해 고뇌하고 있다. 선의 본체와 양심과 하느님을 찾기 위해 고뇌하고 있다. 양심은 인간의 마음의 작용이다. 인간은 양심이 있기에 이상 세계 실현이 가능하고 종교와 도덕과 윤리교육이 가능하다. 십자가 위에 매달려 순교한 예수 그리스도의 양심의 순수성이 전 세계를 감동시켰다. 인간은 정직하고 순수하고 아름답고 깨끗한 양심 때문에 진실하고 조화로운 인간 세계를 창조할 수 있으며 존귀하고 존엄한 존재가 된다. 카알라일은 '네 자신부터 정직한 사람이 되라! 그러면 좌우간 이 세상에 정직하지 못한 사람의 수가 하나라도 줄어들 것이 아니냐.' 라고 했다. 인간은 신화 없이는 살아갈 수 없다. 상상력 곧 직관이 없는 이성은 인간의 내면과 외면 세계를 황폐한 사막으로 만든다. 상상력이 결여된 이상은 파괴와 폐허와 죽음을 몰고 올 뿐이다. 우리는 잃었던 신화를 다시 찾아야 한다. 그래야 인간과 우주를 창조한 신을 찾을 수 있다. 가치라는 것은 인간의 생을 보람 있게 해주는 근원이며 아름다운 사회를 만드는 터전이 된다. 가치에는 높고 낮은 우열이 있기 때문에 그것을 판단할 줄 알아야 한다. 하늘에는 별이 있고 땅에는 꽃이 있고 인간에게는 사랑이 있다. 이 사랑은 절대적 가치이며 유일무이한 덕목이다. 영원불멸의 가치이다.

석가의 가르침을 받은 사람들에는 아라한(阿羅漢)과 보살(菩薩)이 있다. 깨달음을 얻기 위해 모든 노력을 다 바치고, 한 번 깨달음을 얻고 나면 어둠 속에서 방황하고 있는 사람들에 대해서는 완전히 잊어버리고 다른 사람에게는 절대로 간섭하지 않는 사람들이 아라한이다. 그들은 자비심까지도 집착이라고 말한다. 자비심이 아무리 아름답고 훌륭하다 하더라도 그것은 또 하나의 욕망이며, 욕망이란 좋든 나쁘든 하나의 구속을 가져오고, 황금사슬일망정 사슬임에는 틀림없다고 말한다. 그들은 자비심을 욕망에 대한 아름다운 이름일 뿐이라고 말한다. 그래서 그들은 깨닫는 순간 제지들을 받아들이지도 않고 설법도 하지 않으며 어떤 방식으로도 남을 돕지 않는다. 오직 자신의 황홀경 속에서만 살아간다. 석가는 자신들의 제자들 중 몇몇 사람이 아라한이 되는 것을 받아들였다. 그리고 그들의 길을 '히나야나(Hinayana)'라고 불렀다. 이것이 '소승(小乘)' 즉 '작은 수레' 라는 뜻이다. 한배에 한 사람만 타고 강을 건너 갈 수 있는 작은 배라는 뜻이다.

그러나 깨달음을 얻었을 때 자신들의 기쁨과 진리를 다른 사람들에게 나누어주는 자비심 있는 사람들이 많다. 그들은 다른 사람을 초대하고 설득시켜서 자신과 같은 경험을 맛보게 한다. 그것은 어둠속에서 헤메는 사람들에 대한 자비심 때문이다. 그들이 보살이다. 보살들은 자기만이 배를 타고 강을 건너지 않고 뱃사공에게 기다리라고 한다. 고통과 번뇌 속에 있는 사람을 구원하되 할 수 있는 한 많은 사람을 그곳에서 구원해야 한다고 한다. 나의 평화와 축복을 그들도 경험하도록 해야 한다며 나에게는 피안 즉 저쪽이 필요없다고 한다. 그리고 보살들은 '마하야나(Mahayana)'라 불렀다. 그 말은 '대승(大乘)' 즉 '큰 배' 라는 뜻이다.

사랑만이 희망이다

테레사 수녀가 큰 고아원을 설립하려고 생각했을 때 그분의 주머니에는 고작 3실링밖에 없었다. 친구들과 그녀의 숭배자들이 그 돈으로 무엇을 할 수 있겠느냐며 우선 자금을 모아야 한다고 말하자 그녀는 평상시 같으면 이 돈으로는 아무 일도 할 수 없으나 이 돈 외에 사랑과 신이 있다면 불가능하지 않다고 대답했다. 삶의 진실을 알려고 하는 욕구가 강하면 강할수록 오늘의 간절한 바람이 언제인가는 성취된다. 필요한 모든 것은 타오르는 욕구이다. 어떤 높은 산이나 봉우리도 바다를 찾아내는 물줄기를 막을 수는 없다. 언제인가는 강은 바다를 찾아내고 만다. 구하는 방법이 강하면 강할수록 구하는 그 사람은 소멸되기 시작하고 어느 한계에 이르면 그 사람은 증발하여 사라진다. 그리고 그곳엔 욕구와 희구만이 남아 성취의 순간에 이른다. 구하라. 그러면 얻을 것이다. 한 알의 씨앗이 자기를 유지하기를 바라면 썩어간다. 하지만 씨앗이 흙 속에 자기를 버리면 그것은 한 그루의 나무가 된다. 붓다는 오랜 세월의 고행 끝 어느 순간에 열반에 들었다. 붓다의 깨달음의 순간은 시간조차 없는 찰나의 순간이었다. 붓다가 그랬고, 모하메드가 그랬고, 예수와 짜라투스트라도 그랬다. 물은 99℃가 될 때까지도 물이다. 그러나 100℃가 되는 순간 갑자기 비약이 일어난다. 그리고 증발한다. 증발은 돌연한 도약이고 완성이다.

모든 성장은 사랑을 필요로 한다. 그 사랑은 무조적적인 것이어야 한다. 만약 사랑에 조건이 있다면 성장은 전체적으로 뻗어나가지 못한다. 왜냐하면 그 조건이 성장 속에 끼어들어 방해가 될 것이기 때문이다. 어떤 것도 되돌려 받기를 바라지 말고 무조건 사랑해야 한다. 그래야 많은 것들이 스스로 찾아온다. 사랑에는 그 자신만이 찾아가는 길이 있다. 사랑의 거지가 되지 말고 사랑의 황제가 되자. 사랑을 주기만 하면 사랑은 천재로 불어서 온다. 큰 것을 바라면서 조금씩 주면 모든 아름다움은 사라진다. 세상에 가장 부도덕한 것은 누구인가를 수단으로 이용하는 것이다. 각각의 존재는 그 자신을 목적으로 하고 있다. 사랑하자. 그러나 요구하기보다 나누어 주고 자신의 사랑 속에 타인을 가두지 말아야 한다. 그래야 가장 높고, 가장 순수하고, 가장 성스러운 곳으로 갈 수 있다. 그것이 영혼의 요구이다. 그래야 두 영혼이 만나 서로의 속으로 녹아들어 절대적인 하나가 된다. 여자를 여자로서만 여기며 사랑하지 말고 남자를 남자로서만 여기고 사랑하지는 말아야 한다. 그렇지 않으면 그 사랑은 하늘 높이 솟아오르지 못한다. 한 송이 꽃의 향기가 바람에 실려갈 때 꽃은 바람에게 고마움을 느낀다. 연인들은 그들의 사랑을 받아주면 고마움을 느낀다. 넘쳐흐르는 자신의 에너지를 받아주었기 때문이다.

요즈음처럼 날이 가물 때 구름이 비가 되어 쏟아진다면 구름은 무거운 짐으로부터 해방되고 대지는 갈증을 풀어 서로 고마움을 느낀다.

자유와 책임은 어깨를 나란히 하고 간다. 그것은 동전의 앞면과 뒷면이다. 자유를 원하면 무엇을 하든 그에 대한 책임을 지지 않으면 안 된다. 만약 책임을 지려 하지 않는다면 자유 또한 잃게 된다. 무슨 일이 벌어지더라도 그것은 자신이 선택한 결과이다. 사람들은 모두가 자유롭게 되기를 원하면서도 계속해서 그 책임을 남에게 전가한다. 그러나 다른 사람의 어깨 위에 책임을 옮겨놓으면 모든 자유의 가능성 또한 스스로 버리고 있는 것이다. 우리는 다른 사람들이 사랑해 주기를 바란다. 그러면서도 자신은 사람들에게 화를 내거나 그들을 증오한다. 자신은 모든 사람을 사랑하고 있는데 아무도 자기를 사랑해 주지 않는다고 화를 내고 있는 사람들이 있다. 그런 사람은 사랑의 이름 아래 다른 것을 요구하고 있기 때문이다. 만약 사랑이 되돌아오지 않는다면 사랑 속에 더 깊이 들어가야 한다. 진정한 사랑이라면 반드시 응답이 온다. 우리는 위대한 사랑의 말을 하고 있다. 헤아릴 수 없이 많은 사랑의 노래가 불려지고, 모든 행사들이 사랑의 이름 아래 행해지고 있고, 모든 종교들이 계속 사랑을 얘기한다. 그리고 사람들은 종교 지도자들을 사랑의 창시자라고 숭배한다. 그러나 그런 일만이 사랑의 모든 것은 아니다.

코란은 구도자가 가져야만 하는 가장 기본적인 성질로 세 가지가 있다고 말한다. 겸손, 겸허를 뜻하는 '후슈' 와 나누어 주기, 자비, 주는 즐거움을 뜻하는 '카라마트' 그리고 자신에 대하여 전혀 꾸밈이 없는 순수함, 진실성을 뜻하는 '시지드' 가 그것이다 이것이 수피즘의 세 기둥이다. 사람이 자신의 재산을 자랑할 때 그 사람은 못난이가 된다. 그리고 그 재산을 포기하고, 포기했다고 자랑할 때 그는 교활한 사람이 된다. 자비는 우리가 뭔가를 주고 그 뭔가를 받는 사람으로 하여금 고맙게 느끼도록 하는 것도 아니요, 도리어 준 사람이 그것을 받는 사람에게 고마워하는 그런 것이다. 꽃은 그대로 피어서 향기를 뿜는다. 촛불은 저절로 빛을 밝혀 나누어 주고, 구름은 물을 가득 품었다가 스스로 땅 위에 내린다. 진정한 진실은 말하는 것이 아니라 진실됨을 뜻한다. 무슨 일이 일어나든, 어떤 결과가 일어나든 그런 것에는 도무지 관심이 없고 오직 진리만을 추구하는 것이 진실이다. 용기가 있는 사람에게는 불안이 없다. 그것은 오히려 짜릿한 전율을 주는 도전이고 모험이다. 그는 언제나 움직인다. 찾아다니며 시작하고 탐구한다. 그래서 언젠가 모든 강물이 모여드는 큰 바다에 이른다. 그러나 변화를 두려워하고 움직이지 않으려 하면 서서히 병들어 죽어간다. 이런 병을 로봇병(Robot Pathology)이라한다. 로봇병에 걸린 사람들은 아무런 모험도 도전도 없는 자동적인 로봇 인생을 산다. 거기에는 아무런 생동감도 없고 오직 자동적인 반복만이 있다. 그들은 무감각하고 기계적으로 기능하는 자동인형 같다. 아돌프 히틀러에 충성했던 사람들은 법정에서 우리는 단지 명령에 따랐을 뿐이라고 말했다. 그들에게는 책임이 없다. 그들은 복종하기만 했다. 그들은 그들의 유일한 임무를 가장 능률적으로 수행했다. 일본 히로시마에 원자폭탄을 투하했던 사람들은 다만 폭탄을 투하하는 임무를 완수했고 그리고 저녁식사를 하고 잠자리에 들었다고 했다. 아무런 다른 느낌은 없었다고 했다.

우리는 모두가 자기의 직장에서 그렇게 하루하루를 보내는 사람이 많다. 이때 명령자들도 자기의 임무를 완벽하고 능률적으로 집행했다고 말한다. 그들에게는 감정이나 가슴이 없다. 언제나 그들은 독선적이며 경건한 체한다. 어떻게 하면 남들보다 더 경건하게 보일 수 있는가를 생각한다. 그리하여 뭇사람으로부터 소외되고 자기 자신으로부터도 소외된다. 그들은 늘 남의 눈만을 의식하면서 남의 눈에 비친 자기 자신만을 본다. 때문에 진정한 자기 존재를 볼 수 없고 자기 자신으로부터 동떨어져 산다. 그들은 사람을 사람으로 보지 않고 대상으로 본다. 그래서 흐르는 강물을 보고도 아무런 감정이 없다. 남의 눈물은 보지 못하고 아기의 웃음소리를 듣지 못한다. 그래서 소외가 생긴다. 우리는 로봇병을 뛰어넘어야 한다. 그래야 깨닫게 되고, 지혜롭게 되고, 거룩한 진짜 사람이 된다.

붓다는 그렇게 깨달았다. 삶은 하나의 기다림이다. 기다림은 감미롭다. 씨앗은 껍질이 터져 싹으로 자라나기를 기다리고 강물은 바다에 다다르기를 기다린다. 인간도 나무의 씨앗과 같고 바다로 흘러가는 강물과 같다. 목이 타는데 물을 찾지 않을 사람은 없다. 우리는 누구나 한계가 없는 것을 기다린다. 그것이 우리의 실존이고 그것은 신을 찾는 여행이며 끝이 없는 사랑이다. 일찍이 이 지상에서 사랑은 잘못을 저지른 일이 없다. 잘못이 있었다면 그것은 사랑의 결핍 때문이었다. 사랑으로 충만한 눈은 신을 볼 수 있다. 사람은 모든 것을 초월한 유일한 에너지이다.

그러나 사랑은 느끼기는 쉬워도 정의하기는 어렵다. 우리가 물고기에게 바다가 어떻느냐고 물으면 이것이 바다이고 온통 바다속에서 나는 살고 있다고 말하지만, 바다를 설명해 달라면 문제는 어려워진다. 아름다운 장미꽃을 보면 짜릿한 황홀감을 느낀다. 두둥실 떠오르는 달을 보면 내 안의 무엇인가가 달과 만난다. 이유는 없다. 그것이 사랑이다. 사랑에는 이유가 없다. 그처럼 삶이 사랑으로 가득 채워질 때, 우리는 더 없는 행복으로 가득차게 된다. 그리고 그런 풍요로운 순간에 인간은 신을 만난다. 사랑이야말로 내가 신을 깨달을 수 있는 유일한 방법이다. 한 방울의 물이 자신을 바다에 내주듯이 사랑은 자기 자신을 조건없이 내주면서 다른 사람과 나누어 갖기를 바란다. 그리고 나에게 이러한 모든 기쁨이 다른 사람들에게 똑같이 일어나기를 바란다. 그때 나의 삶은 아침 이슬과 빛으로 채워진다.

삶에서 유일한 가난함은 가슴 속에 사랑이 없다는 것이다. 사랑보다 큰 선물은 없다. 사랑을 준다는 것은 자기 자신을 주는 것이다. 무엇을 더 줄까하고 물을 필요가 없다. 사랑이 있는 곳에 영원이 있고 사랑을 통해서 보면 물방울도 큰 바다가 된다. 삶은 발견하고 창조하고 실현해야 하는 무엇이다. 그냥 사는 사람은 하나의 기계와 같다. 우리는 아직 성장해야 할 한 알의 씨앗이다. 씨앗은 그것이 갖고 있는 가능성 때문에 나무일 수 있고, 꽃을 피울 수도 있으며, 세상에 향기를 내뿜을 수도 있다. 그래서 사람은 약속의 땅이고 모험이며 앞으로 존재할 무엇이다. 이것이 우리의 기쁨이다.

일은 나의 특권이고 의무이다

만주사람들은 체력은 강하나 심성은 어린애 같았다. 오래 전에 그들이 중국을 공격하여 정복했을 때 전쟁 경험이 많고 교활한 중국인들은 만주인들에게 당신들은 우리보다 우월한 사람이므로 힘든 일은 모두 우리가 하겠으니 당신들은 궁전에 살면서 즐거움을 마음껏 누리라고 했다. 필요한 돈도 우리가 모두 마련해 주겠으니 일할 필요도, 잡다한 일들에 마음 쓸 필요도 없도록 우리가 무엇이든지 다해 주겠다며 자신들은 당신들이 행복하고 유쾌하게 지내기를 바라고 있다고 말했다. 중국인들의 깊은 뜻을 헤아리지 못한 만주인들은 이 말을 듣고 모두 기뻐했고 궁전으로 들어가 가지고 있던 무기를 다 버리고 사치스런 생활을 즐겼다. 결국 중국인들의 의도대로 만주인들은 진수성찬과 술과 안일에 빠져 완전히 무력하게 되었다. 중국인들은 다시 나라를 되찾았고 만주인들은 죽은 것이나 다름없게 되어 쫓겨났다. 만주인들이 누렸던 특권 속에는 불행의 요소가 숨어 있었으나 그들은 그것을 몰랐다. 그들은 궁중에서 한가하게 지내다가 무능하게 되어버렸다. 중국인들은 아무 소용도 없는 만주인들은 더 이상 부양할 필요가 없어졌다. 이것이 중국에서의 만주인의 최후였다. 일은 특권이며 의무인데 만주인들은 특권과 의무를 스스로 버렸다.

어떤 사람이 아내와 딸을 잃고 비탄에 젖어 있었다. 침식을 잊고 일이 손에 잡히지 않을 정도로 삶의 의미를 잃어버렸다. 어떻게 할 줄을 몰랐다. 남들의 권유를 받아들여 마음을 가라앉히려 노력했지만 아무 소용이 없었다. 그런데 그에게 남아있는 네 살 난 아들이 곁으로 와서 보트를 만들어 달라고 졸라댔다. 그는 모든 것이 다 귀찮았으나 아이는 막무가내로 졸라댔다. 할 수 없이 그는 세 시간에 걸쳐 보트를 만들었다. 그 시간동안 그는 다른 생각을 하지 못했다. 그러나 그 시간은 그가 몇 개월 동안 경험하지 못한 휴식이자 평화였다. 그리고 그의 생각이 바뀌었다. 다시 정상적인 사고력을 회복하고 일상생활로 돌아왔다. 우리가 생활에서 얻을 수 있는 마음의 평화와 기쁨은 외적인 조건이 아니라 정신적인 것이며 어느 쪽을 선택하느냐에 달려 있다. 2차 대전 중 윈스턴 처칠에게 누군가가 얼마나 괴로우냐고 묻자 자신은 너무 바빠서 괴로워 할 시간이 없다고 대답했다.

극빈한 가정에서 태어난 한 소년이 있었다. 아버지가 돌아가셨을 때 이웃의 도움이 없이는 장례를 치를 수도 없을 만큼 어려웠다. 아버지가 돌아가신 뒤 어머니는 공장에서 하루 열 시간씩 일을 하고 집에 돌아온 다음에도 삯일을 했다. 소년은 근처 교회에서 잡일을 하면서 가끔 설교를 듣게 되었고 웅변을 해야겠다고 결심했다. 이것이 인연이 되어 30세에 뉴욕주 의원으로 선출되었다. 그러나 그에게는 이 직책을 수행할 만한 지식이 없었다. 어려웠다. 은행과 거래해 본 경험도 없는데 주립 은행법위원회 위원이 되었다. 고민과 번민에서 헤어날 수가 없었다. 그는 다시 분발하여 하루에 열여섯 시간씩 공부했다. 그리고 결국 독학으로 정치를 연구하여 십년 후에는 정치계에서 국민적 인물로 성장하였고 네 번이나 뉴욕주 지사로 선출되었다. 초등학교밖에 졸업하지 못한 그에게 하버드 등 여섯 개 대학이 명예 학위를 수여했다. 그 사람이 미국 정치계의 지도자 중의 한 사람인 알 스미드이다.

고리끼는 그의 작품 〈밥 주막〉에서 일이 즐거우면 인생은 낙원이나 일이 의무라면 인생은 지옥일 수밖에 없다고 했다. 자신이 하고 있는 일에서 즐거움을 찾아 즐겨야 한다. 그럴 때 용기와 지혜가 우러나오고 아무리 어려운 일이라도 해낼 수 있게 된다. 그리고 목표를 이룩했을 때의 기쁨은 인생 최대의 보람이다. 사람들이 무엇인가에 열중하면 반드시 그 일이 좋아진다. 한 청년이 아버지의 사업이 파산하자 학업을 그만두고 신문사에서 일자리를 얻었다. 그는 편집국 근무를 간절히 희망했지만 업무국으로 배치되었다. 일이 싫어서 그만둘 것을 몇 번이고 생각하였으나 살아갈 길이 없어 일을 계속했다. 처음에는 일이 지겨웠으나 세월이 지나면서 그는 모두가 놀랄 만큼 변신했다. 자신의 일에 열중하게 되었고 그 일이 그를 구원해 주었다. 그러면서 그는 일류 영업사원으로 성장해서 계열사의 사장이 되었다. 자신이 그렇게 싫어하던 일에 철저하게 몰입할 때 싫었던 일이 좋아지고 자신을 구원해 준 것이다.

신이 세계를 창조할 때 엿새 동안 일을 했고 바로 이어지는 일곱째 날에는 휴식했다. 휴식은 창조를 위해서였지 피로 때문은 아니었다. 일곱째 날의 휴식은 위대한 시작의 끝이다. 포기할 수 없는 창조적 노동의 부분으로서의 휴식이다, 시작과 끝을 알게 함으로써 인류의 행동과 사고에 방향이 부여되었다. 우리에게는 시작과 끝이 필요하다. 끝이 없다면 시작을 알지 못한다. 그리고 시작이 없다면 아무것도 끝내지 못할 것이다. 이미 지나간 것의 끝과 앞으로 올 것의 시작은 점점 더 자주 겹쳐진다. 이제 분리와 결합, 시작과 끝이 시간상 동시에 일어난다. 오늘날 통용되는 진보의 모델은 시작도 없고 끝도 없고 완성도 없다. 계속 가야만 한다. 우리는 추월하며 기뻐하고, 추월당하고 슬퍼하면서 앞으로 가야만 한다.

독일의 시인 휠덜린은 사람이 빵을 먹는 것은 하늘을 기억하는 행위라고 말했다. 한 조각의 빵이 있기 위해서 햇빛과 비와 바람과 흙이 있어야 하고 인간 노동이 있어야 하며 노동을 조직하고 지원하는 사회체계가 있어야 하기 때문이다. 노동의 의미는 단지 생계를 마련하기 위한 강요된 활동만은 아니다. 노동을 통해서 인간은 삶의 진실한 보람을 느끼고 자기실현을 이루는 것이다. 히브리말로 노동은 '섬기다' 라는 뜻을 갖고 있다. 내가 하는 일이 창조적이고 보람 있을 때 그 일을 섬길 수 있다. 생계를 위해서 어쩔 수 없이 일한다고만 생각하지 말고 인간의 자유로운 창조적 실천이라고 믿자.

톨스토이는 쉽게 성공한 작가가 아니고, 가장 뛰어난 인내심의 작업자이다. 〈전쟁과 평화〉를 쓰면서 전투의 생생한 묘사를 위해 그는 장군용 지도를 가지고 말을 바꿔 타면서 이틀간이나 전선을 누볐고,

생존한 어느 전쟁 용사의 세부적인 경험담을 들으려고 여러날 기차를 타고 그를 찾아가기도 했다. 그는 작품 하나를 마무리하기까지 모든 서적을 독파하고 도서관들의 구석구석을 이 잡듯이 뒤졌다. 심지어는 귀족들이나 문헌담당자들에게 실종된 문서나 사적인 서한들까지 보여 달라고 했다. 그는 수년 동안 하루에 여덟 시간에서 열 시간씩 작업에 매달리기도 했다. 〈전쟁과 평화〉를 그렇게 5년 걸려 완성했다. 〈전쟁과 평화〉는 나폴레옹이 러시아에 쳐들어온 1812년경부터 16년 동안에 걸쳐 일어났던 사건들을 그린 웅대한 역사소설이다. 〈안나 카레리나〉도 역시 그렇게 4년에 걸쳐 완성했다.

아놀드 조셉 토인비는 일이 자신의 취미라고 했다. 그리고 자신은 심한 두뇌 노동으로 정신 건강을 유지한다고 했다. 그는 기분이 좋든 안 좋든 매일 같이 하루 종일 일을 했다. 일할 기분이 날 때까지 기다리다가는 아무 일도 할 수 없다면서 규칙적으로 일과를 지켰다. 기분이 아주 좋아질 때까지 일을 기다리는 사람들은 그 일을 무덤까지 가지고 가게 된다고 했다. 그는 역사 연구를 통해 궁극적인 실제와 영적으로 사귀고 있었다. 일하는 것이 그의 즐거움이었다. 그는 사랑하는 것, 예지를 갖고 이해하는 것, 그리고 창조력을 활용하는 것이 평화에 찬 세계를 건설하는 지름길이라고 했다.

인간의 일을 이야기할 때 생산력의 개념을 물질적 생산에 한정하는 것은 의미가 없다. 인간성의 물질적 측면 그 자체는 목적에 이르는 한 수단일 뿐이다. 인간 생활의 참 목적은 정신적인 데서 찾아야 한다. 석가와 예수도 경제적 의미로는 실업자였다. 그들은 경제적으로는 부적격자였고 비생산적이었다. 그러나 그들은 무한히 생산적이었다. 그들은 자기 자신을 극복하고 인간과 평화롭고 조화로운 사랑 속에서 지내려면 어떻게 해야 하는가를 배웠다. 그리고 우주의 배후에 있는 정신적인 존재와의 영적인 교류와 조화를 구했다. 일은 우리의 의무이다. 의무는 싫은 일도, 지루한 일도, 무익한 일도 아니다. 의무를 완수하면 만족을 얻을 수 있고 가슴은 기쁨으로 벅차고 마음에는 활기가 넘친다. 영혼의 평안이 찾아온다. 인생은 반드시 우리들에게 보답할 것이다. 누구에게나 의무가 주어져 있고, 그 의무를 어김없이 수행하는 것이 바로 자신에 대한 의무를 다하는 것이다.

한 사람을 모델로 해도 두 사람의 예술가가 완성한 작품은 결코 동일하지 않다. 남녀 사이도 서로 다른 점이 독특한 개성으로 작용하여 서로 보충하고 결합해서 전체를 형성한다. 결함도 없고 서로 보충하는 것도 없다면 음악이든 회화든 정치든 조화를 이루지 못한 실패작이 되고 말 것이다. 서로의 지식과 판단과 힘을 합치면 해결의 길이 열리고 더욱 즐겁게 일할 수 있다. 삶의 두 가지 중요한 법칙은 성장과 소멸이다. 우리가 성장하기를 멈출 때 죽기 시작한다. 이것은 사람, 사업, 국가 등 어디에나 적용되는 법칙이다. 나이와 관계없이 젊음을 유지하기 위해서는 적극적인 육체활동을 해야 하고 정신의 성장을 위한 노력을 해야 하며 다른 사람들에게 진정으로 관심을 가져야 한다.

희망은 신념이며 믿음이다. 희망은 자기가 믿는 것은 모두가 가능하다고 믿고 싶은 욕망이다. 믿음과 희망은 서로 떨어질 수 없다. 믿고 인내하자. 인내한다는 것은 고통 없는 소득은 없다는 뜻이기도

하다. 좌절과 방해와 장애물을 만나게 되면 긍정적으로 인내해야 한다. 조금씩 조금씩 해결하면 무슨 일이든 쉬워진다. 행복은 가치 있는 명분을 추구하거나 그것을 위해 전념할 때 가장 쉽게 성취된다. 그때 우리는 평화와 자기만족 그리고 자기 성취감을 맛보게 된다. 토마스 제퍼슨도 행복을 가져다주는 것은 부나 명성보다는 편안한 마음 그리고 자기가 하고 있는 일이라고 했다. 낙원이란 내가 매일 살고 있는 바로 그 낡은 집이다. 그러나 우리는 그곳을 떠날 때까지 내가 낙원에 살고 있음을 모르고 살 수도 있다.

조건 없는 용서

증오는 슬픔이지만 자비는 기쁨이다. 예수는 이 세상에 조건 없는 용서의 본보기를 남겼다. 스피노자는 '비웃지 마라. 한탄하지 마라. 오직 이해하라.' 고 말했다. 고통 받고 있는 사람을 자비로 접하면 그는 위안과 사랑을 받고 우리도 동시에 사랑과 위안을 받는다. 어떤 대상을 접하든 최선의 방법은 마음을 열고 접해야 한다는 것이다. 평소에 잘못된 것에만 주목하는 습관을 바꾸어 멋있고 신선한 것에 주목해 보자. 물 위를 걷는 것만이 기적이 아니다. 지금 이 순간 이 푸른 지구 위를 걷고 있는 그 안에서 평화와 아름다움을 느끼는 것이 기적이다. 우리는 평화 속에 있다. 이 평화를 접하는 법을 알면 우리는 축복 받고 변화할 수 있다.

한 사형수가 며칠 후의 처형될 날을 기다리면서 감방에 홀로 앉아 있었다. 작은 창문을 통해 푸른 하늘이 눈에 들어왔다. 순간 그는 완전히 존재하는 자신을 보았다. 그는 남아 있는 날들을 그렇게 깨어 있는 마음으로 매순간을 깊이 음미하며 보내기로 마음먹었다. 그렇게 지내던 며칠 후 그가 처형되기 세 시간 전에 신부가 와서 그에게 고해의 시간을 주고 마지막 미사를 드려주겠다고 했다. 그러나 그는 혼자 있기를 원했다. 신부를 내보내고 그는 혼자 남은 시간을 평화롭게 보냈다.

좋은 심성과 자비, 사랑을 갖추고 있으면 우리를 해하려는 사람들이 주위를 둘러싸고 있더라도 마음은 평온하다. 그러나 자비심이 부족하고 마음이 분노와 증오로 들끓는다면 어떤 상황에서도 평화는 없을 것이다. 불안하고 두렵고 자신감도 잃게 된다. 결국 작은 일에도 내면의 평화를 잃게 된다. 그러나 마음이 평온하면 아무리 어려운 문제가 닥쳐와도 적절히 대처할 수 있다.

유태인 학살 같은 인간의 참사는 증오, 분노, 의심 같은 부정적인 감정에서 비롯되었다. 반면 인간 역사의 긍정적인 발전은 자비심 같은 선한 마음에서 비롯되었다. 분노로 마음이 흔들리면 지성을 선용할 수 없게 되고 부정적인 생각을 많이 하다 보면 그것이 마비된다. 상대를 비난만 한다면 아무것도 얻어낼 수 없다. 도저히 참을 수 없는 지경이면 차라리 자신의 감정을 조용히 억누르고 그 사람과의 관계를 청산하는 것이 하나의 해결책이 될 수 있다. 나만이 옳은 것으로 판명되면 타인과의 관계는 이루어질 수 없다. 즐거운 순간이 되었든 괴로운 순간이 되었든 어떤 비난도 후회도 하지 말고 핑계를 대고 피해가려고도 하지 말며 매순간을 완전히 경험하라. 나와 신뢰를 기반으로 한 친밀한 대인관계를 형성하면서 자신의 정체성을 유지할 수 있는 동반자형의 사람이 되자. 매순간을 있는 그대로 받아들이면서 진실을 이야기하는 것이 중요하다. 미래 속에서 과거를 다시 찾으려고 애쓰지 말고 매순간의 새로움을 붙들어야한다. 모든 행복은 우연히 마주치는 것이기 때문에 순간마다 내 앞에 나타난다. 자신의 원칙과 소망에 일치하는 행복만을 인정하려 하면 불행이 찾아올 수 있다. 때문에 미리부터 기쁨을 준비할 필요는 없다. 우연히 마주치는 기쁨이 우리에게 새롭고 힘차게 흐를 것이다. 수영을 하려면 옷을 벗어야 하듯 진리를 구하려면 내면에 걸친 옷을 벗어야만 한다. 기존의 생각, 관념, 이기심 같은 것을 벗어버리고 알몸 상태가 되어야 한다. 우리는 삶의 매순간마다 객관적 진실이 아닌 자기 나름의 개인적 진실을 발견하고 경험하고 또한 적절하게 통제할 수 있어야 한다.

마음이 안정되고 고요해지는 것이 행복의 원천이다. 밖에 있는 적이 아무리 강하다 하더라도 잔잔한 마음을 공격할 수는 없다. 잔잔한 마음은 형태가 없기 때문이다. 오직 분노만이 행복이나 환희를 앗아갈 수 있다. 진정한 적은 분노이다. 자유와 정의를 위해 효율적으로 일하고 싶다면 분노나 적의는 버려야 한다. 마음의 평화를 잃지 말아야 한다.

우리의 재능은 남에게 자랑하기에는 항상 부족하고, 덕행은 자신이 타고난 것이라 하더라도 언제나 성인의 경지에는 이르지 못한다. 모자란 것을 자랑할 수는 없으며 부끄러워할 줄 알아야 한다. 옳지 못한 일을 하면서도 그 때문에 자기의 이름을 더럽히지 않을까 두려워하는 것은 간교하고 어리석은 일이다. 교묘하게 일을 처리하여 많은 사람의 눈을 속일 수는 있지만 자기 자신을 속일 수는 없다. 세상 사람들은 아집 때문에 서로 다툰다. 때문에 아집을 버리면 의사소통이 잘 이루어진다. 그러나 아집을 버리기가 쉽지 않다. 아집을 버리려면 먼저 자신의 생각이 보편타당한 것인지 자기 자신만을 위한 것인지 생각할 줄 알아야 한다. 자기가 지혜로운 체하면 다른 사람은 어리석게 보인다. 그러나 인격이 갖춰진 사람은 지혜로우면서도 남의 어리석음을 긍정하고, 뛰어나면서도 남의 초라함에 관대하다.

물질에는 한도가 있어도 인간의 욕망에는 한도가 없다. 한도가 있는 것으로 한도가 없는 것을 만족시키려면 반드시 다툼이 일어난다. 따라서 '족함을 아는 지혜' 를 익힐 줄 알아야 부족함이 생기지 않는다. 그리고 물질에는 안정이 있지만 인간의 마음에는 안정이 없다. 안정이 없는 것으로 안정이 있는 것을 움직이려 하면 반드시 어려움이 따른다. 따라서 '분수를 지키는 지혜' 를 알아야 만사가 태평해진다. 자연과 더불어 그리고 사회와 더불어 건강하게 살아가고 싶으면 사회적 리듬과 자연적 리듬을 잘 알고 조화를 찾아야 한다. 우리는 자기를 낮추는 미덕이나 한마디 사과의 말로 서로가 큰 기쁨을 나눠가질 수 있다. 두 사람이 서로 옳다고 다툴 때는 어느 한 사람이 먼저 한 발 물러서 생각할 줄 알아야 한다. 잘못을 저지르는 것은 첫 번째 잘못이고, 저지른 잘못을 인정하지 않는 것은 두 번째 잘못이다. 그러나 한번 잘못을 인정하면 두 가지 잘못이 지워질 수도 있다. 다른 사람의 결점을 열심히 들추어내는 사람에게 자신에게는 잘못이 없는지 살펴보라고 충고해 줄 필요가 있다.

물어서 알려고 하는 것은 한 때의 부끄러움이지만 묻지 않고 적당히 얼버무리는 것은 평생의 부끄러움이 된다. 자신의 부족함에 눈을 감으면 안된다. 개인은 자기를 망각할 때 비로소 자기를 긍정한다.

자기 생각에만 빠지는 사람은 자기를 부정하는 것이다. 미인이 스스로가 아름답다는 사실을 모르고 있을 때 나의 마음을 황홀하게 해준다. 가장 감동적인 선도 자신은 체념하고 있는 상태의 선이다. 그리스도는 스스로 신성을 포기함으로써 하나님이 되었다. 과실이 익었다는 것은 그것이 나무에서 떨어지는 것을 보면 안다. 모든 것은 주기 위하여 익고, 죽으면서 완성된다.

내가 나의 운명이다

임레 케르테스는 헝가리 작가로서는 처음으로 노벨문학상을 받았다. 그는 1944년 고등학교 재학 중 15세의 나이로 유태인이라는 이유 때문에 부다페스트에서 폴란드의 아우슈비츠 수용소로 끌려갔다. 그리고 1년 만에 자유의 몸으로 부다페스트로 돌아왔다. 그러나 가족이 남아 있지 않아 이웃집 신세를 지며 고등학교에 복학하여 2년 뒤에 졸업을 하였으나 대학 진학에 실패하고 신문사에 취직했다. 그리고 군생활을 마치고 번역 일을 하면서 자신의 글을 썼다. 1965년에 〈운명〉을 완성했으나 출판사를 구하지 못해 12년 뒤에야 출간하였지만 그다지 문단의 주목을 받지 못했다. 그 후 10년이 더 지나 2판을 출간하면서 독자들의 관심을 얻었다. 헝가리가 사회주의 체제에서 민주주의 시대로 들어선 뒤였다. 〈운명〉은 그의 1년간의 수용소 생활을 기록하고 있다. 죽음의 기록이다. 그는 대학살의 끔찍한 순간들을 구경꾼처럼 담담하게 기록하여 독자들에게 오히려 거부감을 불러일으킬 정도였다.

그는 유태인 가정에서 태어났지만 그의 할아버지는 성을 헝가리식으로 바꾸고 헝가리 국민이 되어 살고 있었다. 그는 유대교를 믿지 않는다고 말했지만 7천여 명의 헝가리 유태인과 함께 유태인을 태워 죽이고 생매장하는 아우슈비츠로 끌려갔다. 다행히 전쟁이 이듬해에 끝나 살아 돌아왔지만 부다페스트 사람들은 수용소에서의 끔찍한 대학살을 믿으려고 하지 않았다. 그가 그곳의 참상을 글로 남긴 것은 죄를 묻기 위한 것이 아니라 끔찍한 생존의 환경을 알리고 그것이 우리에게 어떤 모습으로 남아 있는지를 보여주기 위해서였다. 그는 참혹한 수용소에서 오히려 삶의 의지를 잃지 않고 살아남기 위한 처신과 자기 절제를 익혀 간다. 그는 살고자 하는 의지를 가질 수 있는 것만으로도 행복하다면서 언젠가는 또 다시 자유의 순간이 오리라는 희망을 잃지 않고 절망적인 순간을 이겨냈다. 그는 매순간 자신의 운명을 개척해 나가는 가능성만이 존재한다고 믿으며 눈앞에 닥친 일들을 좋은 뜻으로 받아들였다. 그는 수용소에서 겪은 일은 나의 상처이지만 동시에 내가 살아 있음을 보여주는 증거이며, 자신은 그것을 통해 영감을 얻게 되었다고 했다. 자신은 객관적 시선을 통해 수용소의 상황을 정확하게 나타내고자 했다고 하지만 열다섯 살 소년의 냉철하고 침착한 묘사는 믿을 수 없을 만큼 관대하다. 그는 그런 극한 상황에서도 운명에 갇히지 않고 자신의 의지로 자유를 찾으려 했다. 그는 살기 위해서 자신의 의지와 내적 자유로 현실을 희망으로 바꾸어 인식하고자 혼신의 힘을 다했다. 그는 수용소에서 음식을 배급받지 못해 배가 고플 때는 돌을 씹어보려고까지 했고, 풀을 보면 가리지 않고 씹어 삼키고 싶었지만 그가 일하고 있는 공장의 땅에는 풀도 없었다. 구두창이 망가진 채로 진창길을 걷고 나면 벌어진 구두창 틈새로 진흙이나 돌조각, 뾰족한 것들이 밀려들어와 발바닥에 상처를 냈다. 그래도 그는 신발을 벗지도 못하고 잠을 자야 했다. 밤에 잠을 자다가도 할 일이 생겨 서너 차례 빨리 일어나야 했는데 신발을 벗었다 다시 신을 시간이 없었다. 간혹 신을 벗었다 다시 신을 때는 상처 부위의 통증을 견딜 수가 없었다. 시간이 지날수록 구두가 신체의 한 부분처럼 발에 찰싹 달라붙어 있었다. 일하던 중에 설사가 나더라도 이를 악물고 배를 움켜쥔 채 말없는 싸움을 계속했다. 고된 일은 쉴 사이 없이 계속 되었다. 그러나 그에게 할 일이 없었다면 벌써 가스실에서 삶을 마쳤을지도 모른다. 한번은 시멘트 부대를 메고 운반하다 비틀거려 떨어뜨리고 말았다. 귀한 시멘트가 흘러나와 바닥에 먼지를 일으켰다. 어느새 독일군이 달려와 그를 때려눕히고 허리를 짓밟고 손으로 목덜미를 움켜쥐고 바닥에 흘린 시멘트를 핥으라면서 갖은 욕을 퍼부었다. 그런 생활 속에서도 그는 아침이 되어 잠에서 깨면 이것이 내가 일어날 수 있는 마지막 아침일지도 모른다고 생각했고, 걸음을 걸을 때도 다음 걸음은 내딛지 못할지도 모른다고 생각했다. 몸을 움직일 때마다 더 이상은 움직이지 못할지도 모른다고 생각하면서 그렇게 살아가고 있었다. 그 무엇으로도 더 이상은 나빠질 수 없는 상황이었다. 아무것도 변하지 않았고 모든 것을 그대로 받아들이는 길 말고는 다른 대책이 없었다. 오히려 그것이 평화이고 안정이었다. 추위와 비바람, 고된 일, 배고픔 등도 바람에 흩어지는 나뭇잎처럼 그와는 상관이 없는 일처럼 바라보고 행동했다. 몸에 상처가 심해 정신마저 몽롱해졌을 때는 화물차 짐칸의 짐짝처럼 실려가 치료를 받았으나 병은 나아지지 않았고 앞으로 살아남을 가망이 없다는 말까지 들었다. 의사들은 치료에 자신이 없는 것처럼 보였다. 고름이 나는 상처 속으로 이(虱) 들이 달라붙어 살을 깎아먹는 상태에서 처음에는 이들을 떨어냈으나 끊임없이 찾아오는 이 들과의 싸움에서 승산이 없음을 알고는 이 와의 싸움을 그만두고 가만히 지켜보기만 했다. 모든 것이 꿈을 꾸듯이 가볍고 평화로워 편안한 느낌마저 들었다. 그것이 일상의 삶이었다. 전 가정을 꾸리고 살 때도 그는 자기가 선택한 문학이라는 감방에서 몇 십 년을 살았다. 철저한 수형 생활이었다. 그는 극한의 상황에서 삶의 의지를 잃지 않고 살아남기 위한 처신과 자기절제를 익혀 모든 절망적인 순간을 이겨냈다. 그리고 자유의 순간이 오리라는 희망을 버리지 않았다. 만일 운명이 존재한다면 자유란 불가능하다. 또한 자유가 존재한다면 운명은 없다. 그는 '나 자신이 나의 운명이다.' 고 말하면서 정해진 운명을 거부하고 매 순간 자신의 운명을 개척해 나가는 가능성만이 있다고 믿었다. 결국 자기 자신이 운명이라고 믿게 되었다. 한 아이가 체험한 고통의 끔찍한 상처에 새순이 돋아났고 그리고 그는 세상의 거목으로 자랐다.

훌륭한 재목으로 자란 거목을 베어놓고 보면 나이테가 좁은 것과 넓은 것이 있다. 나이테가 좁은 것은 가뭄 때문이다. 그러나 가뭄 때문에 나무는 수분을 찾기 위해 땅속 더 깊은 곳으로 뿌리를 내렸고 그래서 모진 바람에도 견디며 자랄 수 있었던 것이다.

내 인생을 환하게 꽃피우자

직장에는 정년이 있지만 인생에는 정년이 없다. 흥미와 책임감을 가지고 활동하는 한 아직 현역이다. 인생에 정년이 있다면 탐구하고 창조하는 노력이 멈추는 바로 그때이다.

그것은 죽음과 다름없다. 우리는 자신의 삶을 자율적으로 개선하고 심화시켜야 한다.

자기가 하는 일에 흥미와 의미를 느끼지 못하면 하루하루가 마모되어 가는 기계와 다름없다. 자기가 하는 일에 인생을 걸고 인내와 열의와 정성을 다하는 사람만이 일의 기쁨을 누릴 수 있다. 이탈리아 최고의 조각가요, 건축가이며 화가인 미켈란젤로는 원래 한 영주에게 고용된 정원사였다. 그는 땀 흘리며 정성을 다하여 정원을 가꾸었다.

그는 정원을 몹시 사랑하였고 자기가 맡은 일을 다 하고 나서 시간이 남으면 더 아름답게 만들기 위해 나무통으로 된 화분에 꽃을 새겼다.

그 일은 그에게 더 없이 즐거웠다. 그렇다고 그가 품삯을 더 받게 되는 것도 아니었다.

이를 눈어거 본 영주는 이를 기특하게 여기고 그의 손재주를 살리기 위해 조각 공부를 시켰는데 그것이 계기가 되어 미켈란젤로는 몇 년 후에 크게 대성하게 되었다.

그는 자신이 하는 일에 열의와 기쁨을 가지고 아름다움을 만들어 갔다.

그는 나무통 화분에 아름답게 꽃을 조각하면서 자신의 인생을 아름답게 꽃피울 수 있었다.

우리는 모두 나의 일에 전심전력을 다하여 나의 인생을 환하게 꽃피우자.

자신의 일을 사랑하고 땀 흘리는 사람이야말로 우리 사회의 높고 귀한 존재들이다.

해가 바뀌면 나이 어린 사람에게는 한 해가 보태지고 나이가 많은 사람에게는 한 해가 줄어든다. 그러나 보태지고 줄어드는 일에 상관이 없는 사람이 있다.

육신의 나이에 집착하지 않고 언제 어디서나 순간순간 자신에게 주어진 일에 최선을 다하면서 열심히 살고 있는 사람이다. 조주스님은 120년을 살았다.

그는 여러 곳을 돌아다니면서 "일곱 살 먹은 어린아이라도 나보다 나은 이는 내가 그에게 물을 것이요 백 살을 먹은 노인이라도 나보다 못하는 이는 내가 그를 가르치리라"고 했다.

그리고 여든 살이 되어 서야 한절에 주지가 되었다.

진정한 만남에는 영혼이 진동한다. 서로 눈을 뜬다. 그렇지 않을 때 그것은 만남이 아니라 한 때의 마주침이다. 좋은 친구를 만나려면 먼저 나 자신이 좋은 친구감이 되어야 한다.

사람이 하늘처럼 맑아 보일 때 그 사람에게서는 하늘 냄새가 난다.

그러나 하늘 냄새를 지닌 사람만이 하늘 냄새를 맡을 수 있다.

우리가 언제나 창조적인 노력을 기울려 변화를 꾀하고, 아름다움을 드러내기 위해 가꾸고 다듬을 때만 자신의 삶에 녹이 쓸지 않는다. 생각과 영혼에 공감대가 있어야 인간관계가 투명해지고 살뜰해진다. 따라서 공통적인 지적 관심사가 전제되어야 한다.

그렇지 않을 때 만남자체는 빛을 잃는다. 사람은 저마다 따로따로 자기 세계를 가꾸면서도 공유하는 만남이 되어야 한다. 거문고의 줄들은 서로 떨어져 있으면서도 한가락에 떤다.

"날마다 다른 사람들과 무엇인가 나누어라. 어떤 식으로든 누군가를 도와라. 그리고 삶과 세계에 대해 생각해 보는 시간을 갖고 할 수 있는 한 생활 속에서 유머를 찾아라. 그리고 우주의 삼라만상에 애정을 가져라." 100살을 산 스코트 니어링이 한 말이다.

그는 또 적극적이고 밝은 쪽으로 생각하고 깨끗한 양심을 지니고 바깥일과 깊은 호흡을 하라고 했다. 날마다 자연과 만나고 발밑의 땅을 느끼라고 했다.

스코트는 70대에 노령이 아니었고 80대에 노쇠하지 않았으며 90대에 망령이 들지 않았다.

그리고 100세에 죽지 않고 다른 세상으로 옮겨 갔다.

마음에 평정을 잃지 않고 자기가 좋아 하는 일을 찾아서 근심 걱정을 떨치고 최선을 다하여 그날그날을 살다 간 것이다. 우리는 자신에게 '너의 세상은 어디에 있느냐' 고 물어보자.

'너에게 주어진 많은 해가 지났는데 너는 지금 너의 세상 어디쯤에 있느냐' 고 물어보자.

우리는 자기 자신에게 되묻는 이 물음을 통해 우리는 각자 지나온 세월의 무게와 빛을 가늠해 보고 자신의 삶을 들여다 보아야한다.

오늘날 우리들은 자동차의 속도에 길들여지고 시간에 쫓기면서 인간적인 걸음을 잃어 가고 있다. 걸음은 그 속에 건강과 사색과 즐거움을 갖고 있다. 그런데 세계의 곳곳을 누비고 다니면서 수많은 것을 대하면서도 정작 여행의 알맹이인 자아 발견이나 자기 탐구는 없이 자랑거리와 가벼워진 지갑과 청구서만 가지고 지쳐서 돌아오는 사람이 많다.

좋은 여행은 목적지보다 그 과정에서 귀한 것을 얻을 수 있어야 한다. 마찬가지로 인간사에서도 무엇이 되느냐보다 어떻게 사느냐가 더 중요하다. 삶의 의미가 어디에 있는지를 스스로 묻고 탐구하는 과정에서 보다 값진 인생을 이룰 수 있다. 하루하루 살아가면서 고마움과 기쁨을 찾아 누릴 줄 알아야 한다. 살아있는 것은 끝없이 변하면서 거듭거듭 형성되어 간다. 봄과 여름과 가을과 겨울은 서로 순환한다. 그것이 우주의 살아 있는 우주의 호흡이고 율동이다. 지나가는 겨울을 아쉬워하지 말고 오는 겨울을 유용하게 쓸 줄 아는 삶의 지혜를 터득하자. 무더운 여름이 있기 때문에 서늘한 가을 바람이 불어오고 그 가을 바람 속에서 이삭이 여물고 과일에 단맛이 든다. 날씨가 덥다고 짜증낼 일이 아니다. 이런 계절의 순환이 있기 때문에 살아있는 모든 것들이 제대로 삶을 누릴 수 있다.

우리나라처럼 봄, 여름, 가을, 겨울이 뚜렷이 나뉘어져 있는 땅에서 살고 있는 것도 우리의 큰 복이다. 이런 사람은 시간에 구애받지 않는다. 세월의 물결에 휩쓸리지 않고 그 자신답게 살아간다. 삶은 끝없는 변화이고 날마다 새로운 시작이다.

우리 자신과 세계가 수시로 변하고 새롭게 전개된다. 이런 흐름 속에서 제 정신을 차리지 못하면 우리는 목표도 없이 어디론가 표류하면서 덧없는 세월 속에서 의미 없는 삶으로 막을 내릴 것이다. 삶의 중심을 잃고 만다. 모든 것은 되어진 것이 아니라 되어 가는 과정 속에 있다. 이미 이루어지는 것이 아니라 앞으로 이루려는 그 과정이다.

따라서 우리는 어떤 비극적인 상황 아래서도 절망하거나 낙담하지 말아야 한다.

죽음에 이르는 병이 따로 있는 것이 아니라 절망이 곧 우리를 죽음에 이르게 한다.

우리의 문명은 그 머리만 믿고 그 머리의 회전만을 과시한 나머지 가슴을 잃어가고 있다.

그러나 가슴을 잃어버린 문명은 그자체가 크게 병든 것이다. 가슴은 우리 존재의 중심이다.

가슴이 없이는 생명의 신비인 사랑도, 다정한 눈빛도 존재할 수 없다.

우리는 따뜻한 가슴을 되찾아야 한다. 따뜻한 가슴만이 우리를 사람의 자리로 되돌린다.

가슴은 이웃과의 정다운 관계와 사물과의 조화로운 접촉을 통해서 따뜻해진다.

한 사람이 다른 사람의 삶에 도움을 준다는 것은 인간의 신의와 유대관계를 그만큼 굳게 맺어주는 일이기도 하다. 그래야 커다란 생명의 잔치에 함께 동참하게 된다.

논밭에 자라는 잡초는 곡식을 위해 어쩔 수 없이 뽑아내지만 잡초 그 자체는 결코 잡초가 아니라 그 나름의 존재의 이유를 갖고 있다. 하늘과 땅 사이에 서로 함께 사는 것이 제각기 그 삶을 완수하는 길이다. 삶의 기본적인 진리는 이웃을 해치지 않아야 한다는 것이다.

이 세상의 모든 존재는 그 자신의 방식으로 그 자신의 삶을 살아갈 권리가 있다.

자연까지 포함한 우리의 이웃은 모든 형태의 생명들이다. 따라서 나만을 위해 남을 간섭하고 통제하고 지배해서는 안 된다.

사랑과 평화가 넘치는 세상

진정한 종교인은 그들이 믿는 종교가 어떤 종교이든 이웃과 사회와 국가와 세계가 당하고 있는 고통을 나도 분담하겠다는 결의가 있어야 한다. 정통파 종교인인 제사장과 레위인이나 유태인이 멸시하고 있던 사마리아인이나 모두 고통을 분담해야 한다. 예수께서 말한 선한 사마리아인의 이야기에서 배워야 한다. 동정이나 연민은 아픔을 함께 한다는 뜻이다.

어떤 사람의 길을 가다 강도를 만나 가진 것을 다 빼앗기고 벌거벗은 채 피를 흘리며 길가에 쓰러져 있었다. 마침 그 길을 지나던 제사장 한 사람이 못 본 체하며 피해 갔고 다음에 그곳을 지나던 레위인도 피해 갔다. 그러나 얼마 후 사마리아 사람이 지나가다 그를 보고 불쌍히 여겨 상처에 기름과 포도주를 붓고 상처를 싸매고는 자기 짐승에 태워 주막으로 데리고 가서 돌보아주고 주막 주인에게 돈이 더 들면 다음날 돌아오는 길에 갚겠다며 환자를 정성껏 보살펴 줄 것을 당부했다. 레위인과 제사장은 죽은 사람을 건드리면 부정탄다는 정통 유태인 법에 충실하거나 약속에 늦을까봐 그랬을지도 모른다. 그러나 우리에게 진정으로 필요한 것이 무엇인지는 누구나 알고 있다. 예수께서는 진정으로 하느님을 사랑하고 인간을 사랑하다가 하느님보다 자기들의 종교 전통과 기득권을 더 사랑하고 인간보다 율법을 더 소중히 여기는 사람들에 의해 처형당했다. 하느님의 나라는 하느님 사랑과 인간 사랑이 완전히 실천되고 실현되는 구원의 세계이다. 하느님과 인간, 인간과 인간, 그리고 인간과 자연 사이에 막혔던 담이 허물어지고 사랑과 용서와 화해가 넘치는 평화의 세계가 하늘나라이다.

프란체스코는 이탈리아 아시시의 돈 많은 사업가의 아들이었다. 그의 아버지는 굉장히 많은 돈을 번 사람으로 자기 재산이 자랑이었고 자식들이 사치스럽고 호화스런 생활을 하며 훌륭한 옷을 입기를 바랐다. 실제로 프란체스코는 그런 생활을 했다. 그러나 그런 생활이 정신적으로 조금도 만족할 수 없다는 것을 깨달은 그는 부모에게 강하게 반발했다. 아버지가 찾아와 꾸중하자 그는 옷을 벗어 던져 버렸다. 그는 이렇게 출발했다. 그러나 아시시의 사교(司敎)가 그를 보호했다. 그리고 그는 변했다. 아버지의 물질주의에 대항하는 완전히 새로운 정신생활을 쌓아 올리려는 적극적인 행동을 보였다. 청빈한 종교생활로 수도와 전도에 일생을 바쳤다. 그런 뒤에 교황의 인가를 얻어 프란체스코교단을 일으켰다. 그는 작은 새에게까지도 신의 자비와 사랑을 설명했다고 한다. 한 번은 그가 외출하고 없을 때 집에 도둑이 들어왔다. 집에 있던 제자들이 일제히 고함을 질러 도둑을 내쫓았다. 그때 마침 집에 돌아오던 프란체스코는 그 광경을 보고 제자들의 사랑이 부족함을 크게 꾸짖고 도둑을 도로 불러들인 뒤 그에게 따뜻한 말을 건네고 먹을 것과 입을 것을 내주었다. 그러자 도둑은 그 사랑에 크게 감동하여 눈물을 흘리며 자기의 죄를 뉘우쳤다고 한다. 사람이 자랑할 수 있는 것은 머리가 아니라 가슴이다. 따라서 미래의 산업 자원은 땅 속의 금광이 아니라 가슴에 묻혀 있는 감성과 정서이다.

지금부터 50년쯤 전의 일이다. 전쟁이 끝난 지 얼마 되지 않아 살기가 어려워서 현관에 벗어놓은 구두나 부엌의 숟가락조차 도둑맞던 때였다. 그때 시인 박목월은 일제 때 지은 산꼭대기의 집에서 살고 있었는데 그의 아들이 고등학교 2학년 때였다. 여름 어느 날 밤늦도록 공부하고 늦게 자리에 누워 잠을 청하려던 아들은 기왓장을 밟는 소리를 들었다. 도둑이 지붕을 타고 2층 창문을 살짝 열고 방으로 들어오려 했다. 도둑이 한 다리를 창틀에 걸치는 찰나에 아들 박동규는 '도둑이야!' 소리를 지르며 창틀에 걸쳐 있는 도둑의 다리를 들어올렸다. 순간 도둑은 밖으로 굴러 떨어졌다. 아들은 발을 절룩거리며 도망가는 도둑의 뒷덜미를 잡아 마당에 끓어 앉혔다. 그때 시끄러운 소리를 듣고 잠에서 깬 박목월 선생이 밖으로 나왔다. 상황을 파악한 선생은 아들을 방에 들어가게 하고 통금해제 싸이렌이 불 때까지 네 시간 동안이나 도둑과 이야기를 나눈 후 아내를 불러 얼마의 돈을 그의 손에 돌려보내 주었다. 선생은 그때 도둑에게 도둑질보다 더 좋은 일도 많다며 타일렀다고 한다.

신은 아무 욕심이 없다. 우리는 신에 가까운 사람을 성현이라고 한다. 인간이 가질 수 있는 것에는 한계가 있다. 인간이 바닷물을 다 마실 수는 없다. 인간이 마실 수 있는 물은 고작 한 잔에 불과하다. 인간은 한 잔으로 만족해야 하고 또 자기가 마실 수 있는 분량을 알아야 한다. 자기의 한계를 아는 것이 지혜이다. 인간이 자기의 한계를 모르고 넘어서려는 것이 욕심이다. 부질없는 욕심을 제한하여 자기의 한계로 끌어들이는 것이 절제이다. 행복은 희랍어로 신과 함께 산다는 뜻이다. 신과 함께 사는 사람은 행복한 사람이다. 자족하는 사람이 지혜로운 사람이요, 지혜로운 사람이 신에 가까운 사람이요, 행복한 사람이다. 한계 안에서 만족하고 사는 것이 행복한 삶이다.

거울 같은 마음으로 마음의 조화의 평정을 유지하여 열린 마음, 즐거운 마음, 봄날처럼 안온하고 느긋한 마음을 지키는 것이 우리의 본바탕을 지키는 일이다. 설령 덕을 많이 쌓았다 하더라도 자신의 덕을 자랑하지 않는 명경지수 같은 마음을 유지할 줄 알아야 정말 덕인이다. 정말로 덕이 있는 사람은 자신의 덕을 의식하지 않고 밖으로 드러낼 것이 있는지도 모르면서 그저 묵묵히 살아갈 뿐이다. 그런데도 사람들은 모여든다.

분노를 줄이고 좀 더 친절해지며 다른 이에 대한 자비를 기르면 더 많은 혜택이 따른다. 어리석게 이기적인 사람은 항상 자신의 생각만 한다. 그러나 현명하게 이기적인 사람은 다른 이를 생각하고 할 수 있는 한 다른 이를 돕는다. 나의 마음이 사원이고 나의 자비로운 친절이 종교철학이다. 타인에게 도움을 줄 때 자기 자신도 기쁘고 즐거워진다. 자신이 기쁨으로 가득 차고 빛을 발하는 존재가 되었을 때 자신은 이미 살아있는 모델이 된다. 우리는 석가나 예수 혹은 간디나 마틴 루터 같은 위대한 영혼에서 평온과 인내를 본받기 위해 노력해야 한다. 우리는 타인에 대한 증오나 원한 같은 적대적 감정을 갖지 않도록 노력해야 한다. 우리들 인간이 직접경험으로 알고 있는 신의 경험은 사랑뿐이다.

인간은 선택의 세계에서 살고 있다. 인간은 자신이 원하는 삶을 선택해야 한다. 삶은 미지의 바다와 같다. 인간은 동물보다 낮은 단계로 내려갈 수도 있고 천사보다 높은 수준으로 올라갈 수도 있다. 모든 것을 선택하는 것은 나 자신이다. 카르마(업보)도 내가 선택한 것이다. 카르마에 사로잡히지 않고 균형 잡는 일이 중요하다. 카르마는 균형을 뜻한다. 악을 행하면 악이 되돌아오고 선을 행하면 선이 되돌아 온다는 의미가 아니다. 자신이 이번 생에서 어떤 부정적인 일을 행하면 다음 생에서 반드시 똑같은 일을 당하게 되리라고 믿지 말자. 이 세상에서 큰 강도였던 사람이 다음 생에서 강도질을 하려는 사람을 설득해서 그런 나쁜 짓을 하지 않도록 막는다면 균형이 이루어지는 것이다. 자신을 높은 존재로 승화시키기 위해서는 모든 경험의 균형을 취할 필요가 있다. 카르마는 나를 묶고 있는 쇠사슬이 아니라 자신의 현실을 자신이 창조해 내게 하는 기회일 수도 있다. 우리는 누구나 자신과 남을 상처 입히지 않고 자기가 원하는 것을 창조해 낼 수 있다. 부정적인 카르마를 끊어 버리면 균형을 찾아 새로운 삶을 창조할 수 있다.

태양은 그늘진 계곡도 비춘다

톨스토이와 무소는 자신이 살고 있는 세계가 자연의 이상적 상태로부터 벗어나 좋지 않은, 존중할 만한 가치가 없는 세계가 되었다고 했다. 어른들은 문명의 침해를 받아 불완전한 존재가 되어버렸다고 했다. 그러나 아직 그러한 침해를 받지 않은 어린이들은 선하고 순수하기 때문에 교육은 아이들의 선한 본성을 최대로 존중해야 한다고 했다. 어린이는 자신의 목표를 스스로 결정할 수 있는 자유인, 삶을 사랑하는 인간, 행복한 인간으로 교육시켜야 한다고 했다. 행복은 모든 권위와 억압이 배제되고 자유 속에서 스스로의 생활이 허용될 때 비로소 얻어진다. 진정한 자신을 찾는 것이 행복이다. 아이들의 행복은 어른들의 감상적이거나 소유적인 애정이 아니라 진정으로 아이의 편이 되어주는 사랑과 아이에 대한 신뢰에서 온다. 영국의 교육자 닐은 모두의 생명의 안전이 지켜지고 타인의 자유를 침해하지 않는 한에서 자기가 하고 싶은 일을 하는 것이 자유라고 했다. 그때 아이들은 더욱 긍정적인 인간이 되고 사랑의 중요성을 알게 된다. 사랑은 사랑을 키우고 증오는 증오를 키운다. 사랑을 받으면서 자란 아이들은 남에 대한 공격성이 없다. 자유로운 삶에는 모든 권위가 거부되고 모든 부자연스러운 억압이 배제된다. 인간에게 자유가 주어지면 인간은 스스로의 의지에 따라 행동할 수 있는 자율인이 되어 자유인으로 성장한다. 이때 자유는 남의 자유를 침해하는 방종이 되지 않고 남을 배려하고 타인의 권리를 인정하고 자신의 행동을 통제할 수 있게 된다. 내가 남의 자유를 침범하면 남도 나의 자유를 침범하게 된다. 그러면 우리는 함께 살고 함께 번영할 수 없다. 따라서 자유와 평등의 지혜로운 조화를 이룩해야 한다. 나 자신의 행복과 사회의 공동선을 위하여 자유를 창조적이며 생산적인 목적에 사용해야 한다. 닐은 교육의 목표를 가르쳐 키우는데서 찾지 말고 스스로 자라도록 도와주는 데서 찾아야 한다고 했다. 그는 아이들은 꽃으로라도 때리지 말라고 했다.

어린시절 우리의 정신은 매순간 스냅 사진을 찍고 그 사진을 미래로 가져간다. 좋든 나쁘든 그것들이 우리들의 사고의 틀이 되어 현재의 경험을 걸러낸다. 늘 못났다는 말을 듣고 자란 아이들은 자신을 부족하고 사랑받을 자격이 없는 아이로 사진을 찍고 결국 자신의 능력을 신뢰하지 못하고 열등감을 갖게 된다. 고양이들에게 태어날 때부터 수평선만 보여주고 수직선은 한 번도 보여주지 않았더니 그 고양이들은 탁자 위에서는 잘 뛰고 놀면서도 탁자 다리에는 곧잘 부딪혔다고 했다. 따라서 우리는 과거의 마음이 자신의 성장을 방해하지 못하도록 보호해 주어야 하고 주변 사람이나 상황을 눈에 보이는 대로가 아닌 있는 그대로 볼 수 있게 되어야 한다. 그러면 우리는 힘든 상황에 처하거나 까다로운 사람을 대할 때 좀 더 참을성 있고 침착하게 행동할 수 있게 된다. 인간은 학습능력을 지닌 존재이다. 성숙을 목표로 하는 훈련과 이성적 가르침을 통해 자신의 행동방식을 바꿀 수 있다. 따라서 이간은 천성적으로 선하지도 않고 악하지도 않다. 도덕적이거나 비도덕적이지도 않다. 교육과 환경에 따라 어느 쪽으로도 발전될 수 있다. 그리고 건강하고 평화롭게 마음을 성장시키면서 새롭게 살 수 있게 된다.

교육은 사람들에게 의미있는 것이 무엇인지 가르쳐 줄 수 있어야 하고 희망과 목적을 향한 영감을 불어 넣어주어야 한다. 개인들은 자기 존중의 마음을 배우고 자기 신뢰를 가져야 한다. 우리는 지난 100년 동안 자연을 인류가 극복해야 하고 경쟁해야 하는 대상으로 파악했다. 하지만 이제는 자연을 의미와 목적을 지닌 세계이자 인류와 공생하는 세계로 이해해야 한다. 지금은 변화와 흥분의 시기이면서 다시 출발하기에 적절한 때이기도 하다. 이럴 때일수록 어른들은 뜨거운 열정으로 모범을 보이고 가르쳐야 한다. 그래서 아이들이 뜨거운 열정을 갖고 더 알고 싶어하는 욕구를 갖게 해야 한다. 지적 욕구가 있어야 학생들도 공동탐험자가 된다. 스승이 열정을 드러내면 학생들 또한 그들의 열정을 열어 보이게 되고 이를 통해 많은 사람들이 다양한 영역을 탐구 할 수 있다. 자신이 어떤 문제에 관해서 생생한 정열을 느낄 수 없을 때 다른 사람들에게 그러한 감정을 불러일으키게 하기는 어렵다. 교사들은 학생들이 탐구하고 배우고 성장할 수 있도록 공간을 만들어 주어야 한다. 명확한 목표와 과정을 설정해야 한다.

인간관계를 살아있게 하기 위해서는 관심을 기울여야 한다. 예쁜 화분을 사다 놓고 그늘에 던져둔 채 물도 주지 않고 햇볕도 쏘여주지 않으면서 꽃이 잘 자라기를 기대할 수는 없다. 인간관계도 적절한 관심을 쏟지 않으면 언젠가는 시들고 만다. 사랑하는 사람과의 관계에서도 어떤 방법으로든 감정적 유대를 유지하고 일상적인 일에서도 의무감을 갖고 서로 사이에 무엇인가 하나씩 쌓아가야 한다.

스승이 아이들에게 생각의 씨앗을 뿌려주면 아이는 자신의 특질과 개성에 따라 꽃과 열매를 맺게 될 것이다. 인간은 다양한 능력을 갖고 있는 완전하고도 통일된 개체이다. 이제 태양이 더 이상 산꼭대기만 비추게 해서는 안 되며 그늘진 계곡까지 비추게 해야 한다. 우리 모두는 한낮의 햇빛을 쬐어야 한다. 그러기 위해서 배타적인 특권은 사라져야 한다.

어떠한 만남이나 일 또는 문제는 자기 자신에게 의미 있는 자극이자 도전이다. 새로운 것에 눈을 뜨게 하고 새로운 것을 발견하게 하고 새로운 목표를 자신에게 부여하게 하는 계기가 되게 한다. 때로는 시간이 모자랄 수도 있다. 그러나 시간이 없으면 두뇌의 회전이 빨라진다. 창조력이 두 배로 빨라진다. 모든 것은 지배가 아니라 자유와 신뢰라는 토대 위에서 발전해 가야 한다.

서로를 위하여

나무 한 그루가 홀로 서 있으면 바람이 불 때 쓰러지고, 화초가 홀로 있으면 뜨거운 태양을 가려줄 그늘이 없어 시들고 만다. 우리는 모두 하나가 되어 서로를 돕고 부축하고 서로에게 방패가 되어야 한다. 이제 자기주장과 경쟁에서 협력과 사회정의로, 팽창에서 보존으로, 물질적인 치부에서 내적 경험의 축적으로 변화의 바람이 불고 있다. 지금 서양에서는 동아시아의 전통 특히 불교의 붐이 일고 있다. 종교지리학적으로 말하면 로마의 해는 지고 아시아의 해가 솟고 있는 것이다. 인류의 위대한 과업을 완수하기 위해서는 모든 종교가 다함께 공동의 책임을 져야 한다. 이제 하나는 모두를 위해 살아야 하고, 모두는 하나를 위해 살아야한다.

파스칼은 이 세상에는 똑같이 위험한 두 극단이 있는데, 하나는 이성을 무시하는 것이고 다른 하나는 이성 이외의 것을 받아들이려 하지 않는 것이라고 말했다. 또 인도의 학자 파스칼은 하나의 문화와 하나의 이념만으로는 이 지상에 구원을 가져다 줄 수는 없다고 말했다. 종교의 근본주의와 함께 이 문제를 해결해야 한다. 문화적 다양성에서 새로운 길을 찾아야 한다. 이제 종교계에서도 종교간의 협력을 이야기하고 마음을 연 대화를 모색하고 있다. 사람은 지구상의 모든 가락의 하나에 지나지 않는다. 지구의 모든 것들이 우리에게 바쳐졌고 우리는 이런 모든 것들과 함께 숨결을 나누고 있다.

'종교(Religion)' 라는 낱말의 어원 가운데 하나는 '다시 읽기(read again)' 이다. 우리는 세상이라는 책으로 돌아가 그 책을 좀더 충실하게 읽어야 한다. 마음과 가슴을 열고 읽고 또 읽어야 하느님의 과업을 효과적으로 수행할 수 있다. 그리고 미완성 상태인 세상을 계속 써 나가야 한다. 왕국은 내 안에 있다. 따라서 내가 교회이고 사원이며 성전이다. 신도 내 안에 있다. 누군가가 임제 선생에게 붓다가 되고 싶다고 하자 임제 선생은 '그대는 이미 붓다이다.' 라고 대답했다. 그대는 이미 붓다이고 신이다. 지금까지 하느님을 본 사람은 없다. 하느님은 나의 얼굴이요, 나의 그림자다. 그런데 인간은 자기의 얼굴을 회피하려고만 한다. 그래서 자기 아닌 자기를 살아가고 있는 사람이 많다. 우리는 거울에 비친 자기 얼굴을 보고 자신 있게 이것이 나의 얼굴이라고 외쳐야 한다. 내가 하느님이고 붓다이다.

테레사 수녀는 다른 사람들이 고통에서 헤어날 수 있게 도와주는 것이 자신의 고통을 경감시켜 주고, 그들에게 즐거움을 주는 것이 자신을 즐겁게 한다는 것을 알았다. 그녀는 다른 사람들과 감정을 나누는 것이 가장 선한 것이고, 그렇게 사는 것이 자신의 삶을 가장 가치있게 한다는 것을 알고 그렇게 살았다. 그녀는 다른 사람들이 고통 속에 있을 때 자신도 고통을 느꼈고, 그들의 고통이 가벼워질 때 자신의 고통도 사라졌다고 했다.

우리 각자는 하나이지만 그 하나는 보다 큰 하나로 합쳐져야 한다. 그래서 서로의 부족함을 보여주는 거울이 되어 서로 깨닫도록 도와주어야 한다. 우리는 어떤 경우에도 서로 돕고 협력해야 한다. 인류의 문명화는 궁극적으로 서로가 서로를 이해하고 서로 존중하는 마음으로 함께 앉아 문제해결을 추구할 때 가능해진다. 그리고 그 전제에는 선한 의지와 인내, 이해하려는 마음과 너그러운 관용이 필요하다. 우리가 소망하는 미래는 서로를 위해 함께 협력하여 일할 때만 가능하다. 그러나 훌륭한 정신을 갖는 것만으로는 충분치 않다. 중요한 것은 그것을 잘 사용하는 것이다. 결단은 활용하지 않으면 시들고, 사랑도 나눌 때만 사랑이다. 마음에 상처를 입고 화를 내고 좌절에 빠지는 것은 인생에 전혀 도움이 되지 않는다. 그때도 우리는 그래도 내가 할 수 있는 것이 무엇이며 내가 가야 할 길이 무엇인지를 물어야 한다. 다만 그 물음이 부정적이어서는 안된다. 가치 있는 삶을 살기 위해서는 자신이 가치 있는 질문을 꾸준히 던져야 한다. 생각의 초점을 바꾸면 감정도 바뀐다.

옛날 우리의 할아버지들은 콩을 심을 때 구멍을 파고 세알씩 넣었다. 콩알 하나는 하늘로 나는 새가 먹고, 한 알은 땅속의 벌레가 먹고, 나머지 하나에서 싹이 나면 사람이 먹는다고 했다. 이처럼 자연과 함께 나누면서 공존했다. 우리는 다르면서도 같은 것을 동시에 공유한다는 뜻인 엇비슷하다는 말을 잘한다. 이질과 동질을 함께 사용하기를 좋아한다. 소유보다 참여와 나눔과 융합을 전제로 하는 말이 많다. 맑은 날, 세상이 아름다운 것은 세상을 구성하고 있는 모든 빛깔들이 자신들의 색으로 빛나고 있기 때문이다. 바다는 바다색으로, 하늘은 하늘색으로, 산은 산색으로 공존하고 있기 때문이다. 다르다는 것은 틀리다는 뜻이 아니다. 우리는 서로 다르기 때문에 서로에게 의미 있고 서로를 보완해 주는 존재가 될 수 있다. 그래서 세상은 눈이 부시도록 찬란하다. 아름다움은 하나의 색이나 크기로 찾아지는 것이 아니다. 아름다움은 모든 형상과 모든 크기와 모든 색채 안에서 온다. 광활한 사막에도 아름다움이 있다. 정원만이 아니라 사막에도 고유한 아름다움이 있다. 사막의 광활함, 사막의 고요함, 사막 속의 순결한 평화는 사막의 고유한 아름다움이다. 하늘은 늘 그 자리에 있고 영원한 변함이 없다. 하늘은 이 세상에서 가장 오래되었지만 늘 아침 이슬처럼 신선하고 결코 나이를 먹지 않는다. 검은 구름이 밀려오거나 흰 구름이 밀려오거나 가리지 않고 그것을 위해 자리를 양보한다. 어떠한 선택도 차별도 없다. 그저 받아들이기만 한다. 그것을 붓다는 '知知(Tathata)' 라고 부르고 있다. 하늘은 언제나 타타타의 상태로 존재한다. 그래서 우리는 누워서 하늘을 바라본다. 하늘은 신처럼 신비롭다. 그래서 마음이 답답하면 하늘을 본다. 하늘은 신처럼 존재한다. 하늘은 그곳에 있으면서 없다. 하늘은 영원하고 아름답다.

우리에게 주어진 과제는 우리에게 일어나는 모든 일을 자연의 섭리로 받아들이고 보지 않는 것이다. 자연은 우리가 감당할 수 없는 일을 가져오지 않는다. 욥은 가장 어려울 때 우리가 누리는 복을 하느님에게 받았는데 왜 재앙이라고 해서 못 받는다고 할 수 있느냐고 했다. 그는 옳고 그름을 따지는 옹졸한 차원을 완전히 넘어 선이든

악이든 모든 것이 신성하고 모두가 신성한 창조의 춤의 일부라고 생각했다. 선을 추구하는 데는 정신이 선하도록 이끌어져야 깨달음에 이를 수 있다는 플라톤의 길이 있지만 어둡고 불안전한 고통 즉 지옥을 거쳐야 천국에 이를 수 있다는 단테의 길도 있다.

율곡은 말이 많고 걱정이 많은 것처럼 사람에게 해로운 것이 없다고 한다. 말이 많다는 것은 생각이 부족한 탓이요, 걱정이 많다는 것은 믿음이 부족한 탓이다. 생각이 있는 곳에는 언제나 지혜가 빛나고 믿음이 있는 곳에는 어디에나 사랑이 넘친다. 지혜의 빛과 사랑의 힘이 넘치는 곳이 하늘나라다. 그곳에서는 마음에 걸림이 없고 모두가 새로운 생명과 자아로 피어난다. 그때 우리는 아무것도 없는 데서도 기뻐할 수 있고, 무엇이 있어도 즐거워 할 수 있다. 그곳에는 푸른 하늘의 밝은 태양처럼 일체를 초월한 인생이 있다. 우리에게 우울한 일이 생기면 이 일이 영원히 계속될 것이라고 생각하지 말자. 삶에는 계절이 있고, 단지 지금은 겨울일 뿐이라고 생각하자. 그러면 봄은 다시 오고 새로운 생명과 성장의 아름다움을 만나게 된다. 기회는 또 온다고 믿자. 우리는 우리의 마음과 감정 그리고 영혼을 하나의 정원이라고 생각하자. 우리는 우리 자신의 정원을 가꾸어야 하고 아름답고 풍성한 정원을 가꾸기 위해서는 실망, 분노, 두려움 대신 사랑과 감사의 씨앗을 뿌려야 한다.

나는 나의 주인이며 우주의 일부이다

사랑은 언제나 이별의 시간이 오기까지는 그 깊이를 모른다. 어느날 붓다가 제자들에게 자신이 곧 죽게 되리라고 말했다. 그러면서 내가 떠나기 전에 무슨 물어볼 말이 있느냐고 했다. 모든 제자들이 더 이상 스승을 괴롭히지 말아야 한다고 생각하고 조용히 앉아있기만 했다. 그런데 그의 형 아난다가 눈물을 흘리면서 나는 42년 동안이나 당신과 함께 있었고 나보다 나중에 온 사람들도 모두 깨달음을 얻었는데 나는 앞으로 어떻게 되느냐고 물었다. 그러자 붓다는 내가 육체를 떠나고 나면 24시간 안에 깨닫게 되리라며 걱정하지 말라고 했다. 오직 헤어짐만이 그대를 깨어나게 할 수 있다고 했다. 아난다는 언제나 붓다를 보살펴야 한다고만 생각하며 살아왔기 때문에 자신을 잊고 있었던 것이다.

가을이 되면 낡은 이파리들은 떨어져 흙 속으로 사라지고 더 푸르고 더 젊고 더 싱싱한 이파리가 자라날 자리를 준다. 만일 낡은 이파리가 계속 나무에 머물러 있기를 고집한다면 새 이파리들이 자라날 공간과 가능성이 없게 된다. 자식들은 이제 자신들의 생각을 갖게 되었다. 부모들은 자신의 생각을 너무 강요하지 말아야 한다.

세상의 모든 종교는 자비와 봉사, 베푸는 일을 가르친다. 하지만 그들이 만든 세상에는 아무런 자비도 봉사도 베풂도 없다. 그들은 쉬지 않고 아름다운 말들을 사용하고 있지만 그들의 아름다운 말들은 장님이 빛에 대하여 설명하는 것과 마찬가지이다. 말은 아름다울지 모르지만 그 속에 진실은 없다. 주면서 받을 자격이 있는 사람에게만 주겠다고 한다면 세상은 앞으로도 바뀌지 않을 것이다. 그러나 과수원의 나무들이나 가축들은 자기가 살기 위해서 준다. 나무에 열매가 풍성하게 매달려 있을 때 따가는 이가 없으면 나무는 열매를 땅으로 되돌려 준다. 주지 않고 아끼려고만 하면 그 나무는 열매의 무게에 눌려서 생명을 유지할 수 없게 된다. 그들에게 주지 않고 아끼는 것은 멸망으로 가는 길이다. 이때 주는 사람은 은혜를 베푸는 것이 아니라 오히려 은혜를 받는 쪽이 된다. 그리고 아무런 차별 없이 줄 수 있는 사람에게 주는 순간이 가장 기쁜 순간이다. 무엇인가를 줄 때는 사랑으로 주고, 존경하는 마음으로 주고, 어느 때이든 받는 사람의 인격이 다치지 않게 해야 한다.

한 선사가 집에 찾아온 도둑에게 아무것도 줄 것이 없어 자신이 덮고 있던 한 장밖에 없는 담요를 주고 나서 지은 시가 생각난다. 도둑이 떠난 뒤 떨면서 앉아 있는 선사의 창 밖에 마침 보름달이 비치었다. 그 달을 보고 선사는

나는 왜 이리도 가난한가

오늘 도둑을 맞이하고 나서야
내 가난을 절실히 느꼈네
불쌍한 친구
그에게 저 아름다운 달을 줄 수 있었으면 좋았을 것을
그대여, 받는 이에게 감사하며 주라
그는 거절하지 않고 받았다.
비를 잔뜩 안고 있는 구름이 비를 기쁘게 받아들이는
목마른 대지에게 감사해 하고 있다.
그 구름은 받을 자격이 있는 곳을 찾아가지 않는다.

사랑과 헌신과 기쁨으로 일하고 창조할 때 우리는 자신도 모르는 사이에 존재계 천재의 창조성의 한 부분이 된다. 그의 삶은 거대한 은총과 축복에 젖는다. 진실로 우리는 일을 통해서만 생명을 사랑하게 된다. 그들은 내가 이 세상을 떠나고 없을 먼 훗날을 위해서도 나무의 씨앗을 뿌린다. 모두가 나만을 위해 정원을 꾸미고 나무의 씨앗을 뿌린다면 내가 태어나기 전에 심고 뿌려놓은 나무의 열매를 얻지는 못할 것이다. 나도 자식들의 자식들을 위해 나무의 씨앗을 뿌리고 있는 것이다. 창조적인 일을 하는 사람은 언제나 젊게 살 수 있다. 봄이 와서 씨앗에서 이파리들이 솟아나는 것을 보면 기쁨 때문에 나이도 잊게 된다. 자연과 발걸음을 맞추어 가는 사람들에게는 죽음의 신도 자비를 베풀어 오래도록 젊게 살게 한다. 생명을 사랑하는 것은 더 많은 생명을 탄생시키고 그 생명을 더 아름답고 풍요롭게 만든다. 일을 통해 생명을 사랑할 때 삶의 가장 깊은 비밀을 알게 된다.

삶을 향상시키고 뭔가 아름다운 것을 창조하는 이들의 말에 귀를 기울이자. 그들에게 삶은 빛이고, 기쁨이고, 축복이다. 사랑으로 일할 때 우리는 왕처럼 일하게 된다. 일이 나의 기쁨이요, 춤이며, 시이다. 위대한 작품을 남긴 시인과 문학가는 노벨상을 받는다. 그러나 밭을 갈아 모든 사람을 먹여살리는 농부나 편하고 값싼 구두를 만드는 사람은 이름도 없이 살다가 간다. 그들은 아무도 노벨상을 받지 못했다. 진실하고 성실한 인간사회에서는 모든 창조적인 작업이 존경을 받아야 한다. 모든 창조적인 영혼은 신의 작업에 참여하고 있는 것이다.

링컨은 창조적인 모든 직업인들을 깊이 존경했다. 그의 아버지는 구두를 만들었다. 그가 대통령이 되자 귀족들은 당황했고 화가 났다. 한 사람이 대통령을 향해 어쩌다 당신이 이 나라의 대통령이 되기는 했지만 우리 상원의원들 가운데 당신의 아버지가 만든 구두를 신고 있는 사람도 많이 있으니 그 사실을 잊지 말라고 했다. 그는 링컨에게 모욕을 주려고 생각했다. 그러나 위대한 인간은 모욕의 차원을 초월한다. 열등감에 시달리는 소인배들이나 모욕에 시달린다. 링컨은 상원 연설에서 모든 사람들의 기억에 남을 명연설을 했다. "내가 상원에서 첫 연설을 하기 직전에 나의 아버지를 생각하게 해주셔서 감사합니다. 나의 아버지는 매우 멋지고 창조적인 예술가였습니다. 아버지보다 더 아름다운 구두를 만들 수 있는 사람은 이 세상에 없습니다. 내가 앞으로 어떤 정치를 하든 나는 내 아버지만큼 하지 못하리라는 것을 잘 알고 있습니다. 그러나 나는 당신들에게 한 가지 말씀드리고 싶습니다. 만일 나의 아버지가 만들어 드린 구두가 여러분의 발에 잘 맞지 않거든 언제라도 저에게 말씀하여 주십시오. 나는 훌륭한 제화공은 아니지만 아버지한테 배운 기술이 좀 있으니 최소한 여러분의 구두를 수선해 드릴 수 있습니다. 연락만 주시면 언제라도 여러분의 집으로 달려가겠습니다." 상원의원들은 쥐죽은 듯이 잠잠했다. 그들은 이 사람에게는 모욕을 줄 수 없다고 깨닫게 되었다.

우리가 그림을 그리든, 농사를 짓든, 시를 쓰든, 고기를 잡든 그것은 중요하지 않다. 문제는 자신이 창조하고 있는 일에 자신의 영혼을 불어넣어야 한다는 것이다. 그래야 내가 창조한 것이 신의 숨결을 담고 있게 된다. 태양은 부자들을 위해서만 떠오르지는 않으며 자연은 만물을 똑같이 대접한다. 자연의 진리에 다가설 때 자연은 모두를 존경하고 생명을 존중하게 된다. 사랑하는 가슴이 없이는 위대함은 없다. 우리 모두에게 사랑하는 가슴이 있다. 이제 그것을 모두에게 열어놓기만 하면 된다.

모든 창조가 6일 동안에 다 끝난 것이 아니다. 나무에게나 흐르는 강물에 휴일은 없다. 7일째 되는 날 모두가 쉬어야 한다면 일요일(Sunday)에 태양(Sun)은 떠오르지 말아야 한다. 그날은 태양의 날 즉 태양의 휴일이기 때문이다. 존재계에는 끊임없는 창조성만이 있다. 숲 속에 큰 불이 났고 두 사람이 불 속에서 빠져 나오지 못하고 있었다. 한 사람은 장님이고, 한 사람은 절름발이었다. 마침내 그들은 서로 도울 수 있다고 생각하고 장님이 절름발이를 업었다. 그들은 한 사람이 되었다. 절름발이는 보고 장님은 걸었다. 그것이 우리가 살아갈 수 있는 길이다. 모두가 자기의 일에 충실하자.

그대가 어떤 것을 느끼기 시작할 때 그대는 성장한다. 그리고 그렇게 되려면 어디에선가 시작해야 한다. 처음에는 실수가 있을 것이다. 그러나 그것은 자연스러운 것이니 좌절하지 말아야 한다. 나는 할 수 없다고 말하지 말고 할 수 있다고 말하자. 예수나 붓다 안에 있었던 똑같은 가능성이 그대 속에도 있다. 그대는 어떤 것도 부족하지 않다. 단지 정리가 필요할 뿐이다. 지금은 모든 것이 질서 없이 엉켜있을 뿐 있어야 할 것은 다 있다. 그래서 지금은 혼돈 속에 있다. 정리가 일어나지 않았기 때문이다. 그것을 인식하게 되고 선이 그어지기 시작하면 혼돈은 위대한 교향악이 될 수 있다.

에이브라함 마슬로우는 인간의 욕구를 다섯 단계로 나누고 그 마지막 단계를 자아실현의 욕구라고 말했다. 우주는 나의 외계가 아니고 나는 이방인도 아니다. 이 우주는 나의 집이다. 전 우주와 연결되 나의 뿌리, 나의 중심을 알고 싶은 욕구가 그것이다. 사르트르는 인간은 이 세계에 내버려졌다고 말했다. 물론 우리가 우리의 중심을 모른다면 나는 아웃사이더이고 엑스트라일 뿐이다. 이 세상이 나의 것이 아니다. 그때 공포와 고뇌가 생긴다. 그곳에서 삶은 투쟁과 갈등의 연속이 된다. 그때는 자신이 왜 태어났고 왜 살아야 하는지도 모르게 된다. 그러나 인간이 자신의 중심을, 자신의 뿌리를 자각하고 자신이 주인공이고, 우주의 일부이며, 존재계의 잠재력을 실현시키는 꽃이라는 사실을 느낄 수 있게 되면 우리는 더 없는 행복을 느낀다. 우주 안의 모든 것은 성장한다. 인간 역시 성장하고 하나의 봉우리를 이룬다.

임제 선사는 깨달음을 얻기 위해 스승의 방 앞에 있는 툇마루에 6년을 앉아 있었다. 스승은 매일 임제를 쳐다보았고 임제는 깨달음의 순간을 맞이하기 위해서 매일 스승을 기다렸다. 그날 스승은 툇마루를 나와 임제의 눈을 쳐다보고 갑자기 웃음을 터뜨렸다. 그러자 임제 역시 웃음을 터뜨리고 자신의 깨달음을 표현하는 뜻으로 절을 했다. 그 깨달음을 얻기까지 그는 6년을 기다렸다. 스승의 웃음이 임제에게 전해지는 순간 거기에는 웃음만이 있었고 임제의 마음은 존재하지 않았다. 그리고 임제는 자신으로부터 자유로워졌다. 6년 동안 스승은 임제에게 이해할 수 없는 말만 던졌고 대답이 틀릴 때마다 그는 얻어맞았다. 그러나 임제는 좌절하지 않고 끝까지 기다렸다. 그 기다림이 무르익어 그는 시간도 잊어버렸다. 자기 자신마저 잊어버리게 되었다. 그러던 어느 순간 스승이 미친 듯이 웃기 시작한 것이다. 그 웃음은 임제의 내면에 깊이 박혔다. 제자가 임제에게 그때 기분을 묻자 임제는 스승께서 갑자기 웃기 시작할 때 자신은 이 세상 전체가 하나의 농담이라는 것을 깨달았다고 한다. 그때 자신을 묶고 있던 모든 속박이 저절로 풀어지더라고 했다. 어떤 사람은 두들겨 맞는 순간에 또 어떤 사람은 북소리를 듣다가 또 어떤 사람은 이고 가던 물통이 땅에 떨어져 물이 쏟아져 나오는 순간에 깨닫기도 한다.

누구에게나 잘못은 있다

톨스토이의 작품들 가운데 인생의 의미와 영혼의 부활을 탐구한 〈도둑의 아들〉이라는 단편이 있다. 작품의 주인공인 벨로프는 예순이 넘었는데 마을에서 열리는 재판에서 배심원의 대표였다. 그는 상인으로 평생 정직하게 장사를 하였고 남을 속이지도 않았으며 오히려 남들을 도와주어 사람들의 사랑과 존경을 받고 있었다. 그런데 농부의 말을 훔친 도둑에 대한 재판이 시작되자 그는 이 재판을 맡을 수 없다고 했다. 모두가 놀랐으나 목소리까지 떨고 흐느끼며 간곡하게 사양하는 바람에 할 수 없이 그의 뜻을 받아들였다. 그날 밤 재판장은 벨로프를 집으로 초대했고 두 사람은 마음을 열고 이야기를 나누었는데 벨로프는 오랫동안 가슴에 숨겨왔던 이야기를 털어놓았다. 벨로프는 도둑의 아들로 태어났다. 벨로프가 어렸을 때 아버지와 아버지의 친구들은 한 가게의 값비싼 물건을 훔치기 위해서 어른들은 들어갈 수 없는 좁고 좁은 창문으로 벨로프를 들여보내 물건을 밧줄로 묶어 밖으로 내보내게 하였다. 그러나 아이가 미처 빠져 나오기 전에 경비원에게 발각되자 아버지와 아버지의 친구들은 아이를 그대로 남겨둔 채 훔친 물건만을 챙겨 도망가 버렸다. 가게의 주인인 벨로프와 경찰관이 체포된 아이에게 아버지의 이름이 뭐냐고 물었지만 아이는 겁에 질려 울고만 있었다. 아이를 가엾게 여긴 주인은 경찰관에게 어린아이는 하느님의 영혼인데 이런 아이에게 자기 아버지의 이름을 대라고 하는 것은 죄악이므로 이미 잃어버린 물건은 잊어버리겠다며 경찰관을 돌려보냈다. 뿐만 아니라 벨로프의 아내는 두려움에 떨고 있는 어린아이를 자신의 방으로 데리고 들어가 토닥거리며 따뜻하게 안아주었다. 아침이 되자 벨로프의 아내는 나와 함께 이곳에 살면 안 되겠느냐고 사정을 했고 결국 아이는 벨로프가에 양자로 입양되었다. 그뒤 그는 열심히 일을 했고 모든 재산까지 물려받게 되었다. 이야기를 마친 벨로프는 자신은 바로 도둑이었고 도둑의 아들이었는데 그런 자신이 타인의 잘잘못을 가린다는 것은 용서받을 수 없는 일이라며 어떤 사람이 죄를 지었다면 벌을 주기보다 불쌍히 생각하고 사랑으로 보살피는 것이 하느님을 모시는 사람들이 할 일이라고 생각한다고 말했다. 이야기를 듣고 난 재판장은 더 이상 묻지를 않았다.

흑백논리나 전부 아니면 전무라는 논리는 자기 파괴적이다. 이런 사고에 빠지면 다양한 선택의 자유를 인정할 수 없게 된다. 그런데 진실은 언제나 극과 극 사이의 중간쯤에 있다. 즉 흑과 백 사이의 회색 어딘가에 깃들어 있다. 극단적인 생각은 나쁜 감정과 자기 파괴적 행동으로 바뀔 수도 있으며 자신이 원하는 삶을 살 수 없게도 한다. 우리는 언제나 진실을 보아야 한다. 그 진실은 회색지대 어딘가에 있다. 내가 싫어하는 다른 사람에게서 발견하는 단점이 사실은 자신이 싫어하는 자신의 내면의 모습인 경우가 많다. 나의 잘못보다는 남의 잘못이 더 잘 보인다. 자기 반성을 하지 않는 사람 가운데는 남을 평가하고 판단하는 데에 전문가들이 많다. 다른 사람을 판단하고 싶을 때는 입을 다물고 그 비난이 비추어 주는 자신의 모습을 보기 시작하면 자신의 단점을 고치는 데 그 힘을 활용할 수 있다. 더 나아가 다른 사람의 단점보다 장점을 찾을 수 있으며 다른 사람을 칭찬할 때 훨씬 기분이 좋음을 알게 되고 다른 사람을 신뢰하고 더 잘 이해하고 공감하고 사랑할 수 있게 된다.

어떤 상황이든 좋은 점도 있고 나쁜 점도 있다. 우리는 그 상황을 긍정적으로 볼 수도 있고 부정적으로 볼 수도 있다. 나에게 모욕을 준 사람이 모두 나의 적은 아니며, 내 가슴이 편안하고 따뜻하면 그 어느 곳이나 편안하고 현재 가진 것에 감사할 수 있다. 나이 40이 되었을 때 인생의 반이 지나갔다고 생각할 수도 있지만 앞으로 살아갈 날이 인생의 반이나 남았다고 생각할 수도 있다. 장미 밭에 들어갈 때 가시에 찔릴까 하여 싫어할 수도 있지만 꽃의 아름다움과 향기에 마음을 빼앗길 수도 있다. 낙관주의자들이 비관주의자들보다 행복하고 건강하게 산다. 따라서 절망 보다는 희망을, 낙심보다는 용기를 가져야 한다.

나를 짜증나게 하는 사람이 있다면 다소 화가 나더라도 그를 다른 관점에서 이해하도록 노력하자. 어떤 사람에게 화가 나면 그에게서 장점을 찾도록 노력해 보자. 그러면 그 사람의 그 상황과 나아가 자기 자신을 좀 더 사랑하고 마음의 평화를 느낄 수 있을 것이다. 타인의 입장이 되어 상대방의 관점에서 바라볼 수 있는 능력이야말로 불만을 가진 사람을 친절하게 바라볼 수 있는 막강한 힘이다. 순식간에 분노가 동정심으로 바뀔 수 있다. 동정심은 분노를 잠재운다. 다른 사람의 입장이 되어 상대방처럼 생각하고 느낀다면 상대방을 더욱 잘 이해할 수 있고 성급하고 부정적인 생각에서 벗어날 수 있다. 더욱 참을성 있게 되고 다른 사람을 사랑할 수 있게 된다. 까다로운 사람이나 상황을 넓은 마음으로 대하자. 그때 마음은 평온해지고 즐거워진다. 상대방을 이해하려고 노력하다 보면 자신은 더욱 사랑스럽고 다정하고 인정 많은 사람으로 성장할 수 있다.

많은 사람들이 분노에 사로잡혀 복수를 생각한다. 그러나 원한이나 분노는 자기 자신에게 더 해롭다. 원한과 분노의 에너지도 긍정적으로 활용할 줄 알아야 한다. 이 세상에서 용서할 수 없는 일은 없다. 용서를 해야 한다. 진심으로 용서해야 한다. 용서하기 전에 분노와 자기 연민을 털어 버려야 한다. 극심한 분노보다 인간을 더 빨리 좀먹는 것은 없다.

세상은 질서 정연하지 않다. 그러나 질서와 조화를 이루게 하는 것이 인간의 소임이다. 내가 걱정하고 불안해 하지 않아도 우주는 쉬지 않고 움직여 왔다. 세상을 내 마음대로 좌우하고 싶다는 생각을 떨쳐내자. 일어난 일을 있는 그대로 받아들일 줄을 알 때 마음이 편안해지고 희망이 솟는다. 또한 세상의 덫에서 빠져 나오기 위해서는 조화의 원리를 익혀야 한다. 자신이 통제할 수도 없는 일에 화를 내느라 시간을 낭비하지 말고 상황을 있는 그대로 받아들이고 그 상황에 내가 적응해 보자. 세상을 거부하거나 화만 내지 말고 항상 긍정적인 행동을 취하려고 노력하면서 조화를 이루어 가면 어려운 상황을 극복할 수 있다. 마음은 깨끗이 비워두면 비워둘수록 좋다. 눈 속에 무엇이 끼어 있으면 무엇을 보더라도 잘못 본다. 마음 속에 선입견이 있으면 만사를 잘못 생각할 수 있다. 다른 사람의 치부를 들추려 하는 것은 자신이 오점을 갖고 있다는 증거이다. 어떤 사람들은 자신의 오점을 다른 이의 결함으로 감추어 씻어내려고 한다. 거기서 위안을 구할 수 있을지는 모르나 그것은 자신의 어리석음에 대한 위안일 뿐이다. 잘못은 어디에나 있다.

자아를 사랑하는 사람은 다른 사람에게 베풀고 나눌 줄 알며 대가를 바라거나 남들의 인정을 기대하지 않으면서 선행을 실천한다. 동정과 친절은 자기애의 산물이다. 자기애는 자아를 넘어 발전할 수 있다는 자신감을 갖게 하고, 다른 사람들의 생각과 욕구에 관심을 가지면서 자아를 확장한다. 자기애는 자기도취와 다르다. 자기도취에만 빠진 사람은 그릇이 작아지나 자기애를 지닌 사람은 다른 사람을 위해 이타적이 되고 크고 넉넉한 그릇에 자신을 담을 수 있다.

나의 인생은 나를 비추어 주는 거울이다. 눈을 뜨고 그 거울을 들여다보면서 자기를 이해하고 행복과 평화를 찾자. 그릇에 따라 물의 형태가 달라지듯 나의 생각에 따라 행동이 달라진다. 나의 행복은 인생에 대한 나의 태도에 따라 달라진다. 망치만 가진 사람의 눈에는 못만 보이는 것이다. 이처럼 머리 속에 굳어진 생각은 개인의 성장을 방해하고 배우고 사랑할 기회를 앗아가기 때문에 새로운 경험을 선입관으로 오염시키지 말아야 한다. 모든 새로운 상황을 마음을 열고 받아들이면 무한한 가능성이 펼쳐지고 인생을 투명하게 바라볼 수 있다. 병든 마음도 치유된다.

모든 생명은 늘 변화한다. 생명은 어떻게든 정체상태로부터 벗어나려고 한다. 우리는 순간마다 보다 강하게 되거나 보다 약하게 되고, 보다 선하게 되거나 용감하게 되기도 하며, 어리석게 되거나 비겁하게 되기도 한다. 우리가 사랑하거나 이성적으로 되는 순간 우리는 부활한다. 그러나 나태와 탐욕 그리고 이기주의에 빠지는 순간에 우리는 죽는다. 존재는 모든 순간에서 부활이냐 죽음이냐의 갈림길에 직면한다. 진정한 사랑은 책임을 수반하고 상대를 있는 그대로 수용한다. 그의 장점과 약점을 다 수용한다. 그뿐 아니라 그가 변화할 수 있도록 인내하고 이해하는 것이 사랑이다. 어떤 사람의 좋은 점만 사랑한다면 그것은 사랑이 아니다. 사랑의 대상을 소유하고 그 사람과 나 사이를 아무도 방해 할 수 없게 하면 사랑은 감옥이 된다. 우리는 그런 권리를 갖고 있지 않다. 어떤 사람이든지 자신이 만나는 사람을 이방인으로 간주하면서 멀리하는 한 그 자신도 이방인으로 머물고 만다. 자기 자신을 충분히 체험하면 자기 자신과 다른 사람들이 동일하다는 것을 인식할 수 있다. 자기 자신을 충분히 인식하는 사람은 인간의 본체는 동일하다는 것을 알게 된다.

우리는 완성된 채로 태어나는 것이 아니라 날마다 조금씩 일에서 완성되어 간다. 일을 통해 모든 능력이 완숙해지고 취미는 고상해지며 생각이 밝아진다. 또한 판단이 성숙해지고 의지가 순화된다. 그때 우리는 완성을 깨닫게 된다.

뜨겁고 보람 있게 살고 싶다

'유토피아' 라는 단어는 매우 아름답다. 그것은 결코 오지 않을 곳을 의미한다. 항상 오는 도중일 뿐 결코 당도하지 않는다. 유토피아는 상상 속에만 있다. 그래서 더 아름다운 것이다. 유토피아를 믿지 않으나 인간 사회는 그곳을 향한 꾸준한 개혁으로 개선되어야 한다. 인류 역사는 인간의 지혜와 결단에 의해서 진보해 왔고 앞으로도 진보할 것이다. 변증법에 따라 진보한 것은 아니다. 그러나 오늘날과 같은 물질적 가치만을 중요시하는 자본주의는 우리가 바라던 사회는 아니었다. 사회주의 체제의 붕괴는 다행스러운 역사적 사건이나 그 이상은 살아남아야 한다. 우리는 누구나 멋있고, 뜨겁고, 보람 있게 살고 싶어 한다. 그러나 내세와 천당은 없다. 그래서 현재의 삶이 더 절실하다. 그리고 더 귀중하다. 내가 보람 있는 삶을 사느냐 마느냐의 판가름은 오로지 현재 내가 살고 있는 삶에 의해서만 결정된다. 때문에 무심히 지내는 하루하루 순간순간은 너무나 귀중하다. 잠시의 시간이라도 낭비하기에는 너무나 아깝다.

내 인생의 의미가 미리 정해져 있다면 나의 삶은 그냥 존재할 뿐 삶으로서의 의미는 없게 된다. 일종의 갈대로서의 인류는 다른 종들의 갈대와 마찬가지로 자연의 일부에 불과하지만 생각하는 갈대로서의 인류는 자신의 삶의 의미를 스스로 창조해야 한다는 점에서 다르다. 인간의 존재 이유는 주어진 것이 아니라 각자가 스스로 만들어 내는 것이기 때문에 어떻게 살아야 하는가라는 문제에 부딪칠 때 인생의 의미는 각자의 지혜와 선택과 결단과 의지에 달려 있게 된다. 우리는 살면서 무엇을 추구해야 하는가, 권력과 부와 명성은 그 자체로서는 나쁠 게 없다. 그런데 권력을 가진 사람들 가운데는 권력을 갖지 않은 사람들보다 범죄자가 더 많고, 부와 명성을 누린 사람들 뒤에는 감추고 싶은 그늘과 때가 많은 경우가 허다하다. 쾌락도 그것을 경험한 사람들이 느끼게 되는 공허감이 있다. 결국 가장 중요한 것은 살아가는 태도이다. 직업이 무엇이든 옳고 아름답고 선하게 살고자 하는 태도 다시 말해서 가장 인간답게 살고자 하는 열정과 정직하게 살고자 하는 태도이다. 아프리카 사막의 한 복판에서 철저한 수행을 했던 성프란체스코나 독일의 대학 역사상 가장 연소자로 교수가 되었으나 교단을 버리고 알프스 산장에 혼자 외롭게 들어 앉아 초인을 외쳤던 니체나 평생을 독신으로 살면서 조국의 통일과 독립을 위해서 싸웠던 호치민 같은 사람들은 인생을 누구보다 정직하고 뜨거운 열정으로 살았던 사람들이다.

인간이 고민하는 이유는 상품 같은 존재가 아니라 유일한 실존적 존재임을 확인하라는 내적 욕구 때문이다. 짐승이 되기 싫기 때문이다. 행복한 돼지보다 불행한 소크라테스의 삶이 더 바람직하기 때문이다. 그러나 지식이 급증하고 정보교환이 범람하면서 세상은 더 어두워지고 삶은 더 혼란스러워졌다. 지식정보시대는 인간의 관심이 진리가 아니라 돈과 돈을 위한 경쟁에 쏠리게 하고 배움과 지식을 도구로 전락시키고 있다.

행복은 창조에 있다. 이것이 러셀의 행복관의 근본이다. 행복의 핵심은 보람이다. 보람은 가치 있는 것, 의미 있는 일을 성취 했을 때에 느끼는 흐뭇한 정신적 만족감이다. 높은 정신적 가치의 창조에서 행복을 찾자. 철학자 칸트는 학생들에게 스스로 사고하고 스스로 탐구하고 제 발로 서라고 했다. 우리는 이성을 등불로 삼고 진리를 최고의 권위로 알고 자기 머리로 생각하고 탐구하는 자주인이 되어야 한다.

이상과 현실 사이에서

서양에서 '윤리학(Ethics)' 이라는 말을 처음 쓴 사람은 아리스토텔레스다. 그는 윤리학을 '에티케 테오리아(Ethike Theoria)' 라 불렀다. 직역하면 '에토스(Ethos)에 대한 이론(Theoria)' 이라는 뜻이다. 에토스란 말은 원래 습관이나 관습이란 뜻이므로 윤리학은 관습에 관한 이론이 된다. 그런데 그리스어에서는 기원전 5세기 경에 두 차례의 큰 전쟁을 겪으면서 사람들이 아버지인 신과 어머니인 자연으로부터 물려받았다고 믿고 있던 모습 관습과 규범들에 대해 반항하기 시작했다. 이때 반항정신의 대변자가 소피스트들로 이들은 전통적인 학문과 교육방법을 비판하면서 새로운 지혜를 가르치고 학생들을 훌륭한 방법으로 교육한다면서 부유하고 교육열이 높은 그리스를 두루 돌아다녔다. 이들이 그리스 사회에서 처음으로 돈을 받고 학생들을 가르쳤으며 이들은 형이상학적 지식이 아니라 인간의 구체적인 삶에 대한 지식과 지혜를 가르치고 다녔다. 그들은 '잘 사는 것(to live well)' 에 대한 지혜를 팔고 다녔다. 그때 그리스는 자유로운 시민에 의해 지배되는 사회였기 때문에 성공한 삶으로 행복하게 살기 위해서는 공공장소에서 시민들을 얼마나 잘 설득할 수 있느냐에 달려 있었다. 소피스트들은 말하는 기술을 가르쳤다. 그들은 말이 객관적으로 옳든 그르든 간에 사람들이 말을 어떻게 하느냐에 따라 옳은 말을 틀린 말로 만들 수도 있고 틀린 말을 옳은 말로 만들 수도 있다고 했다. 그들은 진리의 객관성까지 부정하였다. 어차피 객관적 진리는 없고 있는 것은 우리의 주관적 판단일 뿐이다. 이들 앞에 객관적이고 절대적인 진리는 허구일 뿐이다. 사실 욕망의 자기주장이 그들의 철학이었다. 그들에게 도덕의 원리는 쾌락주의였고 약육강식이었다. 그들에게는 쾌락과 약육강식이 자연의 원리였고 이것은 모든 도덕성의 무덤이었다. 그들에게는 선(善)도 쾌락을 주는 것일 뿐이었다. 그들의 이론에 따르면 인간이 올바르게 살려면 자기의 욕망을 억제할 것이 아니라 이것을 최대한 허용해야 하고, 지혜는 욕망이 원하는 것이면 무엇이든지 충족시킬 만한 힘을 가지고 있어야 한다. 그러나 다시 생각해 보면 이들이 도덕의 기초를 철저히 파괴했기 때문에 소크라테스나 플라톤이 윤리학의 기초를 그렇게 철저히 다질 수 있었다고 말할 수도 있다. 그렇게 생각하면 소피스트들은 도덕을 위한 위대한 반면(反面)교사였다. 우리가 추구해야 할 좋은 것은 몸의 일이 아니라 마음의 일이라는 것을 가르친 사람은 소크라테스였다. 그는 과연 무엇이 바람직한 것이며 무엇이 삶에 좋은 것이냐고 물었다. 그는 바람직한 삶, 훌륭한 삶 그리고 행복의 참된 의미를 물으면서 윤리학의 창시자가 되었다. 그는 우리가 육체의 감옥에만 갇혀 있는 한 영원히 채울 수 없는 결핍을 채우기 위해서만 애쓰고 말기 때문에 그 자체를 초월하는 것이 영혼의 온전함을 위해 진정으로 필요한 일이라는 것을 깨달았다. 그리고 이 초월은 쾌락에 대한 집착 그 자체를 버림으로써만 가능하다고 했다.

유럽에 담배가 처음으로 수입되었을 때 사람들은 담배가 건강에 매우 좋은 기호품이라고 여겼다. 영국의 철학자 토마스 홉스는 담배가 수명을 연장해 준다고 믿고 하루종일 파이프를 물고 살았다. 이것이 무지에서 비롯된 잘못된 선택이다. 그래서 소크라테스는 악덕과 방종을 무지의 소산이라 보고 윤리적 덕의 본질은 앎에서 시작한다고 했다. 행복하고 선한 삶을 살기 위해서는 참된 앎이 요구된다. '이상주의(Idealism)'는 플라톤이 처음으로 사용한 '이데아(Idea)'라는 말에서 유래했다. 따라서 플라톤주의는 이상주의의 원형이다. 이상주의자는 현실에 대해서 절망하고 있기 때문에 끊임없이 주어진 현실을 뛰어넘으려 한다. 그들은 현실을 넘어선 곳에서 존재의 진리를 추구한다. 우리가 빛을 동경하는 것은 어둠 속에 있기 때문이며 이상주의자가 추구하는 이상이 크고 높은 것은 그가 현실에서 체험하는 절망과 좌절이 그만큼 크고 깊기 때문이다. 악과 불의가 없는 곳에는 선과 의로움도 없다. 플라톤은 우리의 삶과 역사를 지탱하는 참된 힘은 오직 선과 의로움뿐이라고 했다. 인간의 역사가 아무리 절망적인 것처럼 보이더라도 그 역사가 계속될 수 있는 것은 우리에게 선과 정의의 불씨가 아직도 남아 있기 때문이다. 그런 선한 사람들 때문에 인간의 역사는 멸망하지 않고 지속되고 있는 것이다.

라파엘로는 아카데미 학당으로 나란히 걸어 오는 플라톤과 아리스토텔레스를 그리면서 플라톤은 오른손을 들어 하늘을 가리키는 백발의 노인으로, 아리스토텔레스는 땅을 가리고 있는 젊은이로 그렸다. 아리스토텔레스는 플라톤의 아카데미 학당에서 20년 동안이나 배웠던 플라톤의 수제자였지만 철학적 이념이 서로 달랐다. 스승은 이상주의자로 참된 세계는 눈에 보이지 않는 정신적 세계라고 한 이상주의자였고, 제자는 경험적 현실을 중요시하는 현실주의자였다. 플라톤은 우리가 염려해야 할 것은 이 세상에 속한 일들이 아니라 우리의 고향인 영원한 세계에 속한 일들이기 때문에 우리가 참으로 관심을 가져야 할 일은 영혼의 순수함과 영혼의 온전함을 염려하는 것이라고 했으나 아리스토텔레스는 참으로 좋은 것 그리고 참으로 선한 것은 바로 지금 여기 우리가 사는 세계에서 실현되지 않으면 안 된다고 했다.

아리스토텔레스는 삶에서의 행복과 탁월함은 자신의 고유한 일과 기능을 완전히 수행하는 데 있다고 했다. 우리가 자신에게 고유하고 어울리는 일을 탁월하게 수행할 때 바로 그 상태가 행복한 상태이다. 그때 우리가 느끼는 내면의 희열과 기쁨이야말로 참된 행복에 수반되는 참된 기쁨이요, 참된 쾌락인 것이다. 그리고 우리의 일과 능력 가운데 이성의 활동만이 인간에게 고유한 능력이다. 그것은 동물과 식물에서는 볼 수 없는, 순수한 인간에게만 고유한 능력이다. 플라톤은 인간의 영혼을 모두 아홉 등급으로 나누었다. 참된 철학자와 예술가의 영혼을 첫 번째 등급으로 꼽았고, 폭군과 독재자의 영혼을 아홉 번째 등급으로 꼽았다. 그러면서 소피스트들의 영혼을 독재자의 바로 위의 서열에 놓았다. 이것은 말이 저지르는 범죄가 사악한 권력이 저지르는 악행에 못지않음을 말하는 것이다.

아리스토텔레스는 인간의 정념을 무조건 억압하고 억누르는 것이 능사가 아니라 우리의 정념을 잘 다스리고 관리해야 덕스러운 사람이 된다고 했다. 그런 의미에서 그는 현실주의자요 자연에 어긋나는 일이며 불가능한 일이다. 문제는 자연적 정념 그 자체가 아니라 우리가 정념과 어떤 관계를 맺느냐 하는 것이다. 성욕 그 자체가 나쁘다고 하여 모든 사람에게서 성욕을 제거해 버리면 인류는 멸종하고 말 것이다. 정념은 인간의 도덕적 삶에 없어서는 안 될 것이다. 다만 정념이라는 진로에 보기 흉한 형상을 부여하면 악덕에 빠진다. 따라서 도덕의 문제는 어떻게 정념을 없애고 억누르느냐 하는 데 있지 않고 어떻게 하면 자연적 정념이라는 진로에 훌륭한 형상을 부여하는가에 있다. 이것이 건강한 자연주의적 태도이다. 그러기 위해서 정념에 있어서는 과도하거나 부족하지 않는 중용의 원리에 따라야 할 것이다. 여기에 산술적 평균치는 없다. 다만 마땅할 때, 마땅한 일에 대하여, 마땅한 사람들에 대하여, 마땅한 동기로 그리고 마땅한 태도로 어떤 정념을 느끼는 것이 참된 중용이요, 덕이다. 이것이 아리스토텔레스의 주장이었다. 그리고 그는 우리의 모든 선택이나 행위에서 모자람이나 지나침을 피하고 중용의 길을 걷는 것이 윤리적 덕의 일반적 특성이라 했다.

어느 임금이 병이 들었는데 절망적이었다. 소생할 가망이 없었다. 백방으로 치유의 방법을 찾았으나 허사였다. 그때 어떤 도인이 나타나 이 세상에서 가장 행복한 사람을 찾아 그 사람의 내복을 구하여

약으로 쓰면 나을 수 있다고 했다. 왕가의 모든 사람들이 나라의 구석구석을 돌며 찾았다. 그리고 행복하다고 소문난 가정을 찾았다. 재산이 많고 부러울 것이 없었다. 그러나 이 부자는 더 많은 재산을 갖고 싶은 욕망과 모아진 재산관리 때문에 제대로 잠을 이루지 못했다. 그는 행복할 수 없었다. 그때 또 한 사람 두메산골의 가난한 농부의 소문이 들려왔다. 부부가 아들딸과 함께 살고 있으며 언제나 웃음소리가 끊이지 않았다. 그러나 그 집은 너무 가난해서 속옷도 없었다. 중용의 길은 그렇게 어렵다.

우리의 전통은 아름답다

우리 민족은 이지보다는 감정에 우세하고, 전체보다는 부분에 애착을 보이며, 내실보다도 외형을 중시한다. 또한 내면적 가치보다는 외면적 가치에 끌리는 경향이 있다. 따라서 우리 가운데는 좋은 뜻으로든 나쁜 뜻으로든 가슴이 뜨거운 사람이 많다.

우리는 경우가 바른 사람보다는 무던하고 둥글둥글한 사람을 좋아했다.

이것저것 따지며 끝까지 파고 들어오는 사람을 싫어했다. 현재세계의상황은 인류 전체가 하나로 뭉쳐서 지구 전체를 살려야 할 상황인데도 각국은 국가 이기주의에 빠져 있고 더욱이 우리나라의 경우는 국가나 민족을 위하기보다는 나 한 사람, 내 주변의 소집단의 이익에만 집착하는 사람들이 더 많다. 우리가 처해 있는 오늘의 상황은 인류 전체를 염두에 두는 큰 나의 인간상을 요구하고 있음에도 불구하고 실제로는 자기 한 개인만을 생각하는 작은 나의 인간상이 주류를 이루고 있다. 또 유럽의 여러 나라 사람들을 보면 튼튼하고 안전성이 강하는 소형자동차를 선호하는 경향이 강하나 우리나라에서는 튼튼하지도 않고 안전하지도 못하더라도 몸집이 큰 자동차를 좋아하는 것을 보면 우리는 내실보다는 외형을 좋아하는 경향이 있다는 것을 알 수 있다. 지금 내용이 부실하면서도 겉모습만 크고 화려한 공공건물이 얼마나 많은가. 상점에는 외국 유명상표만 붙으면 가격에 관계없이 많이 팔린다고 한다.

이제 어른들만이 아니라 어린아이들까지도 외국상표를 찾고 있다.

또한 사랑이나 우정, 학문이나 예술보다는 돈과 재물과 권력, 지위 등을 선호하는 사람이 많다. 가치에는 사람들의 욕구를 충족시키는 힘이 있는데 욕구 충족을 인간의 정신과 생명에 있는 내면적 가치에 찾지 않고 관능적 쾌락과 흡족한 소비에서 찾는 사람들이 많다는 이야기이다. 이처럼 자신의 전인격과 전 생명을 크게 내다보지 못하고 생물학적 욕망과 눈앞의 이익에 사로잡히게 되면 작은 것은 얻으나 큰 것을 잃게 된다. 많은 사람들이 소유의 극대화, 향락은 많을수록 좋기 때문에 소유와 향락에 대한 욕망은 아무리 채워도 끝이 없다. 그런데 한 국가가 일정한 시기에 나누어 줄 수 있는 외면적 가치의 총량은 쉽사리 늘지 않는다. 따라서 사람들 사이의 경쟁이 치열하다. 그런데 사람들의 이해관계가 날카롭게 대립되면 이들에게서 공동목표를 위한 협력을 기대하기는 어렵다. 지금 우리가 알고 있는 이른바 한국병의 여러 가지 증상도 그 뿌리는 모두 외면적 가치를 지나치게 선호하는 가치풍토 때문이다. 외면적 가치의 대표라고 할 수 있는 금력과 야합하여 부정과 부패가 커간다.

그때 다수는 소수의 승리 앞에 굴복하게 되고, 여기서 계층 간의 갈등과 빈부의 격차가 커진다. 그리고 자신의 가난이 사회의 구조적 모순과 잘못 때문이라고 생각하고 있는 사람들 중에는 절도나 강도와 같은 사회적 범죄를 저지르며 그들의 욕구를 채우려고 하는 사람들도 있다. 자연스럽게 심각한 청소년 문제도 뒤따른다.

어머니가 아이에게 젖을 빨리면 어머니의 영양이 손실되고 젖 모양에도 좋지 않다. 그러나 대부분의 어머니는 아이를 남이라고 생각하지 않으며 아이가 모유로 얻은 보람이 크기 때문에 자신이 손해를 본다고 생각하지 않는다. 그리고 자아를 육체의 체계로 보지 않고 의식의 체계로 본다면 자식이 나의 일부로 의식될 때는 자식은 부모의 자아체계 속으로 들어온다.

그리고 자아의식은 나선의 모양으로 컸다 줄었다 하는 일종의 흐름이므로 자아의 범위는 수시로 변동한다. 그 범위가 가장 작을 때는 자신의 몸뚱이와 몸에 걸친 의복과 신발 정도가 자아의 전부가 되고 가장 클 때는 국가와 민족 또는 인류와 자연 전체가 자아의 범위 안으로 포섭되기도 한다. 이처럼 어떤 사람의 자아는 제 몸뚱이 하나를 크게 벗어나지 못하는가 하면 다른 소수의 자아는 국가와 민족 또는 인류까지도 끌어안는다. 그래서 우리는 평소에 넓은 범위를 자아로써 의식하는 사람을 대인이라고 부른다.

안창호 선생이 남긴 글씨 가운데 '애기애타(愛己愛他)' 라는 것이 있다. 민족을 위해 평생을 바친 선생이 남을 사랑하는 말 앞에 자기를 사랑하라는 말을 나란히 넣은 뜻은 작은 나에 대한 사랑이 씨앗이 되어 점점 자라서 큰 나에 대한 사랑에 이른다는 말일 것이다.

세상에 태어난 어린 아이는 본능적으로 작은 나를 사랑할 것이며 그 작은 나가 큰 나로 성장하면서 큰 나에 대한 사랑을 갖게 된다. 실제로 작은 나에 대한 사랑이 없으면 큰 나에 대한 사랑도 없다. 사람은 누구나 각기 다른 개성을 가지고 세상에 태어나기 때문에 어떤 위인을 그대로 모방할 수도 없고 또 그렇게 할 필요도 없다. 우리는 성장의 여러 단계에서 여러 사람을 존경하고 그 사람들을 거울로 삼아 자신의 인격을 형성해야 한다.

우리의 삶에 대한 욕망은 자아에 대한 본능적 사랑을 필요로 한다. 자아에 대한 사랑이 없거나 약한 사람은 바람직한 인간상이 아니다. 자아를 사랑하되 큰 범위의 자아를 사랑하는 사람이 더욱 바람직한 인품을 지녔다고 할 수 있다. 모든 사랑은 넓은 의미의 자아에 대한 사랑은 존재하지 않는다고 말할 수 있다. 주변에서 제 자식이 타락의 길에서 방황하는 것을 내버려두고 고아원 아이들을 위하여 사회봉사하는 어머니들이나 제 부모는 돌보지 않고 양로원에서 좋은 일을 하는 젊은이들의 경우를 가끔 본다. 그러나 그것은 사리에 맞지 않다.

아무리 넓은 범위의 자아를 사랑한다고 하더라도 그 사랑이 행복한 삶이라는 목적에 부합되지 않는다면 그러한 인품에는 결함이 있다고 할 수밖에 없다. 또 어린 자녀가 원하는 것이면 무엇이든지 다 들어주고 마치 왕자나 공주처럼 떠받드는 부모들이 있는데 이것도 사랑 때문에 하는 행위이지만 어리석다고 할 수밖에 없다. 과음과 과식과 과색은 나의 욕망을 충족시키고 나를 위해서 하는 행위지만 길게 볼 때는 나의 행복에 역행하는 어리석은 행위다.

이제 우리가 국제화의 물결을 타고 새로이 열리고 있는 시대조류를 무시하고 패쇄적 민족주의의 미몽에서 깨어나지 못한다면 우리는 치열한 무한경쟁 속에서 낙오자가 되고 말 것이다. 그렇다고 민족의 정체성을 망각하고 세계 시민이 되겠다고 성급하게 경거망동할 수는 없다. 예컨대 우리가 우리의 말과 글을 버리고 문화사대주의에 빠진다면 그것은 한국인을 위해서 뿐만 아니라 인류를 위해서도 불행한 일이 될 것이다. 지성과 감성이 발달한 인간의 행복을 위해서는 건전하고 아름다운 문화의 창달이 중요하며 인류가 전체로서 풍부한 문화를 향유하기 위해서도 지구상의 여러 민족들이 각각 특색 있는 문화를 발전시켜 가는 것이 바람직하다. 그리고 우리가 우리 민족의 정체성을 중히 여기는 것은 세계 문화에 크게 기여하는데 필수적이다.

'세계화(Globalization)' 라는 말은 정치적 개념이라기보다는 경제적 개념에 가깝기 때문에 우리나라가 부강한 나라에 속한다면 세계화는 반가운 흐름이 되겠지만 그렇지 않더라도 이제는 그 흐름을 거부할 수는 없다. 경제적 제국주의라고 소리 질러도 소용이 없다. 대세는 순응하면서 국력을 쌓아 가야 한다. 옛날 그리스에서 '코스모폴리탄(Cosmoplolitan)' 이라 하여 전 인류가 하나의 세계 공동체를 이루어야 한다고 주장한 사람들이 있었다.

그러나 정치적 국경도 무너뜨리고 세계가 하나의 국가로서 평화롭게 산다는 것은 아직까지 꿈에 불과하다. 패쇄적 민족주의에서는 빨리 벗어나야 하지만 민족의 정체성을 망각하고 국적 없는 세계 시민으로 마음 편하게 살 수 있는 단계는 아직 아니다. 개인에게 뚜렷한 개성이 있는 것이 바람직하듯이 민족의 경우에도 그 본연의 모습을 잊어서는 안 된다.

우리 민족의 고유한 언어와 문자, 미술과 음악, 종교와 풍습 등 문화적 가치도 우리 정체성의 구성 요소들이다. 예를 들면 한글은 대중성과 독창성에서 어느 나라 글보다도 우수하다고 믿는다. 글자 수가 24자 밖에 안 되면서도 여러 가지 소리를 나타낼 수 있고 문자의 체계가 논리 정연하여 배우기 쉬울 뿐 아니라 음성학적으로도 지극히 과학적인 문자이기 때문이다.

가장 큰 다이아몬드는 자신의 내면에 있다. 어떻게 찾느냐가 문제일 뿐이다. 누구나 엄청난 잠재력을 갖고 태어난다. 땅은 때로는 딱딱하고 메마르다. 그러나 그 속에 있는 씨앗은 흙을 뚫고 나오려고 애쓰고 있다. 인도의 콜콘다에 햇빛에 번쩍이는 것을 발견하였다. 그는 그것을 주워다 집에 두고 신기해서 보고 또 보았다. 그러던 어느 날 길 가던 한 승려가 해가 저물어 그 집에서 하룻밤을 묵게 되었고 서로 이야기를 나누었다. 승려는 요즈음 강둑에서 다이아몬드를 주워 떼돈을 번 사람들에 관한 이야기를 들려주었다. 농부는 결국 자신의 밭을 팔아 여비를 장만하고 아내와 자식들에게 적어도 5년이면 다이아몬드를 찾을 수 있을 것이니 그때까지 고생되더라도 참고 기다리라며 집을 떠났다. 그는 여러 곳에서 고생하고 일하며 5년을 지냈지만 다이아몬드를 찾지 못했다. 그러나 다이아몬드가 무엇인지를 알게 되었다. 그는 다시 집으로 돌아왔다. 그런데 자신의 눈을 믿을 수가 없었다. 그가 그동안 찾아 헤맸던 그 다이아몬드가 아직도 자기 집에 버려진 채 있다는 사실을 알게 된 것이다. 그곳의 밭이 세계에서 가장 큰 다이아몬드 원산지였다. 그리고 가장 큰 다이아몬드는 그 농부의 땅에서 발견되었다. 이처럼 우리도 내가 가지고 있는 소중한 전통을 잊어서는 안 된다.

제 4 부

삶을 가꾸는 메시지

아름답고 선한 세계를 위하여

한 나그네가 쥐엄나무를 심고 있는 노인을 만나 이 나무가 언제쯤 열매를 맺게 되느냐고 묻자, 노인은 '글쎄, 한 70년 후쯤 될 것이다.' 라고 대답했다. 그래서 '그러면 할아버지께서는 이 열매를 따서 드실 때 까지 살 수 있습니까?' 라고 물었다. 그러자 노인은 '내가 이 세상에 왔을 때도 이 세상은 황량하지 않았다. 나의 아버지와 할아버지들이 나무를 심었고, 그렇듯이 나도 내 자손들을 위해 나무를 심는 것이다.' 라고 일러주었다.

우리는 모두가 삶에 대한 책임을 지고 있다. 우리는 앞서간 사람들의 고통과 훌륭한 빚을 지고 있을 뿐 아니라 그들로부터 귀하고 엄숙한 선물을 받고 있다. 우리가 존재하는 동안의 모든 시간은 금이나 재물보다 소중하며 하루하루는 그 무엇보다 귀중하다. 우리는 함께 이 세상의 모습과 미래를 만들어가고 있다.

우리는 언제나 삶에 대한 경외심과 감사하는 마음을 갖고 살아가는 매 순간 이 세상을 보다 나은 곳으로, 보다 포근한 곳으로 만들기 위해 무엇인가를 할 수 있다. 이것이 바로 우리에게 삶의 의미를 부여하고 그것이 우리가 추구할 수 있는 고결한 길이다. 우리의 행동 하나하나는 수 많은 고리로 연결되어 있다. 가장 멋진 일을 하는데 단 한 순간도 기다릴 이유가 없다. 함께 움직이자, 삶에 대한 책임을 다하고 스스로를 더 깊이 있고, 만족스럽고 의미 있는 존재로 만들기 위해 내가 할 수 있는 일은 그것이 무엇이든 함으로써 이 세상에 선물로 남긴다고 생각해야 한다. 현재 하고 있는 일을 통해 숭고한 이상을 실현하고 삶에 대한 사랑을 표현해야 한다. 준다는 것은 우리 자신을 표현하는 것이다. 주위 사람들에게 사랑과 친절을 베풀며 대접받고 싶은 대로 남을 대접하다 보면 개인적인 한계를 벗어나 인류와 삶으로 관심이 확대된다. 선과 악의 선택은 우리의 몫이다. 우리는 스스로 결정한 삶의 한 가운데서 이 선택에 참여하고 있다. 내가 하기 싫은 것을 남에게 강요하지 말자. 한결같은 친절은 모든 비난을 해결하고, 얽힌 것을 풀고, 어려운 일을 수월하게 하고, 세상을 아름답게 한다. 다른 사람들을 배려할 마음만 있다면, 사소한 것이라도 소중하게 여기는 마음만 있다면 남에게 무언가를 줄 수 있다. 누구나 다른 사람에게 줄 수 있는 무언가를 가지고 있기 때문이다. 우리 안에 있는 나만의 천재성을 발견하고 계발하는 일에 얼마나 많은 사랑을 쏟고 있느냐가 무엇보다 중요하다.

씨앗에서 아름다움을 찾을 수는 없다. 그러나 그것이 싹을 틔우고 꽃을 피우게 될 때 거기에 아름다움이 존재한다. 씨앗을 버리면 꽃도 함께 버리는 결과가 된다. 따라서 꽃을 원한다면 씨앗을 소중히 여겨야 한다. 모든 것을 먼저 받아들이고 이해해야 더 많은 것을 얻을 수 있다.

'눈에는 눈, 이에는 이' 하면서 살면 모든 사람을 눈 멀게 한다. 받은 대로 되갚으면 상대 뿐만 아니라 나에게도 아무런 도움이 되지 않는다. 이것은 상대방을 이해하고 배려하는 방법이 아니다. 폭력은 사랑보다 증오를 키우고, 공동체를 파괴하고, 형제애를 불가능하게 만든다. 폭력은 피해자에게는 가슴 깊은 상처를, 가해자에게는 잔인성을 키운다. 그리하여 스스로를 망하게 만든다. 우리가 가고 싶은 길이 옳을 때 우리에게 반대하는 세력들에게도 우정과 예의를 다하며 사랑과 진리의 힘으로 대처한다면 마침내는 상대방에게도 그 뜻이 전달되어 양심을 움직여 화해의 숨결을 교감하게 된다. 우리가 그들을 친구로 만들었을 때, 그때 우리는 서로 이기게 된다. 진리의 싸움은 져도 이기고, 이겨도 또 이기는 절대의 싸움이다. 산은 가만히 있으면서도 바람을 막듯이 진리는 말없이 싸우고 말없이 이긴다. 진리의 싸움은 내가 싸우는 것이 아니라 진리 자체가 싸운다. 때문에 이미 이겨놓고 싸우는 싸움이다. 이것이 믿음의 세계이고 깨달음의 세계이다. 주는 가운데 받고, 용서하는 가운데 용서받으면서 우리는 영원한 삶을 살게 된다. 우리는 자연으로부터 분리되어 있지 않다. 우리가 곧 자연이다. 따라서 누구도 자연을 정복할 수는 없다. 필요한 것은 순수다. 사랑을 담은 순수다. 우리 내면은 사랑과 순수와 침묵의 여정이어야 한다. 에드먼드 힐러리는 에베레스트를 정복했다고 하지 않았다. 산이 그곳에 있기 때문에 올랐다고 했다.

타인과 함께 있다는 건 아름다운 일이나 홀로 있다는 것 또한 아름다운 일이다. 누군가와 사랑에 빠져야 하나 홀로 있다면 그 고독도 완벽하게 지키자. 홀로 있음과 타인과의 사랑을 둘 다 갖자. 두 사람이 함께 있음은 좋은 일이고 아름다운 일이다. 사랑 속에서 자비와 기도와 봉사를 배우고 서로를 고양시키기 때문이다. 또 홀로 있을 때 우리는 평화와 침묵과 평정심 속에서 명상 할 수 있다. 새로운 각성도 할 수 있다. 그때 우리는 성실해지고 자아가 튼튼하게 자리 잡아간다.

강은 두 개의 둑이 필요하다. 그러나 강 속 깊이 들어가 보면 강바닥에서 하나가 되어 있다. 이것과 저것은 분리된 두 개처럼 보이지만 그것은 겉모습일 뿐이다. 삶은 이것과 저것 모두를 필요로 한다.

유태인들은 새로운 평화와 축복 그리고 신의 질서가 탄생할 때를 기다려 왔다. 언제인가는 이 추한 세계가 사라지고 아름답고 참되고 선한 세계가 찾아온다고 희망하고 있다. 진정한 종교인은 무엇이든지 받아들인다. 그는 이 세상을 있는 그대로, 삶을 있는 그대로 받아들인다. 그것이 무엇이든지 아름답다고 한다. 그리고 그 받아들임을 통하여 그는 다시 태어나 새로운 존재가 되며 그의 앞에는 새로운 세계가 열린다. 이것이 부활이요, 거듭남이다. 받아들이는 태도가 바로 우리의 세계이다. 붓다에게는 그것이 궁극적인 미와 환희이다.

하나의 문이 닫히면 다른 문이 열린다. 때문에 없는 것을 슬퍼하지 않고 가지고 있는 것을 기뻐하는 자가 지혜로운 사람이다. 닫혀진 문에만 연연해하지 말고 열린 문을 즐겨야 한다. 옛날 산기슭에서 한 지혜로운 노인이 여러 마리의 말을 키우고 있었다. 어느 날 그의 암말 한 마리가 도망가서 그의 가족과 친구들이 그 말을 찾았으나 허사였다. 모두가 그 노인을 위로하자 그 노인은 고맙다고 인사하며 그러나 이 일이 축복이 될 수도 있으니 걱정하지 말라고 했다. 며칠 뒤 그 암말은 야생마 한 마리를 데리고 왔다. 마을 사람들은 노인의 행운을 축하해 주었다. 그러나 그 노인은 이 일이 재앙이 아니라고 누가 장담할 수 있겠느냐며 담담하게 받아 넘겼다. 얼마 후 농부의 아들이 그 야생마를 길들이다가 말 위에서 떨어져 다리가 부러지고 말았다. 마을 사람들이 그 노인을 위로하자 그 노인은 또 이 일이 축복이 될 수 있을지 모르니 너무 염려하지 말라고 했다. 얼마 뒤 그 지방에 끔찍한 전쟁이 벌어져 건장한 젊은 남자들은 전쟁터에 나가 열 명 중 아홉은 목숨을 잃었다. 그러나 이 농부의 아들은 절름발이여서 전쟁에 나가지 않았고, 살아남아 농부에게 건강한 손자녀들을 볼 수 있는 축복을 주었다. 이처럼 앞날은 예측하기 어려워 한때의 재앙이 축복이 될 수도 있다. 이른바 새옹지마(塞翁之馬)인 것이다. 세상의 뜻을 좇아 살아가는 것은 쉽다. 나 자신의 뜻을 좇아 혼자 사는 것도 쉬운 일이다. 그러나 훌륭한 사람은 군중 속에서 서로 조화를 이루며 독자적으로 사는 법을 안다.

힌두교에서는 베푸는 사람은 모든 것을 가지나 모든 것을 혼자 끌어안고 있는 사람은 아무것도 가지지 못한다고 한다. 불경에서는 선을 행하는 지혜로운 사람과 은혜를 베푸는 도덕적인 사람은 이생과 저생에서 모두 행복하다고 했다. 기독교에서는 받는 것보다 주는 것이 더 큰 축복이라고 했다. 친절과 진실이라는 작은 촛불을 켜고 어둠과 절망이 사라질 때까지 밝히며 가야한다. 나에게 무슨 일이 맡겨지면 누구나 미켈란젤로가 그림을 그리듯, 베토벤이 음악을 만들

듯, 세익스피어가 시를 쓰듯 몸과 마음을 다해 열심히 일해야 한다.

매일 매일의 소중함보다 더 귀한 것은 없다. 육신의 나이에 집착하지 말고 언제 어디서나 순간순간 자신에게 주어진 일에 최선을 다하여 살고 있는 사람은 시간에 구애받지 않고 세월의 물결에 휩쓸리지 않고 자신답게 살아간다. 우리의 순간순간은 새로운 시작이다. 선한 행동으로 매일 매일을 새롭게 맞이하자. 진정한 성공은 가치 있는 목적을 추구하고 자신을 이 세상에서 없어서는 안 될 구성원으로 만들 때 온다.

인간은 일하고 창조하는 존재이다

인간은 자기 스스로를 창조해 간다. 인간이 세상에 온 것은 할 일이 있어서 온 것이다. 인간은 그저 내던져진 흙덩이가 아니다. 먼지를 털고 일어서야 한다. 자기에게 주어진 자유의 힘을 가지고 자기를 만들기 위하여 끊임없이 사다리를 한 계단 한 계단 올라가야 한다. 인간은 자기를 만들 수 있는 힘을 가지고 있다. 한 계단을 올라가면 한 계단의 내가 되고, 두 계단을 올라가면 두 계단의 내가 된다. 한 걸음 올라갈 때 인간의 다리에는 힘이 생기고 인간의 팔에는 희망이 빛난다. 사람은 올라가는 만큼 사람이 된다. 끊임없이 올라가고 싶은 충동이 생길 때 기쁨도 함께 따른다. 그것이 창조이고 인간의 본질이면서 인간의 책임이다. 따라서 우리는 치열하게 살아야 한다. 화산처럼 터져 불을 뿜는 용암이 흘러야 한다.

율곡은 열아홉 살에 금강산에 들어가면서 내가 산에 들어감은 내 속에서 산을 찾기 위함이요, 내가 물을 따라감은 내 속에서 물을 만나기 위함이라고 했다. 인간은 누구나 자기 속에 산과 바다를 가지고 있다. 인간의 존엄성이라는 거대한 산과 지식의 바다를 가지고 있다. 그래서 어진 사람은 산이 되어 산을 즐기고, 지혜로운 사람은 물이 되어 물을 즐긴다. 우리는 어제를 사는 것이 아니다. 오늘을 살아야 한다. 오늘은 정지해 있지 않고 빛의 속도로 달아나 버린다. 달리는 말을 잡아타는 능숙한 말꾼처럼 지나가는 순간을 재빨리 잡아타야 한다. 이 순간은 영원히 다시 오지 않는다. 한 번뿐인 인생을 천 배로 늘릴 수 있다. 찰나 속에 영원이 있다. 인생은 하루 속에 영원을 간직할 수 있다. 베토벤은 쏟아져 나오는 영감을 담을 시간이 점점 줄어들자 인생을 천 배로 늘려 살 수는 없을까 하면서 안타까워했다. 그는 삶의 허무를 한탄하면서 음악 속에 영감을 불어 넣으면서 영원히 사는 유일한 존재가 되었다. 인간의 모든 일은 자기를 알고 싶어하는 인간의 지극한 그리움의 표현이다. 인간은 자기를 만난 때 한없는 기쁨을 느낀다. 시간 가는 줄을 모르고 일하고 있을 때는 일 속에서 황홀함과 한없는 기쁨에 사로잡힌다. 자기를 만나고 자기를 보고 자기를 드러내고 있기 때문이다. 인간은 일하고 생산하고 창조하는 존재이다. 그때 기쁨은 피어난다. 기쁨이란 자기 자신의 활동이요, 움직임이요, 살아감이다.

15세기 말 독일의 뒤러의 작품 〈기도하는 손〉은 위대한 세계적 걸작이다. 뒤러는 다정한 친구와 함께 예술가가 되기 위해 열심히 공부하고 있었다. 그러나 그들은 가난해서 학업에 열중할 수가 없었다. 할 수 없이 둘 중 한 사람만이 학업에 열중하는 동안 나머지 한 사람은 둘의 생계를 위해 일을 했다. 한 사람이 학업을 마치면 그 역할을 바꾸기로 합의하고 뒤러가 먼저 공부하기로 했다. 뒤러는 마침

내 성공했고 약속을 지키려고 고향에 돌아왔다. 그러나 그 동안 고된 육체노동만 한 친구의 손가락이 딱딱하게 굳어져 더 이상 미술이 요구하는 섬세한 붓질을 할 수 없음을 알게 됐다. 그런데 친구는 자신의 예술적 꿈이 좌절된 것을 비관하지 않고 친구의 성공을 자신의 일처럼 기뻐했다. 자신의 성공을 기뻐하며 기도하는 친구의 모습을 보고 감명 받은 뒤러는 친구의 거칠고 딱딱한 손 모습을 그렸다. 그 그림이 〈기도하는 손〉이다. 이 작품 속에는 희생과 노동과 감사 그리고 사랑에 대한 감동이 담겨 있다.

인간은 언제나 꿈을 간직하고 살아간다. 인간세상이 아무리 각박해도 꿈을 지닌 사람은 절망할 줄 모른다. 언제나 푸른 꿈을 지닌 사람은 아무리 험하고 먼 길을 갈지라도 지칠 줄을 모르고 외롭지도 않다. 꿈이 깨진 상태가 절망이다. 절망은 죽음에 이르는 병이라고 한다. 꿈은 언제나 깨지지 않아야 하고 영원에 뿌리를 박고 현실을 넘어서야 한다. 어떤 상황에 처하더라도 그것을 넘어설 수 있는 꿈을 지녀야 한다. 우리의 상상력과 꿈은 파랑새처럼 언제나 하늘을 날아야 한다. 잠에서 깨어나더라도 꿈만은 영원히 잃고 싶지 않는 것이 모든 사람의 심정이다. 꿈은 영원의 상징이면서 영원으로 인도하는 길잡이이다.

과거가 오늘 속에 있듯이 미래도 오늘 속에 있다. 오늘은 찰나이면서 영원이다. 찰나가 영원 속에 있는 것은 사실이지만 영원이 찰나 속에 있는 것도 사실이다. 이슬이 달빛 속에 있기도 하고, 이슬 속에 달빛이 들어있기도 하다. 오늘을 영원으로 알고 뜨겁게 살아야 한다.

우리는 '현재(present)' 를 '선물(present)' 이라고 부른다. 그렇다. 어제는 역사이고 내일은 신비에 싸여 있으며 오늘은 신의 선물이다. 헬렌켈러는 하루하루를 눈을 통해 세상을 볼 수 있는 마지막 날인 것처럼 눈에 감사하는 마음가짐으로 살아가라고 충고했다. 올바른 일을 했다면 비록 결과가 좋지 않았다 해도 고결함은 훼손되지 않는다. 그래서 다른 사람들은 계속 당신을 신뢰한다. 우리는 누구나 실수할 수 있다. 다만 그 실수를 즉시 인정하고 바로 교정해야 한다. 정말로 일하기 좋은 곳은 서로 신뢰하며 자기가 하는 일에 자부심을 갖고 동료들과 즐겁게 일할 수 있는 곳이다. 일 속에 기쁨이 있고, 일 속에 행복이 있고, 일 속에 만족이 있다. 일 속에서 평안을 느끼고, 일을 통해 존엄을 느끼고, 보람을 느낀다. 누구나 사회에 이바지하려면 직업을 통해서 하는 것이 가장 이상적인 과정이고 윤리적인 길이다. 화가가 그림 속에 자기를 집어넣듯 일이 창조가 된다. 그들에게 일은 자신의 일이면서 전체의 일이다. 인간은 생각하는 동물이다. 인간은 무엇인가를 생각해 내고 무엇인가를 창조한다. 인간이 자유를 사랑하는 것은 자유가 창조를 보장하기 때문이다. 자유가 있기 때문에 사람은 자기 잘난 맛에 산다. 자기 잘난 맛을 억누르면 살맛이 없어진다. 살 맛 때문에 인간은 자기를 표현하고 자기를 창조하고 자기를 구현한다. 인간은 자기가 하는 일이 무엇을 생산하고 무엇을 표현하고 무엇을 창조할 수 있는 일인지 알아야한다. 하루하루의 일이 창조가 되고 멋이 있어야 한다. 창조가 없는 삶은 삶이 아니다. 거기에는 생명도 없고 자유도 없고 맛도 없고 권태와 무관심과 죽음만이 있다. 거기에는 신명나는 생명의 약동이 없다. 창조만이 노동의 보수요, 기쁨의 근원이다. 인간은 운명을 극복할 뿐 아니라 운명을 사랑하고 운명을 이용하여야만 더 큰 인간이 될 수 있다. 인간은 절망에 좌절히기도 하지만 절망을 극복하고 초월하여 인간의 위대함을 보여준다.

조화로운 삶

유럽에서 철새들이 이동할 때, 독수리나 매와 같은 맹금류들도 기착지인 나일강가에 도착하기까지 기진맥진하게 되는 험난한 여행을 경험해야 한다. 때문에 작은 방울새나 연약한 나이팅게일 같은 새들은 그런 고통을 견디어 낼 수 없다고 한다. 그러나 철새들이 이동할 때가 되면 평소에는 잡아먹고 먹히는 관계에 있는 새들 사이에 하늘의 휴전이 성립되어 작은 새들은 큰 새들의 등에 업힌 채 멀고 먼 하늘을 날아간다고 한다. 무한한 사랑과 자비, 상호 의존과 희생의 아름다운 이야기이다.

아프리카나 아마존의 토착민들은 인적이 없는 숲 속에서 혼자되었을 때도 결코 겁먹거나 공포에 떨지 않는다. 인디언의 한 지도자는 백인들에 의해 자기 종족의 삶의 터전이 무자비하게 침탈당하고 그 결과로 종족 자체의 종말이 눈앞에 다가온 상황에서도 바다의 파도처럼 왔다가 가는 인간의 운명에 너그럽게 순종해야 한다고 했다. 자연과 세계를 자기 자신과 분리된 존재로 여기지 않고 만물을 형제로 받아들이고 상상과 조화의 세계를 믿고 살았다.

간디는 지구는 인간의 기본 욕구를 위해서는 항상 풍요로운 곳이지만 인간의 탐욕 앞에서는 매우 궁핍한 곳이라고 말하였다. 자연은 끊임없는 재생 순환의 질서에 의하여 모든 생명체들이 그 품 안에서 성장과 소멸을 영구히 되풀이할 수 있다. 봄이면 새싹이 돋고 꽃이 피며 여름과 더불어 무성한 녹음을 이루다가 가을이 되어 열매 맺고, 낙엽이 되어 떨어지는 잎사귀들은 땅의 양분이 되어 다음 해 봄에 생명의 출현에 기여한다. 이러한 자연의 질서에 순응하면 생명의 사이클에 중단은 없다. 인간은 자연 세계의 일부이며 생명의 큰 그물망의 한 가닥임을 인식해야 한다.

내핍과 절약과 가난은 인간적인 삶에 있어서 항구적인 생활방식이어야 한다. 이 지구 위에 살고 있는 사람을 포함한 모든 동식물이 공존공생하기 위해서 고르게 가난한 삶을 받아들여야 한다. 인간은 자연의 일부일 뿐 아니라 자연의 유한체계 속에서만 삶이 가능하다. 현재의 구미 선진국이나 일본, 대만, 남한 사람들의 평균 생활수준을 온 세계 사람들이 항구적으로 유지하려면 지구가 몇 개 더 있어야 한다. 내가 누리는 풍요로운 생활의 뒤에는 내 형제의 굶주림과 고통이 있음을 알아야 한다. 우리가 더욱 높은 수준의 생활에 연연해하는 것은 염치없는 일이다. 진정한 의미의 풍요로운 삶이란 새 한 마리까지 함께 이웃하여 살아가는 것이다. 인간들끼리만 먹고 마시고 즐기는 것은 부끄러운 삶이다. 절제된 가난의 삶은 그자체가 미덕이며 인간을 인간답게 하는 전제조건이다. 프란체스코는 가난을 선택하는 것이 삶을 들어 올리는 것이라고 했다.

독일의 영적 지도자였던 마이스터 에카르트는 인간이 하느님에게 다가가는 것을 막는 가장 큰 장애는 상인 의식(商人意識)이 라고 했다. 상인의 마음은 손익 관념과 주고받는 데만 있다. 우리는 베풀되 베푼다는 생각을 갖지 말아야 한다. 남을 도와준다는 생각이 남아 있는 한 우리의 행동은 거짓된 것이고 우리가 자유롭게 되는 데 아무런 도움이 못된다고 했다. 자기가 누구를 돕는다는 것을 자기가 자기를 돕는다고 생각해야 한다. 서구의 기자가 간디를 찬미하여 어떻게 평생동안 남을 위해서 자신을 희생하는 삶을 살 수 있었느냐고 묻자, 간디는 남을 위해서 산 적이 없고 철저히 자기 자신을 위해서 살았다고 대답했다. 길가에 있는 나무와 풀과 곤충들도 모두 나 자신의 일부라고 생각하는 자아개념의 확대가 필요하다.

인간은 자연의 일부이고 만물은 나의 형제이다. 나는 나 자신의 개인적인 의지나 욕망 때문에 이 세상의 삶을 향유하고 있는 것이 아니다. 인간은 본래 흙에서 나왔으므로 어떻게 보면 우리는 움직이고 말하는 흙이며 바위라고 할 수 있다. 이것이 타고난 인간 조건이며 의무이다. 19세기 중엽 백인들에게 땅을 빼앗기고 죽음을 강요당하던 미국의 인디언 추장은 백인들이 하듯이 땅을 함부로 파헤치고 짐승들을 마구 죽이면 언젠가는 짐승들이 사라져 인간들은 외로움으로 미쳐버릴 거라고 말했다. 자연의 생태계가 파손된다는 것은 우리 자신의 인간성과 인간관계 그리고 공동체 의식이 훼손됨을 뜻한다. 우리 육신의 눈으로 보는 것만이 이 세상의 전부는 아니다. 우리의 마음이 바뀌면 세상이 바뀌고 그렇게 되면 세상이 모두 내편이 된다. 우리는 모두가 한 나무에 달린 잎사귀들이다.

인간은 자기보다 더 큰 자연의 일부이며 인간의 온전한 삶은 자연과의 조화로운 관계에서만 유지될 수 있다는 진리를 겸허하게 받아들여야 한다. 인간을 구원할 수 있는 것은 과학도 기술도 아니고 오직 오랜 세월에 걸쳐 전승되어 온 인문적 지혜로 돌아가는 것이라고 〈작은 것이 아름답다〉의 저자 에른스트 프리드리히 슈마허는 말했다. 자기 자신의 내면이 평화롭고 자유스러운 사람은 남들과 자기 자신에게 관대하다. 그들은 어떤 대상에 대해서도 원한이나 적개심 또는 분노의 감정을 품고 있는 흔적이 없다. 그들은 언어를 다른 사람을 공격하고 비판하기 위해 사용하지 않고 공경하고 섬기기 위해 사용한다. 누군가에게 도움을 베풀면 베푸는 사람의 마음은 너그럽고 평화로워진다. 인도 청년들이 평화를 위한 도보 여행자들에게 밥과 잠자리를 제공하였다. 그러는 동안 그들의 마음속에는 자기도 모르는 사이에 너그러운 평화의 공간이 끊임없이 확대되고 있었다. 어차피 우리는 혼자서는 살아남을 수 없다. 살아남으려면 어차피 다함께 즉 사람뿐 아니라 우주 전체와 함께라야 살아남을 수 있다. 그래야 더욱 건강하고 보람 있는 삶이 가능하다.

일을 즐기면 인생의 대부분을 즐길 수 있다

우리는 사소한 일도 관심과 호기심을 갖고 바라볼 줄 알아야한다. 제너는 영국의 의사로서 우두접종법을 처음으로 만들어 천연두의 두려움에서 인류를 구하고 모든 전염병 예방의 기초를 세웠다. 그는 어려서부터 자연을 사랑하였고 작은 일에도 관심을 갖고 관찰했다. 그가 주민들이 목축업을 주로 하고 있는 시골에서 개업하고 있을 때 천연두가 유행했다. 그런데 소의 젖을 짜는 여자들은 아무도 천연두에 걸리지 않았다. 그 이유가 소의 천연두를 가볍게 앓게 되면 면역성이 생기기 때문임을 알아냈다. 그리고 자기 아들을 대상으로 한 실험에서 그 사실을 입증하는 데 성공하였다. 그리고 우두의 원인과 효력에 관한 연구를 발표하고 종두법이 시행되었다. 이것이 무서운 많은 병들을 예방할 수 있는 시발점이 되었다.

플레밍은 영국의 의사이며 세균학자로서 1945년 노벨의학상을 받았다. 1차 세계대전 중 야전병원에서 근무한 그는 많은 부상병들이

상처에 들어간 세균 때문에 패혈증으로 죽어가는 것을 보고 그 무서운 병을 일으키는 병원균을 죽이면서도 사람에게는 해를 일으키지 않는 약을 발견하려고 연구를 계속했다. 그러던 어느 날 곰팡이가 핀 농작물에 싹이 죽어있는 것을 발견하고 한편으로는 포도상구균을 연구하면서 그 균을 녹이는 곰팡이를 발견했다. 그리고 곰팡이가 만들어내는 어떤 것이 균을 죽일 것이라고 생각했다. 마침내 그는 그 성분을 찾아 페니실린이라는 이름을 붙였다. 프로이트는 주위의 무관심과 차가운 반응에도 아랑곳하지 않고 무심코 꾸는 꿈과 같은 의미 없어 보이는 일에 관심을 갖고 평생을 연구하였다. 그는 인간의 마음의 내부를 밝히는 실마리 풀어 20세기의 사상계에 큰 영향을 미쳤다.

모든 살아있는 것은 모두 자기 자신이 되고자 한다. 애벌레는 나비가 되려 하고 올챙이는 개구리가 되려 한다. 내가 해야 할 일은 내 속의 빛과 힘을 찾는 것이다. 내 속에 무엇이 들어있는지, 내가 무엇을 할 수 있는지를 알아내야 한다. 내 속에 개발되지 않은 잠재력, 그것을 찾아 드러내는 것이 삶의 과정이다. 자기 개발은 자기 내부에 있는 빛을 끌어올려 구체화하는 것이며, 이를 날마다 실천해 갈 때 우리는 꿈을 실현하게 된다. 그러면 자신이 더 진실해지고 그 속에서 의미를 찾게 된다. 그렇게되면 어디에서 무엇을 하든지 나의 삶이 곧 하나의 기업이 된다. 지금 미국 가정의 3분의 1은 집에 사무실을 갖고 있고, 영국기업의 3분의 2는 1인 기업이라고 한다.

학생들은 학교를 졸업하고 회사에 입사하려 한다. 하고 싶어서라기보다 해야 하기 때문이다. 그러나 기업은 일자리를 줄이고 있다.

기업은 더 이상 많은 사람을 고용하려 하지 않는다. 적절한 규모의 전문가 집단으로 경쟁력을 확보하려 한다. 지금까지는 회사원의 수가 비용을 의미했다. 그런데 지금은 어느 기업이고 비용을 줄이려 하고 있다. 이제 자신의 재능을 발견하고 계발하여 스스로를 자본화해야 한다. 이제 우리는 조직 인간이라는 복종의 시대로부터 개인적 성취와 성공에 이르는 시대에 와있다. 세상이 만들어 준 대로 사는 시대가 아니다. 그 동안 인류는 왕을 위해 일했고, 귀족을 위해 일했고, 주인을 위해 일했고, 조직을 위해 일했다. 복종의 시대였다. 그러나 이제는 개인의 시대다. 생긴 대로 사는 것이 아니라 만들어 가며 살아야 한다. 이것이 자기 자신이 되는 비범함이다. 꿈을 꾸는 것만으로는 이루어지지 않는다. 나의 모든 것을 바쳐 꿈이 이루어지는 곳으로 떠나야만 한다. 그래서 나의 생각과 가치관에 따라 살 수 있는 삶의 도약을 이루어야 한다.

나를 위해 내가 가지고 있는 모든 재능과 시간을 바치면서 과거에 갇히지 않고, 미래를 이해하고 미래 편에 서서 나를 좀 더 유익하고 아름다운 무엇인가로 만들어내야 한다. 일을 즐기면 인생의 대부분을 즐기는 셈이 되고 거기에 가족과 보내는 여가까지 즐길 수 있으면 인생은 황홀해진다. 그들에게 세상의 모든 것은 늘 신성하고 하루는 늘 새롭게 주어지는 또 다른 선물이 된다. 오늘은 늘 좋은날이다. 할 일이 있고, 희망이 있고, 사랑할 사람이 있으면 우리는 행복한 것이다.

내가 마음대로 쓸 수 있는 시간의 양을 늘리고 싶다. 그것은 나의 자유의 양을 늘리는 것과 같다. 그 시간은 무엇을 위해 쉬는 시간이 아니라 나의 삶을 풍요롭게 하는 시간이다. 그러기 위해 약속에 끌려 다니고 싶지 않다. 부득이 하지 않은 약속은 하고 싶지 않다. 나 자신을 위해 혼자 즐길만한 놀이를 갖고 싶다. 그리고 내가 하기 싫은 일은 하지 않아도 되지만 내가 하는 일은 하고 싶은 일기기 때문에 나에게는 축제와도 같은 것이다. 마음이 기뻐하는 대로 나의 일을 즐기면 행복도 만들어지고 사회도 밝게 할 수 있다고 믿는다.

자연은 어떤 경우에도 머뭇거리지 않는다. 어떤 경우에도 게으름을 피우지 않는다. 어떤 경우에도 계획을 변경하지 않는다. 어떤 시련을 당해도 뒷걸음질 치거나 포기하지 않는다. 우리도 목표를 세우고 그 계획을 줄기차게 밀고 가야 한다. 에디슨은 실패를 거듭하면서도 그것에서 경험을 얻었고, 참고 참으면서 나아갔다. 인내와 용기가 백열전구의 비밀을 찾게 했다.

시간은 모든 불행을 치유해 주는 만병통치약이다. 시간은 육체나 정신적인 상처도 치유해 준다. 마음의 상처와 일상의 좌절을 용기와 인내와 포용력으로 변화시킨다. 그렇지 않았다면 많은 사람들은 젊은 시절의 방황에서 벗어나지 못했을 것이다. 시간은 성급한 사람에게 냉정을 되찾아 합리적으로 판단할 기회를 준다. 나무의 열매를 익게 하고 우리에게 기쁨과 희망을 준다. 지난날의 실수에서도 적절한 교훈을 얻게 해 준다. 따라서 우리는 작은 시간이라도 아껴서 더 나은 방향으로 자신을 계발해야 하고 나의 이웃에 용기와 밝은 삶을 줄 수 있어야 한다.

기회는 딱 한 번 올 뿐, 지나가면 영원히 잡을 수 없다. 따라서 삶의 순간순간들은 나만의 특별한 재능과 능력을 발휘하고 발전시킬 수 있는 단 한 번의 기회이다. 지금 내가 가진 것으로 현재의 위치에서 최선을 다할 때 삶은 고마운 것이 된다. 내가 아니면 나의 노래는 영원히 사라지고 만다. 나만의 가치를 깨닫고 목표를 세우고 이 세상을 위해 할 수 있는 일로 기여하자. 하느님은 나에게 그 능력을 주셨다. 그렇게 살아갈 때 삶의 순간들은 모두가 경이롭고 소중하다. 나만의 삶의 의미도 맛보게 된다. 주어진 일을 최선을 다하여 성실히 수행할 때 진정한 자신의 능력을 발견하고 자기만의 재능과 잠재력을 깨닫게 된다. 괴테도 자신에게 주어진 일을 하다 보면 자신이 누구인지 알게 된다고 했다. 그때 실수를 통해 교훈도 얻고 자신도 모르는 사이에 더 많은 능력을 계발하게 된다고 했다. 우리는 누구나 모든 것을 할 수는 없어도 무엇인가는 할 수 있다. 진정한 행복은 자기만족에서 얻어지는 것이 아니라 가치 있는 일에 충실할 때 얻어진다.

소박하고 목적있는 삶

일이 잘못 되었을 경우 어느 부분이 쓸데없이 복잡하게 꼬여버렸는지는 누구나 알고 있다. 우리의 삶을 더 귀찮고 어색한 것으로 만들고 우리를 짓누르고 있는 소란스러움과 겉치레를 벗어버리고 가볍고 깨끗하게 살자. 그러기 위해서는 삶을 있는 그대로 솔직하고 깨끗하게 받아들이고 삶과 당당히 맞서되 쓸데없는 곳에 주의를 분산시키지 않아야 한다. 소박한 삶이란 필요 없는 곳에 주의를 분산시키는 것을 최소한으로 줄이고 목적 있는 삶을 사는 것이다. 소박한 삶의 목적은 더 적게 입고 적게 쓰되 혼자서 사는 것이 아니라 더 위대한 목적과 성취 그리고 만족한 삶을 찾기 위해 조화로운 삶을 살아가는 것이다. 소박한 삶은 단순히 가난하게 사는 삶을 뜻하지는 않는다. 가난은 스스로 선택하는 것이 아니어서 사람들을 지치게 하나 소박함은 스스로 선택하는 것이어서 힘을 준다. 소박함에는 가난함과는 달리 인간의 정신을 북돋아주는 아름다움과 완전함이 있다. 개인에게 힘을 북돋아주고 창조적 참여를 할 수 있게 하고 기회가 있음을 느끼게 해준다. 그들은 가난과 무절제한 풍요 사이의 창조적인 균형을 추구한다. 그들은 물질적인 풍요를 강조하는 대신 풍부한 경험이 가져다주는 눈에 보이지 않는 부를 추구한다.

주교였던 바질은 서기 365년경에 누군가가 다른 사람의 옷을 훔치면 우리는 그 사람을 도둑이라고 부르지만 벌거벗은 사람에게 옷을 줄 수 있으면서도 그렇게 하지 않는 사람도 그렇게 불러야 한다고 했다. 현대의 의미로 볼 때 선진국의 국민들이 자기 몫 이상의 자원을 소비하는 것은 궁핍한 사람들의 음식과 옷 그 밖의 필수품을 빼앗는 것이나 다름없다는 의미를 갖는다. 플라톤과 아리스토텔레스는 넘치지도 모자라지도 않고 그저 적당할 뿐인 황금의 중도의 중요성을 인정했다. 동양의 정신적 전통은 물질적인 중용과 정신적으로 풍요로운 삶을 권한다. 간디도 진정한 의미에서 문명은 증식이 아니라 의도적이고 의식적인 욕망의 감소만이 진정한 행복과 만족을 가져다 준다고 했다. 청교도들도 번영 그 자체에 반대한 것이 아니라 지나친 풍요에 따르는 탐욕과 이기심에 반대했다. 미국문화에 강한 영향을 끼친 퀘이커교도들은 물질적인 소박함이 정신적 완벽함을 향해 발전해 나가는 데 중요하다고 믿음을 갖고 열심히 일하고 금주와 검소함의 미덕을 강조했다. 사람이 자기 노동의 과실을 즐기는 것은 당연하지만 영원한 것에 대해서도 사랑과 관심을 돌려야 한다고 했다.

역사학자 아놀드 조셉 토인비는 문명의 진정한 성장은 다른 민족을 정복하거나 땅을 소유한다고 해서 이루어지는 것이 아니라 한 사회가 더 많은 양의 에너지와 관심을 물질적인 측면에서 비물질적인 측면으로 옮겨 연민을 느끼고 공동체 의식을 갖는 능력을 키워갈 때 가능하다고 했다. 우리 삶의 물질적 측면을 단순화하고 비물질적인 측면을 풍요롭게 하여야 진정한 성장의 의미를 새롭게 발견할 수 있다.

미대륙의 어떤 인디언들은 네 발로 다니는 짐승이 가장 저급하고, 그 다음이 두 발로 걷는 인간이고, 날개로 하늘을 나는 새들이 가장 신성하다고 여겼다. 그러나 대부분의 인간들은 자신이 가장 고귀한 존재라고 생각한다. 자신들만이 신과 같은 모습을 지니고 있고 세상의 모든 것들이 인간을 위해서 존재한다고 생각한다. 이것이 인간중심주의이다. 지금 인간의 이기적 욕심이 자연을 제한 없이 착취하고 파괴했기 때문에 이제는 인간도 자연과 함께 공멸할 위기에 처해 있다. 그래서 인간 중심주의를 버리고 자연의 가치를 인정하고 인간을 포함한 모든 존재를 평등하다고 생각해야 한다. 한 포기의 풀이나 한 마리의 벌레도 귀한 존재라고 생각해야 한다. 그래야 인간이 자연과 더불어 잘 살 수 있다.

옛날 나무꾼들은 산에 나무를 하러 가면 나무를 베기 전에 그 나무에게 절을 먼저 했다. 그리고 도끼를 들어 '감사합니다.' 하고 크게 소리쳐서 나무에게 알려주었다. 우리 할머니들도 추석송편을 찌기 위해서 솔잎을 딸 때도 어두워진 뒤 소나무가 잠든 틈을 타서 살그머니 땄다. 이 같은 우리 조상들의 슬기와 아름다운 마음을 이어받아 인간의 탐욕과 오만과 이기심을 버려야 한다. 우리의 할아버지들은 음식을 먹을 때 사람 아닌 다른 존재들의 몫을 따로 내놓았다. 제

삿날 음식을 먹고 난 다음 문 앞에 음식을 내다 놓았다. 그것이 고수레이다. 그렇게 신령이나 자연적 존재 또는 초자연적인 존재들과 음식을 나누었다. 이것이 한국 사람들의 나누어 먹기, 십시일반의 함께 먹기 정신이다. 감을 딸 때도 까치밥이라며 한 알의 감을 나무에 남긴다. 까치밥은 인간이 자연에게 바치는 고마움의 정이다. 과하지도 않고 부족하지도 않다는 중용의 넉넉함을 믿고 있기 때문이다. 우리의 어머니들은 새벽녘 동트기 전에 집안 뒤뜰에 있는 장독대 위의 하얀 대접에 넘칠락 말락 할 만큼 맑은 물을 부어놓고 그 옆의 심지불이 바람에 너울대는 앞에 엎디어서 물에 비친 맑디맑은 마음에 걸어 빌었다. '맑고 맑은 마음과 정성을 바치오니 굽어 살피시고 저의 집 안에 복을 베푸소서.' 라고 비셨다. 그 물이 정화수이다. 이처럼 우리 어머니들은 맑은 마음으로 마음을 다스리고 가슴을 맑게 하면 만사형통하고 건강하고 복될 거라고 믿었다.

지금 광고업자들은 당신이 사들이는 물건이 당신을 행복하게 해준다고 한다. 그렇게 되면 우리는 자신의 정체성을 엉뚱한 곳에서 찾게 되고 결국 자신의 모습을 보지 못하고 자신을 행복하게 만들어 줄 것이라고 생각되는 물건만을 바라보게 된다. 그렇게 되면 날마다 새것만을 찾다가 지속적인 만족이 아니라 일시적인 만족감에 그치고 말뿐더러 날마다 더 행복하게 해줄 물건을 찾게 된다. 더 이상 희망과 행복과는 거리가 먼 환상 속에서만 헤매게 된다.

삶을 느끼며 생명에 봉사하는 태도로 살아갈 때 우리 삶에 필요없는 복잡한 것들이 사라지고 삶은 더 소박해져 우리는 인생자체에 더욱 집중해서 주의를 기울일 수 있게 된다. 그리고 자아는 더욱 강해지고 성장의 경험을 하게 된다. 인생은 언제나 새롭고 끝이 없는 시작이 된다. 우리 눈앞에 있는 현실에 새롭게 마음을 열고 거기서 경험하는 것들에 전심전력을 다해 봉사하게 된다.

우리의 생활방식과 소비방식이 급격하게 변하지 않는 한 이 세상은 엄청난 파괴와 고통, 전쟁과 절망으로 가득 찬 곳이 되어 버리고 말 것이다. 인류를 위해 오랫동안 지속될 수 있는 미래를 건설하려면 소박한 삶이 필수적이다. 토인비도 이를 '발전적인 소박함의 법칙'이라고 했다. 진보가 이루어지면서 문명은 점점 많은 에너지와 관심을 삶의 물질적인 측면에서 비물질적인 측면으로 옮긴다는 것이다. 음악, 미술, 연극, 문학 등 문화의 발전과 남을 배려할 줄 아는 마음과 스스로 다스릴 줄 아는 능력이 점점 늘어나게 된다고 했다.

오늘날은 아름답고 선한 것이 점점 희귀해진다. 동식물이나 자연환경만이 아니라 아름답고 선한 노래나 글도 점점 찾아보기 힘들고 모든 것이 변태적이고 요사스러워 자극적이다. 모처럼 영화를 보러 가고 싶어도 보고 싶은 아름답고 선한 영화가 없다. 많은 영화들이 거칠고 소란스럽다. 감정과 소리가 소란하여 정신이 산란하다. 아름다운 꽃과 나무와 짐승들이 있는 곳이 좋은 자연이듯이 아름답고 선한 문화가 제 값을 찾고 선한 사람들이 많은 세상이 좋은 세상이다. 착한 마음으로 살기가 힘든 것은 세상 탓이 아니라 나의 마음에 때가 끼어 있기 때문이다. 좋은 음악이나 그림이나 문학작품을 제대로 받아들여 감상하지 못한다면 내가 이미 자연스러운 상태에서 벗어나 있기 때문이다. 바르고 좋은 것이 불편하더라도 바른 것이 편안해질 때까지 바르게 생활하도록 노력해야 한다.

헨리 데이빗 소로는 우리 인생이 사사로운 일상으로 낭비되고 있다면 더욱 단순하게 살자고 했다. 복잡하고 혼란한 물질세계는 우리의 행복을 방해할 수 있다. 단순한 생활이 번잡한 일상생활을 이겨나갈 수 있게 한다. 해야 할 일 가운데 무시해도 되는 의무감이나 허드렛일이 무엇인가를 생각하고 또 다른 물건을 사들이기보다는 남에게 주거나 버릴 수 있는 것이 있는지 자문하면서 소유물을 줄이면 자신에게 투자할 기회가 늘어난다. 소박하고 고요하게 살다보면 더욱 투명하고 행복하며 평화롭게 살 수 있다.

별빛은 어두운 밤에 더 빛난다

한때 미국이 전 세계를 지배한 세 가지는 코카콜라와 미키마우스와 엘비스 프레슬리였다. 지금도 코카콜라는 지구촌 땅 끝까지 안 들어간 나라가 없다. 전기불도 수돗물도 없는 인도의 산간벽지와 아프리카의 농촌에서도 코카콜라는 팔리고 있다. 코카콜라는 1886년 미국 조지아나주의 아틀란타시에서 한 의사에 의해서 발명되었다. 아틀란타시 사람들은 지금 '하느님, 나의 조국 그리고 코카콜라를 위하여!' 라고 노래부르고 있다. 그리고 현재 헝가리 출신의 코카콜라 사장의 연봉은 6천만 달러나 된다. 월트 디즈니의 간절한 꿈은 아이들의 천국을 만드는 것이었는데 어느날 그는 작은 쥐 한 마리(Mickey-Mouse)를 통해서 그의 꿈을 실현했다. 그것이 오늘날 미국의 대표적 상징의 하나인 디즈니랜드이다. 엘비스 프레슬리는 노래로 전 세계인의 우상이 되었다.

월트 디즈니는 1901년에 출생했고 어려서는 아버지의 사과농장에서 일을 도왔다. 농장일과 동물들을 보는 것이 그의 큰 즐거움이었다. 나이가 들면서 그는 신문을 팔기도 하고, 잡화점의 물건을 배달하기도 하고, 제과점에서 시간제로 일을 하면서 돈을 벌었다. 우편배달부 노릇도 했다. 그러나 돈은 언제나 아버지가 보관해 둔다면서 가져갔다. 19세에 광고회사에 동물만화가로 취직하면서 근무시간 외에는 움직이는 만화 제작에 몰두할 수 있었다. 그렇게 하여 그는 애니메이션영화사를 차렸다. 그는 쥐 한 마리를 키우면서 쥐의 영특함을 알게 되어 쥐를 주인공으로 만든 유성 영화 〈미키마우스〉로 성공하게 되었다. 1930년대 그는 차츰 많은 돈을 벌어 세계적인 명성을 얻고 대회사의 사장이 되었다. 그는 신문배달을 할 때처럼 밤늦게까지 일을 하면서도 두 딸을 데리고 놀이터를 다녔는데, 더럽고 불충분한 놀이터에 불만을 품었다. 그러면서 그는 아이들을 위한 깨끗하고 환상적인 놀이터 건립의 꿈을 키워 디즈니랜드를 건립하게 되었다. 미키마우스 만화는 천 개의 신문에 연재되었을 뿐 아니라 40개국에 미키마우스 클럽이 구성되었다. 1935년에는 국제연맹이 그에게 '국제우호의 상징' 메달을 수여했다. 30개가 넘은 오스카상과 70개 이상의 영예의 메달을 받았다. 월트 디즈니, 그는 오늘의 아름다운 미국을 빛냈고 꿈 많은 세계의 아이들에게 영원한 이상의 낙원을 선물하는 하나의 신화를 창조했다.

엘비스 프레슬리는 1933년 시골에서 농장 노동자인 아버지와 봉제공장 재봉사인 어머니 사이에서 태어났다. 어려서 연예인이 되고 싶었던 그의 어머니는 외아들인 프레슬리에게 헌 기타를 하나 사주었다. 프레슬리는 교회에서 노래를 불렀고 음악 콩쿠르에 입상도 했다. 그는 고등학교를 졸업할 때까지 시로부터 생활비를 보조받는 부모와 함께 흑인 아파트에서 살았다. 그래서 마을에서는 백인 쓰레기(White Trash) 취급을 받았다. 졸업파티에서 우연히 노래를 불렀던 그는 큰 박수를 받게 되자 자신이 노래로 성공할 수 있다는 확신을 갖게 되었다. 고등학교를 졸업하고 트럭 운전사 생활을 하면서 어머니의 생일선물로 자신의 노래를 담은 음반을 만들었고, 다음해에는 마음에 두고 있는 여자 아이의 환심을 얻으려 음반을 만들었다. 그리고 라디오의 첫 전파를 타게된 그의 최초의 음반을 내놓았다. 그의 첫 음반이 'That's all right mama' 였다. 그 뒤로도 트럭운전을 하면서 야간 업소에서 노래를 불렀으며, 'Love me tender' 로 그는 인기 정상에 올랐다. 그의 음반은 그의 생전에 5억장이 팔렸다. 그는 인생의 밑바닥에서 출반했다. 그러나 그는 꿈을 이루었다.

별빛은 어두운 밤에 더욱 빛나고 연꽃은 더러운 흙탕물에서도 아름답게 피어난다. 사막에서 그리스도가 태어났고, 오지의 아프리카 땅에서 만델라가 태어났다. 만델라는 27년의 옥고를 치르고도 기적처럼 대통령이 되었다. 그는 진실과 화해의 지도자이다. 우리에게는 기쁨과 희망과 꿈이 있다. 그래서 우리는 이것을 기다리며 살고 있다.

삶은 천국의 본 무대이다

키에르케고르의 글에 이런 이야기가 있다. 산악지대를 여행하는 한 나그네가 마을 앞에 산이 있어 마을에 들어가기 위해서는 그 산을 돌아가야만 했다. 그런데 그는 길가에 앉아서 그 산이 움직여 주기를 기다렸다. 세월이 흘러 그는 백발의 노인이 되었지만 산은 움직이지 않았고 그는 결국 죽고 말았다. 정해진 운명이 무엇이든 우리는 삶의 순간마다 선택의 갈림길에 서게 된다.

폭풍으로 인한 큰 홍수가 마을을 휩쓸었다. 온 마을이 물 속에 잠기고 사람들이 물에 떠내려갔다. 모든 것이 바다속 도시처럼 변해 버렸다. 그때 한 여인이 흙탕물의 거센 물결 속에서 물 밖으로 솟아 있는 교회의 쇠십자가를 붙들고 있었다. 보트 한 척이 다가와서 그 여인을 태우려 하자 그 여인은 하느님이 나를 죽도록 내버려두지 않을 터이니 그만두라며 배타기를 거절했다. 다음에 구조 헬리곱터가 날아와 줄을 내려 보냈으나 여자는 같은 말을 하면서 거절했다. 폭풍은 더욱 심해졌고 불어난 물 때문에 십자가도 물에 잠기고 말았다.

결국 저승에 간 그녀는 하느님을 원망하면서 어떻게 나를 죽게 버려두었냐며 항의했다. 그러나 하느님께서는 나는 너를 구하려고 배도 보내고 비행기도 보냈는데 네 스스로 죽음을 택한 것을 모르냐며 나무랐다.

신은 산을 옮겨주지 않는다. 물에 잠긴 교회의 십자가를 육지로 옮겨주지도 않는다. 우리는 다만 신의 도움으로 산에 오를 수 있다. 그 신은 자신 안에 있다. 나의 내면에 신이 있다고 믿자. 내가 할 수 있고 내가 해야 하는 일에 지극한 정성과 노력을 바치자. 그래야 나를 진정으로 확실하게 알고 느낄 수 있다. 그리고 그때 신을 진정으로 알고 느낄 수 있다. 그래야 나는 내가 생각하는 이상의 존재임을 알게 된다. 리차드 해리스 교수는 "나는 나 자신으로 살아가는 척하다가 끝나고 싶지 않다. 다음 세상에서 신은 나에게 왜 너는 모세가 되지 못했느냐고 묻지 않고 왜 더욱 네 자신이 되지 못했느냐고 물을 것이다."라고 했다. 그러기 위해서 나는 나의 눈과 귀를 믿고 나만의 독특한 가락을 믿어야 한다. 사도 바울은 모두에게는 성력이 깃들어 있으며 각자에게 주어지는 메시지가 다르다고 말했다.

우리가 행동을 선택하고 인생을 관리하는 곳은 진공 속의 안전지대가 아니라 세상이라는 예측 불허의 상황 속이다. 이 세상을 장미정원으로 알고 행동한다면 원치 않는 어려움에 빠지게 된다. 지금 우리는 미래를 향해 무서운 속도로 돌진하고 있다. 인류 역사상 변화의 속도가 가장 빠른 시대에 살고 있다. 과거 사회는 무너지고 우리들의 정서 생활도 그 통제력을 잃었다.

그러나 삶은 천국에 가기 위한 대기실이 아니라 천국의 본 무대이다. 삶은 연습이 아니라 실제 공연인 것이다. 종교와 신과 천국은 나와 동떨어져서 존재하는 것이 아니라 모두 우리와 함께 지상에 뒤섞여 있다. 내게 천국은 구름바다가 아니라 기쁨과 사랑과 웃음이 있는 곳이다. 이제 우리는 꿈을 더 이상 미루지 말고 신과 함께 평화롭게 시간을 초월하여 살아가자. 우리는 스스로 선택하고 책임도 스스로 져야 한다. 책임감에는 내가 모든 짐을 져야 한다는 부담도 있지만 내가 선택할 수 있다는 좋은 점도 있다. 이 말을 믿지 않으면 우리는 휴대폰에 불과한 존재로 머물고 만다.

행복을 어디에서 찾을 것인가

로마는 서양 고대 유산의 마지막 상속자였다. 로마는 기원 476년에 멸망했다. 따라서 로마의 멸망은 고대 세계 전체의 멸망을 뜻한다. 아우구스티누스는 그리스도 교회의 최고의 신학자였고 철학자였다. 그는 천년 왕국 로마가 자신의 모든 활력을 소진하고 침몰해 가던 시대였던 354년부터 430년까지 살았다. 그가 세상을 떠난 반세기 뒤에 로마는 멸망했다. 그러나 그때는 멸망의 시대이면서 동시에 새로운 탄생의 시대였다. 그리스도교는 국가의 탄압과 박해에도 불구하고 점점 확산되어 313년에 공인된 종교가 되었다. 그리스도교적 세계가 새로이 등장했다. 그리스 로마 문화와 그리스도교가 어떤 형태로든 화해하고 조화를 이루어야 할 시대였다. 이때 아우구스티누스가 이 과제를 떠맡아 헬레니즘과 헤브라이즘을 종합한 서양문화의 개화를 완수했다.

플라톤은 탁월한 여자가 탁월한 남자와 똑같이 배우고 일하는 것은 당연하다고 하면서도 허약한 아이나 장애아가 태어날 경우에는 버리라고 했다. 이때 그리스도교의 예수는 버림받고 소외된 사람들의 친구였으며 문둥병자나 소경은 하느님의 저주를 받은 인간이 아니라 하느님이 사랑하는 자녀들이라 가르쳤다. 이것은 일찍이 상상할 수조차 없는 가치의 전도였다. 슬픔과 고통 속에서 신음하는 사람들에게 그리스도교는 복음이었다. 그리하여 그리스도교는 초기의 숱한 박해에도 불구하고 끝내 로마의 국교가 되었다.

아우구스티누스도 처음에는 고대적 교양인 인문학자였다. 그에게 철학은 고상하고 심오하게 생각되었으며 거기에서 참된 진리를 찾으려 했다. 그러나 당시 온 세상을 뒤덮고 있는 퇴폐와 허무를 극복할 수 있는 어떤 가치 있는 것을 철학에서 찾을 수가 없었다. 그는 자신의 전 존재와 열정을 바칠 만한 대상을 찾지 못했다. 모든 것이 죽어가고 있는 세계였다. 모든 것이 헛되고 덧없는 것뿐이었다. 이것이 아우구스티누스를 사로잡고 있던 허무주의의 실체였다. 그는 점점 더 황폐하고 메말라갔다. 어느 날 그는 밀라노에서 수학과 교수인 한 친구와 길을 걷고 있었다. 그때 그는 황제를 찬양하기 위한 연설을 준비하느라고 고민하고 있었다. 거짓말에서 시작해서 거짓말로 끝나는 연설문을 준비해야 했다. 그의 마음은 무거웠고 스스로도 자신에게 환멸을 느끼면서 걷고 있었다. 그때 우연히 길거리에서 구걸하고 있는 거지와 마주쳤다. 술에 취한 거지는 친구 거지와 웃으면서 즐겁게 장난치고 있었다. 그때 그는 세속적으로 출세하고 성공한 자신의 삶이 저들보다 무엇이 나으며 자신이 얼마나 더 행복하다고 말할 수 있는지 알 수가 없었다. 그 광경이 그의 영혼에 비수처럼 헤집고 들어왔다. 그는 우리가 쾌락에 탐닉하면 할수록 영혼은 더욱 공허해지고 이러한 공허는 우리의 삶이 흔들리지 않는 확고한 중심을 획득하기 전에는 결코 채워질 수 없다고 생각하였다. 그는 그때의 감정을 〈고백록〉에서 '나는 나의 욕심 때문에 나의 불행의 짐을 계속 끌고 왔고 그 짐은 더욱 더 무거워졌다. 우리의 모든 노력의 목적은 행복한 상태에 도달하고자 하는 것인데 그 거지는 이미 우리보다 먼저 그 경지에 이른 것이 아닌가. 물론 그 거지가 소유한 행복은 더 거짓스러울 수도 있다.' 고 했다. 그래서 그는 참되고 영원한 존재인 절대자 속에서 자기 자신의 의미를 발견하기 전에는 그의 삶은 계속 동요할 수밖에 없다고 생각하게 되었다. 그리고 그는 우리가 그 속에서 안식할 수 있고 그 속에서 삶의 참된 의미와 가치를 발견할 수 있는 절대자를 찾기 위해 호의에 찬 영혼의 눈으로 철학들 사이를 방황했다. 그렇게 어둠 속에서 방황하던 그는 라틴어로 번역된 신플라톤주의자들의 저서를 접하게 되면서 새로운 빛을 찾게 되었다. 세계는 하나의 빛의 원천인 절대자로부터 정신과 영혼이 나오고 유일한 절대자요, 무한한 존재인 신은 더 이상 물질적 실체가 아니라는 것을 알게 되었다. 그는 이제 비물질적인 진리를 추구하여야 한다고 알게 되었고, 그것은 성경의 가르침과 그 내용이 같다고 믿게 되었다.

아우구스티누스는 그리스어에 능통하지 못해서 신플라톤주의자들의 저서가 라틴어로 번역되기 전까지는 이러한 철학들을 접할 기회가 없었다. 그는 성경을 다시 보게 되었고, 성경 속의 진리를 깨닫게 되었다. 그에게 하느님은 피조물의 세계를 초월한 절대적 존재였으며 인간을 죽음과 허무에서 구원하기 위한 존재였다. 그에게 '수

고하는 자들은 다 나에게 오라.'는 하느님의 음성이 들렸다. 하느님은 그가 그렇게도 찾아 헤매던 진정한 절대자였다. 이제 하느님은 인식의 대상이 아니라 온 실존을 통해서 만나야 할 인격적 존재였으며 그의 삶의 기둥이 되었다. 이제 그에게는 결단만이 남았다. 그러나 현세의 쾌락과 세속적인 즐거움에 대한 미련 때문에 번민하는 자신에게 참을 수 없는 환멸과 비애를 느끼며 참회의 눈물을 흘리고 있을 때 사도 바울이 로마인들에게 보낸 편지의 한 구절을 보게 되었다. 그것은 방탕과 술취함에 빠지지 말고, 음란과 호색에 빠지지 말며, 싸움과 시기에 빠지지 말고, 오직 예수 그리스도의 옷을 입고, 정욕을 위하여 육신의 일을 도모하지 말라는 구절이었다. 순간 그것은 신의 음성이었다. 신은 자신의 내면의 치부를 꿰뚫어보고 계셨다. 그래서 그는 수사학 교수직을 사임하고 신앙을 고백하고 세례를 받았다. 그때 그의 나이 서른세 살이었다.

아우구스티누스는 우리가 창조주에 귀의하면 우리 또한 필연적으로 영혼성을 얻는다고 말했다. 따라서 인간은 신에 가까워지면 가까워질수록 보다 완전해지고 보다 선한 존재가 된다고 했다. 존재하는 모든 것들은 신의 선물이고 창조물이므로 절대적인 존재인 신의 존재에 참여하라고 했다. 이에 반하여 영혼이 자기보다 못한 것들을 사랑하게 되고 그것들에 애착을 가져 거기에 사로잡히게 되면 영혼은 허무한 것들로 가득 차게 되는데 이것이 악의 상태라고 했다. 이러한 영혼의 도착이 바로 도덕적 악이다. 이처럼 영혼이 자기보다 못한 것을 사랑할 때 그는 짧은 쾌락은 얻겠지만 결국 그에게 남는 것은 깊은 좌절과 고통 뿐이다.

이에 반해 우리의 참된 행복은 우리가 영원하다고 완전한 존재인 신과 하나가 될 때에만 비로소 가능해진다고 했다. 그에 의하면 하느님은 참되고 변치 않으며 영원한 존재이기 때문에 우리는 오직 그와 하나가 될 때만 영원한 존재에 참여할 수 있고 온전한 도덕과 행복은 오직 참된 신에 대한 신앙을 통해서만 완성된다. 이처럼 그리스 로마의 철학자들의 윤리학은 행복주의적 윤리학이었고 그들은 스스로의 힘으로 행복을 달성할 수 있다고 믿었다. 이성의 인도를 따르는 철학적 삶이 행복에 이르는 길이었다. 그들에게 행복에 이르는 길을 밝혀주는 것은 언제나 인간의 이성이었다. 그러나 아우구스티누스는 인간이 자기의 힘으로 참된 행복에 이르는 것은 불가능하다고 했다. 인간은 유한하고 불완전하기 때문에 자기 자신 속에서 참된 행복을 발견하고 실현시킬 수는 없다고 했다. 종교적 신앙의 길을 통해 그리스 로마의 철학과 이성의 한계를 넘어 그리스도교와 화해해야 확실하고 영원한 행복에 이를 수 있다고 했다. 아리스토텔레스도 한 마리의 제비가 돌아 왔다고 해서 여름이 온 것은 아니라며 오직 지속적인 행복만이 참된 행복이라고 말했다. 에피쿠로스는 한갓 덧없는 쾌락에서 행복을 찾았고, 스토아 철학자들은 모든 고통을 참고 이기는 영웅적 용기에서 행복을 찾았지만 스토아적 현인들이 아무리 영웅적인 용기와 놀라운 인내심을 발휘한다 하더라도 그는 참으로 행복한 것이 아니라 용감하게 불행할 뿐이라고 아우구스티누스는 말했다.

신뢰와 사랑 속에서 자라는 관계

자신을 신뢰하는 사람은 다른 사람도 신뢰할 수 있다. 그러나 자신을 신뢰하지 못하는 사람은 세상 어느 누구도 신뢰할 수 없다. 따라서 세상 누구도 신뢰하지 못하는 사람은 자기 자신도 신뢰하지 못한다. 세상에는 신뢰하지 못하는 수많은 사람들이 있다. 그러나 모든 사람을 불신해야 할 까닭은 없다. 아이는 엄마를 믿고 사랑한다. 엄마는 아이가 세상으로 나가는 문이다. 이때 아이들은 다른 사람들까지 신뢰한다. 아이는 엄마를 통해 세상이 아름답다고 믿게 된다. 신뢰가 천성이 될 때 우리는 종교적인 인간으로 성장한다.

우리가 존재계와 접촉하는 것 가운데 80%가 눈을 통해서이다. 그래서 눈 먼 사람은 어디서나 동정을 받는다. 눈은 내가 존재계와 만나는 유일한 다리이다. 예수와 유다는 스승과 제자의 관계였지만 그들은 같은 눈을 갖지 못했다. 유다는 교활한 눈을 가졌고, 예수는 어린아이의 눈을 가졌다. 예수는 신체적으로는 어른이었지만 심리적으로는 어린아이였다. 그의 눈은 세상에 존재하는 추한 것은 하나도 몰랐다. 막 피어나는 꽃봉오리처럼 신선했다. 유다가 예수의 눈을 들여다 볼 용기를 가졌더라면 십자가형은 없었을 것이다. 러시아의 무정부주의자였던 크로포토킨은 삶에는 갈등관계는 없고 다만 협동관계(theory of cooperation)가 있을 뿐이라고 했다. 그는 호랑이가 다른 동물을 잡아먹는 것도 협동관계의 하나라고 했다. 그는 관계를 사랑과 신뢰로 해석했다. 우리가 사과를 따먹을 때 사과는 아무런 저항 없이 먹이를 주고 또 우리 몸에 들어가 피가 되고 살이 되고 뼈가 된다. 호랑이에게 먹잇감은 순수한 음식일 뿐이다. 엄마가 아이에게 아낌없이 사랑을 쏟아부었다면 이것은 장차 아이가 지닐 신뢰의 출발점이 된다. 이웃과 깊은 사랑으로 충만한 관계를 나누고 친구들과 깊은 우정의 관계를 맺게 된다. 음식이 육체에 영양을 주듯 사랑이 주어져야 영혼이 성장한다.

의심이 끝났을 때 신뢰는 솟아오른다. 신뢰는 의심의 부재(不在)일 뿐이다. 의심이 없을 때 신뢰가 있다. 빛이 있으면 어둠은 존재할 수 없다. 빛이 없기 때문에 어둠이 있을 뿐이다. 의심이 어둠이라면 신뢰는 빛이다. 모든 아이들은 믿는다. 믿음은 날 때부터 갖고 태어난다. 그러나 성장하면서 의심을 배운다. 촛불을 밝힐 때 어둠이 사라지듯 의심을 버릴 때 신뢰가 솟아나고 미움을 버릴 때 사랑만이 남게 된다. 사랑과 믿음은 언제나 지하수처럼 흐르고 있다.

별들은 언제나 그 자리에 있다. 그러나 석양이 지면서 별들은 나타나기 시작한다. 어둠이 없었기 때문에 별들은 보이지 않았다. 흰색 벽에 흰색 분필로 글씨를 쓴다면 읽을 수 없다. 검은색 칠판에 흰색 글씨를 써야 분명하게 드러나 보인다. 대조가 필요하다. 개의 눈을 들여다보면 순수함이 있다. 어린아이의 눈은 아담이 에덴동산에서 추방되기 전의 순수함이다. 동물적인 순수함이다. 그러나 어린아이는 지식의 열매를 따먹어야 하고 에덴 낙원을 떠나야 한다. 얻기 위해서는 잃어야 한다. 붓다도 집을 떠나 길을 잃고 헤맸다. 그러나 다시 돌아왔다. 이런 경험들이 성장의 과정이다. 삶은 수많은 실수와 실패를 거듭하면서 성장해야한다. 붓다의 순수함은 완전히 어른이 된 최고로 성숙한 사람의 순수함이다. 붓다가 깨닫고 다시 집으로 돌아왔듯이 어린아이도 길을 잃고 헤매며 성숙한다. 누군가가 붓다에게 무엇을 얻었느냐고 묻자, 그는 '나는 아무것도 얻은 것이 없다. 다만 항상 있던 것을 찾았을 뿐이다. 다만 있는 것을 알게 되었을 뿐이다.' 라고 했다. 이제 자기에게는 고통도 없고, 고통의 원인도 없고, 고통을 없애는 길도 엇고, 얼음도 없고, 얻지 못함도 없다고 했다. 붓다는 에덴에서의 본성을 알게 되었을 분이다. 절대적인 깨끗함과 순수성을 알기 위해서는 길을 잃고 어둠 속에서 헤매야 한다. 어린아이에게는 순수함은 있지만 배경이 없다. 그래서 그 순수함을 보거나 읽을 수 없다. 그러나 붓다는 필요한 모든 일을 해보았다. 불성은 선과 악을 모두 초월한다.

사르트르는 인간은 덧없고 무의미한 존재라고 말했다. 인간을 초월한 것이 존재하지 않는다면 그의 말은 옳다. 씨앗이 씨앗으로 머물고 만다면 무의미하다. 그러나 씨앗이 싹틀 때 의미를 갖게 된다. 씨앗은 자신을 초월한 어떤 것, 자신보다 더 크고 더 높은 것을 창조해야 한다. 그것이 씨앗이 존재하는 의미이다. 나무는 꽃을 피우고 꽃은 열매를 맺으면서 의미는 이어져 간다. 의미는 항상 더 높은 상태, 지금보다 초월한 곳에서 온다. 인간도 인간 자체로 머물지 않고 인간을 넘어서 성장을 계속 할 가능성을 찾아 끊임없이 자신을 초월해 가야 한다. 니체도 인간이 더 높은 존재가 되기를 열망하지 않을 때, 자기 자신을 초월하여 나아가려는 열망을 갖지 않게 될 때, 그때가 인류 역사의 불행한 때가 될 것이라고 했다. 씨앗에 머물러 싹이 트지 않고 꽃을 피우지 않으면 삶은 쓸모없고 가치 없는 것이 될 것이다. 따라서 삶의 의미가 있느냐 없느냐는 우리 자신에게 달려 있다. 삶은 이미 주어진 것에 머무르는 것이 아니라 창조되어야 하는 것이다. 우리에게는 누구에게나 의미 있는 존재가 될 수가 있고, 꽃을 피울 수 있는 잠재된 능력이 있다. 의미를 창조하는 것은 우리의 사명이다. 아무도 그것을 대신해 주지 못한다. 스스로 성장의 책임을 질 때, 스스로 삶의 의미를 창조하기로 결심하는 날 진정한 인간이 된다. 우리에게 주어진 하얀 종이 위에 자신의 노래를 써 넣고 서명해야 한다. 그러기 위해서 사람은 겸손해야 한다. 그래야 씨앗으로서의 자신을 사라지게 할 수 있다. 씨앗은 흙이 파고 들어올 수 있도록 가슴을 열어야만 새롭게 태어날 수 있다. 기존의 세계에 대한 집착을 버리고 미지의 세계에 몸을 맡길 때 세상의 모든 위험에 부딪치지만 바로 그것으로부터 새로운 창조가 시작된다.

비관주의자는 매사를 어두운 면에 초점을 맞추고, 낙관주의자는 어두운 면을 부정하고 밝은 면만을 받아들인다. 그들은 모두 진리를 전체적으로 받아들이지 않는 다. 그들은 진리의 반쪽만 받아들이고 있다. 진리는 여름인 동시에 겨울이고, 신과 악마, 삶과 죽음, 선과 악이 공존한다. 낙천주의자가 받아들이지 않는 반쪽도 진리이기는 마찬가지이다. 진리의 엄연한 사실성을 있는 그대로 받아들이자. 대부분의 사람들은 우울한 얼굴을 하고 항상 불평하면서 중얼거린다. 꽃의 향기가 아니라 가시에 대해서 말한다. 그러나 삶은 검은색과 흰색이 공존한다. 한 쪽 극단에서 보면 다른 쪽은 검은색이 되거나 흰색이다. 그 중간에 회색이 있을 뿐이다. 삶이 회색이 되기 위해서 우리는 아무것도 선택하지 말아야 한다. 그때 우리는 불행하지도 않고 행복을 열망하지도 않는다. 괴로움에 시달리지도 않고 희열에 들뜨지도 않는다. 흥분하지 않고 고요하고 평화롭다. 이것이 '지복(bliss)' 이다. 이 경지에 이르면 그들은 삶의 양면을 모두 받아들인다. 그들은 열병에 시달리지 않는다.

대립에서도 조화를 찾자

우리는 끊임없는 성장과 변화, 발전과 진화의 과정 속에 있다. 따라서 우리는 존재이면서 과정이다. '나는 누구인가?', '나는 왜 이 자리에 있는가?', '인생이란 대체 무엇인가?'라는 질문을 항상 자신에게 던지면서 진리를, 또한 깨달음이 무엇인가를 찾아야 한다. 노자는 지혜가 남을 이해하는 것이라면 깨달음은 나를 이해하는 것이라고 말했다. 영원히 변하지 않는 지혜가 있다. 그것은 진리의 핵심이고, 모든 성장과 발전, 진화의 목적이다. 그것이 깨달음이다. 즉 깨달음은 존재와 되어가는 과정의 완벽한 균형을 이해하는 것이다. 모든 이원성을 통합하고 대립에서 조화를 찾고 끝없는 다양성을 초월하는 것이다. 신과 인간이 하나가 되고 우주 전체를 초월하는 것이다. 그때 나는 시간과 공간의 제약에서 벗어나고 내 주변의 모든 방어벽과 고립의 울타리가 무너지고 최고의 신비에 이른다. 우리는 붓다와 예수를 깨달은 자라고 부른다. 바울은 깨달음을 우주의식이라 불렀고, 사람들에 따라서는 깨달음을 하느님의 평화나 초월정신이라 불렀다. 신비주의자들은 해방 또는 자아실현이라고 했다.

그러나 깨달음은 언어를 통한 묘사가 아니라 직접적인 체험으로 이룩된다. 깨달음은 언어나 지능으로 포착할 수는 없다. 깨달음의 은총은 풍성하다. 다만 구해야만 얻어진다. 두드려야 문이 열린다. 은총은 비처럼 하늘에서 떨어진다. 다만 그것을 받으려는 그릇을 준비해야 한다. 우리는 그 비를 담을 수 있는 그릇이 되어야 한다.

깨달음은 해방이며 자유라고 한다. 그러나 다른 사람이 자유롭지 않다면 어느 누구도 자유로울 수 없다. 그래서 진정한 깨달음을 이룬 스승들은 세상을 위한 헌신적인 봉사의 사명을 졌다. 이들은 자기실현을 이루어 의식과 행위의 변화는 물론 고립된 자아의 환상과 온갖 방어벽을 무너뜨린다. 자기 연민, 독단, 분노, 탐욕, 질투 등이 증발해 버린다. 이들은 성자이면서 현자가 된다. 일과 인간관계에서 창조성이 발휘되며 생활은 단순하고 소박해진다. 이때 평범은 비범이 되고 세상은 멋진 곳으로 변한다. 이들은 불유쾌하고 힘겨운 상황이나 분노 등에서도 고통을 받지 않는다. 그들은 무슨 일이든지 완벽하게 받아들이고 그의 존재가 모두의 해방과 세계의 구원에 기여한다. 깨달음의 산에 오르는 길은 많다. 하지만 정상에 이르면 그 모든 길이 하나라는 사실을 알게 된다. 그 순간에 자아는 사라져 새로이 탄생한다.

예수는 마음에 용서를 간직한 채로 십자가에 못 박혔다. 이게 자신이 길이고 산이었다. 붓다와 보살에게도 그들의 존재 자체가 길이요, 산이었다. 사람들의 정신세계에는 시시각각으로 새로운 능력들이 나타난다. 이 능력들은 여러 가지 이름을 가지고 있다. 붓다나 그의 제자들은 이 능력은 '니르바나(nirvana)' 라 불렀다. 이때 모든 죄의식, 죽음의 공포, 욕망들은 소멸되고 새로운 자아가 탄생한다. 이 말은 석가세존이 최고의 목적, 최고의 선으로 동경한 상태이다. 예수는 그러한 새로운 조건을 '하느님의 왕국' 또는 '천국' 이라고 불렀다. 거기에는 행복과 평화만이 있다. 모하메트는 자신 안에 살면서 자신에게 이야기하는 독립된 인격을 '가브리엘(gabriel)' 이라 불렀고, 휘트먼은 이를 '나의 큰 영혼' 이라 불렀다. 그리고 그 영혼이 나를 기쁘게 하고 나는 그 영혼을 기쁘게 한다고 했다. 그들은 모두 인생의 어느 시기에 영적으로 각성하고 우주감각을 자각하게 되었다. 이들은 모두가 높은 지성과 도덕적 자질, 우수한 영혼의 소유자들이었다. 이들이 우주의식에 들어선 순간 처음에는 어느 정도 당황했다. 새로운 감각이 정신병의 징후가 아닌가 하는 의문을 갖기도 했다. 깜짝 놀라고 충격을 받았다. 그리고 자신이 보고 느끼는 것이 실제인지 아니면 망상인지를 자신에게 묻기도 했다.

사람은 때로 깊은 생각에 잠겨 자기가 있는지 없는지도 잊어버리고, 자기가 살아있는지 죽어있는지도 모르고 살아가고 있을 때가 있다. 어떻게 보면 바보 같기도 하고 어떻게 보면 위대한 것 같기도 하다. 그러나 이런 것과 상관없는 자신의 삶을 찾아 가다가 지쳐서 가는 줄도 모르고 가고 있을 때, 몸과 마음이 떨어져 나간 뒤에 진정한 삶이 터져 나온다. 그때 나에게는 삶도 없고, 죽음도 없고, 몸도 없고, 마음도 없다. 그때 하나의 큰 빛이 타오른다.

이들은 아무런 사전 경고도 없이 갑자기 화염이나 장밋빛 구름 속으로 침잠하는 느낌을 갖는다. 바로 그 순간에 희열, 확신, 승리의 절정감에 흠뻑 젖게 된다. 마치 한 줄기 섬광처럼 만물의 목적과 의미에 대한 뚜렷한 통찰력이 그의 의식에 나타난다. 칠흑 같은 밤하늘의 번개처럼 나타난다. 그때 그가 보고 있는 모든 것은 만물의 웃음으로 보인다. 모든 것이 환희이고, 사라지지 않는 희열이며, 그곳에는 사랑과 평화의 생명만이 있다. 그때 모든 슬픔은 사라지고, 깊고 깊은 내면의 환희가 바다를 이루어 끝나지 않는 환희의 노래만이 들린다. 바로 하늘의 문이 열리고 빛과 영광이 쏟아져 내린다. 온 낮과 밤 동안 빛과 영광의 물결이 그의 영혼에 홍수처럼 쏟아져 내린다. 그때 그는 변하고, 모든 것이 새로워진다. 그와 마주한 이 세상 모두가 이제는 장애물이 아니고 육체도 더 이상 짐이 아니다. 불교에서 그것을 공(空)이라한다. 그에게 현재는 미래가 필요 없을 만큼 완벽하기 때문에 그에게는 죽음도 중요한 문제가 아니다. 자신은 이미 무한한 생명이 흡수되어 그와 하나가 되어 버렸다고 느끼며 자아가 팽창하여 우주가 되어 버렸다고 느끼기도 한다. 깨달음에 이른 사람들은 먼저 빛을 향해 걸어가고 다음에 빛 안에 있다. 그 다음에는 이미 빛 자체가 된다.

인간은 내면에 깨달음의 씨앗이 파종된 동물이다. 신성해질 수 있는 능력이 주어져 있다. 그러나 힘든 수행의 길을 걸어감으로써 인간의 차원을 넘어선 상태에 도달하려는 노력을 계속해야 한다.

마음을 열어 흐름을 찾자

산중에서 길을 잃고 헤매던 나그네가 노승을 만나 마을로 내려가는 길을 물었을 때, 그 노승은 단 한 마디로 흐름을 따라가라고 일러주었다. 산중의 개울물은 이 골짜기 저 골짜기를 거쳐 마침내는 사람들이 모여 사는 촌락을 지나간다. 우리도 삶의 과정에서 길이 막히면 절망을 한다. 이럴 때는 흐름을 찾아야 한다. 그 흐름은 마음이 열려야 만날 수 있다. 사람과 사람 사이를 갈라놓는 것은 벽이고 이어주는 것은 다리이다. 벽은 탐욕과 미움과 시새움과 어리석음으로 인해 두꺼워지고, 다리는 활짝 열린 마음끼리 만나는 길목이다. 좋은 세상이란 사람과 사람 사이에 믿음과 사랑의 다리가 놓여진 세상이다. 진정한 자유의 다리는 나와 남, 선과 악, 성과 속 등 모든 대립의 세계를 넘어서서 세계와 우주와 자연과 역사가 모든 것을 안고, 모든 것이 초월되고 승화된 세계에서 노는 것이다. 그것이 큰 사람이 되고 달인이 되는 길이다. 그리고 우리의 모든 바람은 삶의 현장에서 체험되고 온갖 천상의 언어와 이상도 현실에서 그 의미가 결정된다. 그래서 니체는 길손은 땅에 충실해야 한다고 했다. 이 현실과 이 삶과 역사를 저버리고는 하느님을 만날 수 없다.

우리들이 바른 생각과 바른 마음을 지니면 그 파동이 이웃에게 밝은 진동을 일으킨다. 그러나 나쁜 생각을 하면 어두운 진동을 일으켜 둘레를 나쁘게 만든다. 불교적인 표현을 빌리면 이것이 업의 메아리이다. 우리들 한 사람 한 사람은 커다란 생명의 뿌리에서 나누지 않고 이기적이고 탐욕적인 생각에만 갇혀 있게 되면 우주에 가득 찬 그 에너지가 흐르지 않고 막히게 되어 세상은 병들고 만다. 우리가 어떤 마음과 생각을 가지느냐에 따라 세상은 얼마든지 달라질 수 있다. 우리 모두 지혜와 사랑과 덕을 기르자. 그래서 각 개인이 지닌 특성이 마음껏 꽃을 피워 세상에 향기로운 파동을 일으키자. 우리는 태양처럼 밝게, 물처럼 공평하게, 꽃과 나비같이 아름답게 살아야 한다. 태양의 빛은 어둠을 잠식한다. 물은 공평하게 흘러가 얕은 곳을 채우면서 넘쳐흐른다. 들에 핀 백합꽃은 애써 일하지 않고, 실을 뽑지도 않고, 베를 짜지도 않으나 솔로몬조차도 이 가난한 백합꽃만큼은 아름답지 못하다고 예수는 말했다. 여기 백합꽃은 바람 속에 춤추며 햇빛에 목욕하고 구름과 이야기하고 나비들과 논다. 존재하면서 즐기고 사랑하면서 사랑을 받는다. 백합꽃은 예수가 사랑한 것처럼 모두를 사랑하고 예수가 받아들인 것처럼 아무도 가리지 않고 다 받아들인다.

자연이란 아름다운 경치만이 아니다. 생명체들이 자라고 열매 맺고 뛰노는 커다란 삶터이다. 우리 인간도 생명계의 한 구성원일 때름이다. 따라서 이 커다란 생명 공동체에 함께 살림을 차려야 한다. 그래야 영원히 살아남는다. 우리 모두 자신이 가꾼 삶의 서늘한 그늘을 메마른 이웃의 뜰에 내려주지. 육신은 비록 세월의 풍상에 씻겨 구겨졌을지언정 젊은 날에 지녔던 순수한 그 우정을 잃지 말고 꾸준히 가꾸어가자. 그런 사람은 진정 우리가 부러워하고 우러러야 할 행복한 사람이다.

우정은 인간의 정 중에서도 가장 순수한 감정이다. 인간관계가 아름답고 진실하게 지속되려면 거기에는 순수한 우정이 뒷받침되어야 한다. 행복은 밖에서 오는 것이 아니라 우리의 믿음에서 꽃처럼 피어난다. 내가 행복해지려면 먼저 내 이웃을 행복하게 해주어야 한다. 이웃과 나는 한 배를 탄 공동운명체이다. 따라서 이웃의 행복이 곧 나의 행복으로 이어진다. 내가 행복해지고 싶다면 이것저것 챙기면서 거두어들이는 일을 우선 멈추어야 한다. 지금 차지하고 있는 것과 지닌 것만으로도 얼마든지 행복해질 수 있다. 살아가야 할 이유가 있는 사람은 어떤 상황 아래서도 능히 견뎌낼 수 있다. 어둠 속에 빛이 있듯이 어떤 최악의 상황 아래서도 살아야 할 의미가 있다. 머나먼 거리도 한 번에 한 걸음씩 나아갈 수밖에 없고 큰 바다도 한 방울 한 방울의 물로 채워진다. 별이 나타나기 위해서는 어둠이 필요하다. 꿈도 마찬가지로 잠과 어둠이 필요하다. 내가 일을 하고 있을 때 나의 마음 깊은 곳에서는 꿈의 전류가 흐르고 있다. 이제 역사의 겨울은 가고 봄이 오고 있다. 독재와 무력에 의한 투쟁의 세기는 사라지고 자유와 평화 그리고 사랑과 진리의 세기가 열리고 있다. 민족국가주의는 가고 인류의 공존의 시대가 열리고 있다. 함께 살아가야 할 지구촌 시대가 왔다. 실직과 노숙에서 오는 고통의 의미를 찾아 다시 일어서야 한다. 이 세상은 고통의 바다이다. 산다는 것은 즐거움과 함께 고통이 있다. 살아남는다는 것은 고통 속에서 그 의미를 찾아내는 것이다. 이제 우리는 새로운 씨앗을 뿌려서 새로운 열매를 거두어야 한다. 이 세상일은 인과관계의 고리로 나타난다. 그리고 우리에게 구원이 있다면 그것은 추상적인 신이나 부처를 통해서 그리고 그 보살핌 안에서 이루어진다. 우리가 어떤 종교에 귀의하여 신앙생활을 하는 그 자체만으로는 별다른 의미가 없다. 세상을 살아가면서 이웃과 따뜻한 마음을 나누고 자신의 행위를 안으로 살피면서 보다 성숙한 삶을 통해 한 층 한 층 쌓아올려야 한다. 우리들이 인간의 가슴을 잃지 않는다면 이 세상은 얼마든지 밝은 세상이 될 수 있다. 그래야 국민들은 자신들이 하는 일에서 마음껏 꽃을 피울 수 있다. 우리 사회가 지금 겪고 있는 이 시련 또한 인과관계로 이어지는 전체적인 흐름이다. 고갈되고 탕진된 민족의 에너지를 재충전하라는 뜻으로 받아들여야 한다. 어떤 고난도 그 끝을 이해하면 능히 이겨낼 수 있는 지혜와 힘이 생긴다. 일자리를 잃으면 일자리를 찾아야 한다. 일하는 사람은 늙지 않는다. 그에게 삶은 권태롭거나 무료하지 않는다. 꿈과 희망의 자리에 한탄과 원망과 후회가 들어설 때 우리는 늙고 병든다. 일자리가 있고 나서 일거리가 생기는 것이 아니라 하루하루 살아가는 삶의 과정에서 일거리를 찾아낸다면 바로 그것이 일자리이다.

시작이 있는 것은 반드시 그 끝이 있다. 오늘의 어려움을 재충전의 뜻으로 받아들인다면 우리가 지닌 무한한 잠재력을 일깨울 수 있다.

오르막이 있으면 내리막이 있고, 낡은 문이 닫히면 새 문이 열린다. 봄은 얼어붙은 대지에서 움튼다. 우리 모두 좌절하지 말고 희망의 씨를 뿌리자. 아무리 어둡고 험난한 길이라도 나 이전에 누군가가 이 길을 통과했을 것이다. 아무도 걸어본 적이 없는 그런 길은 없다. 지금 인류가 가진 모든 힘이 필요하다. 그리고 그것은 삶을 느끼고 삶에 봉사하는 예수의 사랑, 석가의 자비, 맹자의 측은지심, 공자의 인의 자세로 행동하는 길 말고는 없다. 우리 모두가 자신이 해야 할 사회적 역할이 있고 자신이 사회를 위해 기여할 수 있는 일을 갖고 있다. 우리가 자신을 믿고 더 풍부한 측은지심을 갖는다면 설사 하는 일이 불완전하고 불확실하고 작은 일들이라 해도 이 사회에 엄청난 변화를 가져올 것이다. 구석구석에서의 작은 변화들이 조금씩 쌓이면 새로운 문명의 부흥으로 이어지는 거대한 변화의 파도를 일으킨다.

멋있는 사람,
멋있는 사회

미국에서 대화이론의 일인자로 소문이 난 교수가 1972년 하와이 대학에서 공개 강연을 하고 있었다. 강사는 원고도 보지 않고 자신만만한 어조로 자신의 학설을 소개하고 있었다. 이야기의 열기가 한참 고조되고 있을 때 한 젊은이가 손을 번쩍 들고 질문을 해도 좋으냐고 강사에게 물었다. 성급한 태도였지만 강사는 그 청년에게 발언의 기회를 주었다. 그런데 그의 발언은 단순한 질문이라기보다는 강사의 강연에 대한 비판과 반론이었다. 교수는 자신의 권위가 도전을 받고 있다고 느꼈고 한참 듣고 있다가 그만 화가 나서 알지도 못하면서 무슨 소리냐며 잠자코 있으라고 나무랐다. 그러자 청중들은 강사의 강압적이고 모욕적인 질책에 흥분하기 시작했다. 소란스런 분위기 때문에 강연을 계속하기가 어렵게 되었다. 질문자의 성급한 태도에 박수를 보내고 싶은 사람은 아무도 없었지만 대화의 권위자도 대화에 실패하고 만 매우 역설적인 광경이 벌어졌다.

표현력의 부족 때문에 내 뜻을 충분히 전달하지 못한 것도 문제이지만 상대방이 한 말을 충분히 음미해 보지도 않고 성급한 속단으로 반론을 펴는 것도 큰 잘못이다. 남의 말을 선의로 해석하고 새겨서 들어야 대화가 제대로 된다. 남의 말의 꼬리를 물고 늘어져서 흠집 내기에만 열을 올리면 문제는 풀리지 않는다. 물론 의견의 차이가 크거나, 서로의 이해관계가 첨예하게 대립되거나, 갖고 있는 선입견이 다를 때 대화를 통한 의견 접근이 쉽지 않은 것도 사실이다. 언어는 의사소통을 위한 유력한 도구이지만 매우 불완전한 도구임을 알아야 한다. 때로는 말이 도리어 오해의 원인이 되기도 한다. 막심 고리끼의 단편집에서의 이야기이다. 한 전도사가 하느님 말씀 안에서 살아야 한다고 설교하고 하느님께 순종하면 모든 것을 들어준다고 말했다. 그리고 사람들을 용서하고 사랑해야 한다고 설교를 하고 다녔다. 그 사람은 남루한 옷을 입고 다녔는데 그의 설교를 듣고 있던 한 사람이 당신은 하느님에게 새 옷을 한 벌 주십사고 기도해 보시라고 말하자 선교사는 버럭 화를 내고는 그 사람을 쫓아버렸다고 한다. 선교사가 정말 신실한 사람이었다면 그는 남의 말이나 호의에 무례한 면이 있더라도 용서해 주었어야 했다.

인간이란 언제나 자기의 사랑을 누구에게든지 바치고자 한다. 그러나 때로는 그 사랑으로 상대방을 억누르기도 하고 다치게까지 한다. 이는 사랑하면서도 사랑하는 상대를 존경하지 않기 때문이다. 우리가 정말로 누군가를 사랑하게 되면 그가 내가 되고 내 영혼이 되고 내 몸이 되기를 원한다. 우리 나라는 대가족제도와 농업을 기반으로 한 사회를 오랫동안 유지해 온 까닭에 이지보다는 감정이 지배하는 사회를 형성하고 있었다. 그러나 산업화 속에서 국제교류가 활발해지면서 계산하고 따질 일이 많은 사회가 되면서 이지가 발달했다. 그러나 인간 마음의 바탕을 이루는 것은 감정이고 이지는 그 무늬에 해당하는 것이라고 할 수 있다.

사람의 감정은 바람직한 감정과 바람직하지 않은 감정으로 나눌 수 있다. 바람직한 감정은 사람과 사람 사이를 가깝게 하는 친화의 감정으로 호감이나 친애 등이 그것이지만 바람직하지 못한 것은 사람과 사람 사이를 멀리하는 배척의 감정으로 미움이나 시기, 분노 등으로 대표된다. 자급자족하며 살아가던 농경사회에서는 친화의 감정이 발달한 반면에 생존경쟁이 치열한 산업사회에서는 대체로 배척의 감정이 발달하기 쉽다. 그래서 감정이 이지에 우세할 때는 사람과 사람 사이를 가깝게 하기도 하지만 더 멀게 하기도 한다. 옛날에는 사회가 비교적 단순하고 사람들이 접촉하는 범위도 좁았기 때문에 사회적 갈등의 내용도 단순하고 그 규모도 작았다. 따라서 친화적 감정만으로도 대개의 갈등을 해소할 수 있었다. 그러나 현대사회는 그 규모가 크고 복잡한 까닭에 사회적 갈등의 내용도 복잡하고 그 규모가 커져 가족주의적 친화의 감정만으로는 사회적 갈등을 해소하기가 어려워졌다. 이지의 힘을 발휘하여 냉철한 대화를 나누면서 피차의 이익을 도모하는 길을 모색해야 할 경우가 많아졌다.

감정이 우세한 경우에도 좋은 점과 나쁜 점이 서로 새끼줄처럼 꼬여 있다. 감정이 우세하다는 말에는 다정다감하다는 뜻도 있다. 그런데 다정다감한 사람은 만나는 사람을 따뜻한 마음으로 대하는 좋은 점과 공과 사를 혼동하여 정실에 빠지는 나쁜 점을 아울러 가지고 있다. 또 그들은 성질이 화끈하기 때문에 우유부단하지 않는 장점과 속단으로 인한 편견에 빠지기 쉬운 단점을 아울러 가지고 있다. 물론 이지적인 사람도 냉철하고 침착한 장점과 차갑고 매정한 단점을 동시에 가지고 있다. 결국 바람직한 것은 이지와 감정의 균형이 잡힌 조화로운 성격에서 찾을 수밖에 없다. 뜨거운 가슴과 차가운 머리 즉 풍부한 감정과 높은 이지가 조화를 이룬 인품이 이상적이라고 말할 수 있다. 어렵지만 재와 덕을 모두 갖추어야 한다는 말이다. 실제로 인간은 지상에서 가장 높은 지능을 갖고 있고 감정의 발달에서도 가장 앞서 있기 때문에 그것이 불가능하지만도 않다.

우리 나라에서는 그런 분으로 퇴계와 도산 선생을 꼽을 수 있다. 그분들은 뜨거운 가슴과 차가운 머리를 갖고 계셨다. 퇴계는 그의 나이 54세에 벼슬을 버리고 고향에 내려가 학교를 세운다. 그것이 도산서원이다. 거기서 그는 주자를 읽으며 학생들을 가르쳤다. 더운 여름에도 그는 문을 걸어잠그고 주자를 읽었다. 남들이 더위를 걱정할 때에도 주자를 읽으면 마음이 시원해져서 더위같은 것은 사라져 버린다고 했다. 그의 영향을 받은 석학들은 많기도 하다. 이율곡, 기대승, 김성일, 유성룡, 이익, 이상정, 이한주 등 셀 수 없을 정도이다. 퇴계학은 우리나라 학문만이 아니다. 퇴계학은 일본 명치유신의 사상적 기초가 되었으며 발상지인 한국에서보다 동경대학을 중심으로 퇴계학의 연구활동이 더욱 활발하다.

이제 고전은 진리의 참고서요, 이성의 샘물이고 인간 의지의 나침반이다. 현대를 뜻있게 살기 위해서는 옛 선인들이 걸어간 길을 보고 도움을 찾아야 한다. 태양과 지구와 빛과 물은 오래된 옛것이지만 우리는 이것들 없이 살 수 없다. 고전은 위대한 스승이다. 공자가 주역을 읽고 유태인들이 탈무드를 읽듯이 우리도 고전 속에서 진리를 찾아야 한다. 성서는 고전 중의 고전이며 책 중의 책이다. 지금 성서는 연간 1억 8천만권이 팔린다고 한다. 성서는 1천 2백 개의 방언으로 번역되었고 공산주의도 성서에서 나왔다고 한다.

퇴계와 율곡은 58세와 23세로 만났다. 두 사람의 만남은 백호와 청룡의 만남이었다. 두 사람은 서로 기쁨을 감추지 못했다. 퇴계는 청룡같은 율곡의 푸른 꿈을 알아차리고 그의 밝고 양양한 앞날을 축복했다. 그리고 두 사람은 진리의 세계에서 하나가 되었다. 율곡은 퇴계와 이틀 밤 사흘 낮을 함께 지냈다. 율곡은 늙은 스승에게 그 동안의 의심하고 있던 바를 물었다. 사흘째 된 날에 율곡은 내리는 봄눈을 보면서 시 한 수를 지어 퇴계에게 바쳤고 퇴계는 말을 타고 떠나는 율곡의 뒷모습을 바라보면서 후생가외(後生可畏)라는 공자님의 말씀이 자기 눈앞에서 실현됨을 무척 기뻐했다. 스승은 누구나 제자가 자기보다 훌륭하기를 바라고 그때 가장 기뻐한다. 질투나 시기하지 않는다. 그 후 그들은 서로 서한을 주고받으며 자기의 길을 걸어갔다. 그러나 1501년에 태어난 퇴계는 율곡과 만난 지 12년도 못 되어 69세로 세상을 떠났다. 율곡은 자기 집에 위패를 모시고 곡을 올리고 시를 써서 조문하였다. 율곡도 41세에 관직을 버리고 고향에 돌아갔고, 모여든 학생들이 이듬해에 집을 지어 학교를 설립하니 그 집이 은병정사였다.

도산은 위대한 선각자였다. 도산은 세 개의 학교를 세웠다. 그가 세운 점진학교와 대성학교 그리고 동명학교는 모두 깊은 뜻을 갖는다. 쉬지 않고 꾸준히 노력하라는 의미의 점진학교와 노력하여 크게 성공하라는 의미의 대성학교 그리고 대성하여 우리민족을 위대하게 하고 아시아를 밝히는 동방의 밝은 등불이 되라는 의미의 동명하교이다. 도산은 미국의 선교사인 언더우드가 세운 언더우드 학당에서 겨우 중학교 과정밖에 마치지 못했다. 그러나 그는 사회라는 학교에서 배웠고 역사와 경험과 독립운동의 활동무대에서 배우고 터득했다. 그 후 그는 달변가가 되었고 애국자의 본보기요, 탁월한 문필가가 되었다. 그는 독학자습으로 대성한 훌륭한 사상가이다. 그는 남을 속이지 말고 놀지 말자고 했다. 개인보다는 큰 공동체를 앞세우고 서로 정답고 의좋게 살아가자고 했다. 나를 사랑하고 남을 사랑하며 자기의 운명을 스스로 개척하자고 했다. 저마다 인물되기 공부를 하고 사랑하기 공부에 힘쓸 때 우리 국민은 인류의 존경을 받을 수 있는 세계의 모범 국민이 될 수 있다고 했다.

도산은 청운의 뜻을 품고 22세에 미국의 샌프란시스코에 상륙했다. 그가 미국에 온 지 며칠 안 되어 그는 길가에서 한국인 두 사람이 상투를 마주잡고 싸우는 광경을 미국 사람들이 재미있게 구경하는 것을 보았다. 도산은 뛰어들어 싸움을 말렸다. 두 사람은 중국교민들에게 인삼행상을 하는 사람들인데 한 사람이 서로 약속한 판매지역을 넘어와서 물건을 팔았기 때문에 싸우게 되었다는 사실을 알았다. 그래서 그는 학업을 뒤로 미루고 샌프란시스코에 살고 있는 동포들을 두루 찾아다니며 생활상태를 조사하면서 미국인들이 우리 동포들을 미개인이라고 하는 이유를 알게 되었다. 그는 함께 온 친구들과 의논하여 그날부터 동포들의 호별 방문을 시작하고 한집 한

집 청소운동을 시작했다. 커튼을 만들어 치게 하고 문 앞에 화분을 놓거나 꽃씨를 뿌리게 하였다. 그리고 우리 모두 조용하게 이야기하자고 했다. 이웃에 사는 미국 사람들이 우리를 가장 싫어하는 것 중의 하나가 큰 소리로 시끄럽게 떠드는 것이었다. 이렇게 몇 달이 지나자 동포들의 생활이 변하여 미국 사람들의 신뢰를 얻게 되었다. 이리하여 미주국민회가 설립되고 신한민보가 창간될 수 있었다. 그러나 이때도 도산은 언제나 배후에 있었다. 미국인들도 한국인이 변했다면서 놀라워했다. 돈이 많은 미국인 한 사람은 도산을 직접 만나보고 도산이 젊은 사람임을 알고 놀랐다. 그리고 자기 건물에 세 들어 살고 있던 한국 사람들의 월세를 1년에 한 달분씩 감해 주고 한국인이 쓸 수 있도록 회관 하나를 무료로 제공해 주기까지 했다. 도산 덕분에 여러 주와 도시에 있는 한국인이 모여 대한인 국민회가 이루어지게 되었다.

도산은 애국자로 60평생을 바쳤으나 집안 살림을 위해 돈을 번 것은 일년반 가량밖에 되지 않았다. 미국에서 과수원 토목공사 노동자로 반 년간 일했고 어떤 미국인 여관에서 일년 동안 청소부의 일을 했다. 그가 국민회의 일 때문에 이 여관을 떠날 때 주인은 도산에게 1년간 참으로 일을 잘해 주어서 고맙다고 하면서 소원을 이야기하라고 했다. 그러자 도산은 내 일자리를 한국인에게 맡겨주셨으면 고맙겠다고 했다. 그래서 그 자리를 다른 한국인이 맡게 되었다. 도산 내외가 모은 돈이 천달러쯤 되었을때 도산과 성격은 달랐지만 같은 독립운동가였던 이갑이 러시아에서 병으로 불행하게 되자 그의 부인과 의논하여 그 천불을 이갑의 치료비로 보내주었다. 그때 도산 부인은 삯빨래로 생활비를 벌어쓰던 때였다. 도산은 평생 나라를 사랑하다 죽었다. 그는 우리 민족에게 참된 애국심을 심어주고 민족의 진로를 밝혀 보여주었다. 그리고 자신의 몸으로 애국자의 생활의 본을 보여주었다.

멋은 한국인의 의식에 나타난 일종의 아름다움이다. 우리는 지극히 정상적이고 규격에 맞고 빈 틈 하나 없이 질서정연한 것에서 아름다움을 느끼지만 그것은 멋의 아름다움은 아니다. 정규와 정상을 약간 벗어나면서도 전체로서의 조화를 잃지 않는 것의 아름다움에서 우리는 멋을 느낀다. 깜찍하게 예쁜 인형이나 기준에 맞추어서 성형수술을 한 얼굴에서는 멋을 느끼지 못한다. 멋은 약간 여유가 있으면서 풍류적일 때 그 빛을 발한다. 바람과 흐름은 움직이고 있다는 뜻이며 멋도 움직임과 깊은 관계가 있다. 멋은 정지한 것의 아름다움이 아니라 움직이는 것의 아름다움이다. 걸어가는 여인의 가슴에 꽂힌 한 송이 장미에서는 멋을 느껴도 화병에 가득히 꽂아 놓은 장미는 아름답기는 해도 멋있지는 않다. 코스모스가 멋있게 보일 때도 넓은 들판에 무리를 지어 바람에 하늘거릴 때이다.

테니스 경기에서 심판의 착오로 한 점의 득을 본 사람이 그 다음 순간에 고의로 실수를 범하여 마음의 부담을 실점으로 자연스럽게 벗어버릴 때 멋이 있다. 그리고 이런 멋이야말로 진정한 멋으로 여기에서 시적 윤리성을 찾는 사람도 있다. 한 피리의 명수가 임꺽정의 부하들에게 붙들려 소굴로 끌려갔을 때 도적들의 청으로 슬프고 처절한 가락의 곡을 불었다. 도적들이 울어버리자 임꺽정은 피리불기를 중지시켰다. 임꺽정은 부하들이 감상에 젖어 심약해질까 두려워 그를 잡아두려 했으나 임꺽정은 신표(信標)까지 주어 그를 집으로 돌려보냈다. 임꺽정은 정말 멋있는 사람이었고, 이처럼 멋있는 사람들의 일화는 듣는 이의 마음에 큰 기쁨을 준다. 여기에서 우리는 시적 윤리성을 찾을 수 있고 내심의 멋을 체험하게 된다.

피천득은 진정한 멋은 내심의 멋이라 하고 그 특성을 시적 윤리성이라고 했다. 그리고 내심의 멋의 바탕이 되는 것은 소아에 집착하지 않는 마음의 여유와 남에 대한 깊은 배려로서의 사랑이라고 했다. 현대 한국인의 삶을 멋이라는 척도로 평가할 때 외형의 멋은 크게 향상된 반면 내심의 멋은 오히려 크게 떨어졌다고 말할 수 있다. 그러나 진정한 멋은 내심의 멋에서 찾아야 할 것이다.

스피노자가 그의 민족적 종교인 유태교로부터 파문을 당하고 작은 골방에서 안경 렌즈를 닦아주면서 가난하게 살 때, 하이델베르그 대학으로부터 철학교수로 초빙을 받고도 사상의 자유의 침해가 두려워 사절했다. 아버지로부터 받은 거액의 상속 재산문제로 누이와 맞서 법정투쟁을 하여 승소하자 그는 유산의 대부분을 누이에게 주고 말았다. 정의를 지키기 위해 법정투쟁을 했지만 남매의 정은 살린 것이다. 이런 것들이 모두 시적 윤리성이고 내면의 멋이다. 지금도 우리는 서구의 개인주의와 합리주의가 바람직한 철학이라고 믿지만 한편으로는 각박하고 냉랭한 사회 속에 살면서 우리 조상들의 여유롭고 훈훈한 생활을 그리워한다. 멋있는 사람과 멋있는 사회를 그려본다. 착하고 능력이 있으면서도 따뜻한 마음과 멋이 있는 사람들과 함께 지내고 싶다.

비젼을 가진 사람이 되자

제미레 라프킨은 지난 200년 동안 인류는 기계가 빼앗아가 버린 일자리를 떠나 그 기계가 창출한 다른 일자리를 찾아 헤매는 거대한 이동이었다고 말했다. 그 이동은 농업에서 제조업으로 그리고 서비스업으로의 이행과정이었으며, 현재는 지식정보화사회의 문턱을 막 넘어선 단계이다. 새로운 법칙이 존재하는 세상으로 진입한 것이다.

21세기의 사회적 특성은 창의성과 상상력과 다양성이다. 이들은 상호의존적이다. 상상력이 없는 창의성은 없다. 창의력은 연결되지 않는 것을 연결한다. 따라서 그 일을 할 수 있는 능력은 상상력에서 온다. 개인의 상상력이 창의력을 만들어 낸다. 그래서 개인의 자유와 다양성을 인정해주지 않으면 상상력은 위축되고 창의성의 기반도 흔들리고 만다. 따라서 사회가 다양성을 인정해 주어야 풍요로운 상상력이 날개를 펼 수 있다.

MS사는 빌게이츠 한 사람의 상상력과 창의성으로 시작했고 괴테의 〈파우스트〉도 한 사람의 위대한 창조물이다. 모든 아이디어와 새로운 창조는 누군가 나서서 자신의 삶을 바쳐야만 실현된다. 일에 대한 열정은 집념, 의욕, 정열 심지어는 강박관념이라고도 부를 수 있다. 창의성과 열정은 우연히 얻을 수 있는 것이 아니다. 일과 더불어 한 몸이 되어야 한다. 일에 홀린 사람이 되어야 한다. 현실은 우리가 알고 있던 직장의 수가 턱없이 부족해진 세상이 되었다. 더 많은 사람들이 자기 일을 스스로 만들어내야 한다. 우리는 시장경제 속에 살고 있다. 시장이 경제의 기본이다. 지금 기업에 주어진 기본적 환경은 시장경제이고 여기에 생존의 열쇠가 있다. 가치는 시장에서 결정된다. 그러므로 기업은 시장에 철저한 제품과 서비스를 창출하는데 그 목적을 두어야 한다. 이익은 그러한 경영의 결과일 뿐이다. 많은 운동경기에서 승리자는 한 사람뿐이다. 이는 다른 많은 사람들처럼 해서는 안 된다는 의미이다. 승리를 원하면 게임에 몰두하라. 장사해서 승리하고 싶으면 고객에게 몰두해야 한다.

한편 우리는 자본주의적 자유 때문에 평등이라는 가치를 잃어가고 있다. 경제적, 사회적 평등이 크면 클수록 그 지역의 도덕성, 시민공통체는 더욱 향상되고 범죄율은 떨어진다. 따라서 사회적 부담이 줄어든다. 사회적으로 낮은 신분으로부터 초래되는 만성적 불안은 결국 사회체제를 약화시킨다. 소득격차가 커지면 사회성원간의 상호신뢰의 정도는 낮아지고 내적 갈등만이 증폭된다. 시민공동체의 본질적 특성은 상대적으로 평등한 사회이다. 건강한 시민공통체 형성에는 동등한 인간관계에서 출발한 수평적 관계가 중요하다. 불평등은 상실감을 낳는다. 열등의식, 신뢰성 부족, 수치심 같은 감정을 낳는다. 수치심은 활발한 사고를 방해한다. 수치심과 모욕에서 벗어나기 위해서는 격분할 수밖에 없는데 때로는 이것이 폭력으로 이어지기도 한다. 이런 사회에서는 활력에 찬 건강한 동질의 조직을 기대할 수 없게 된다.

인생에서의 행운은 스스로 만날 준비를 해야 한다. 과수원에 가지 않으면 떨어지는 사과를 받을 수 없다. 운명을 믿고 운명의 눈에 잘 띄도록 고개를 내밀어야 한다. 사람들은 일상에 매여 산다. 개인의 생활이 즐거워야 직장에서의 생활 역시 긍정적으로 할 수 있다. 가장에 문제가 있으면 직장의 일에도 집중할 수 없다. 그래서 애플 컴퓨터사는 회사내에 유치원을 운영하고 있다. 또한 많은 회사들이 자금과 공간을 지원하고 유동근무, 파트타임 등을 확대하여 경영에 유연성을 보이고 있다. 직원의 활력이 곧 경영수준의 외적 표출이다. 한 조사에 의하면 경영자들이 권력을 소유하고, 자신의 의지를 관철하려 하고, 위압적 자세로 타인을 교묘하게 다루고, 박수를 강요하고, 자신이 설 화려한 연단을 만드는 일에만 열중하면 사람들은 생각하고 있는 것을 말하려 하지 않고, 말한 것을 듣지 않고, 들은 것을 이해하지 않고, 이해한 것에 동의하지 않으려 한다고 한다. 이때 조직내의 의사소통은 없고 활력은 시들어간다. 경영자가 지나치게 치밀하거나, 정리된 사고만을 강요하거나 업무영역만을 고집하면 직원의 창의력이 사라지고 협력은 마비되며 전문적 능력과 정열도 죽고 만다.

신화에서 피그말리온은 여자는 결점 투성이라고 믿고 결혼하지 않고 혼자 살 것을 결심한다. 조각가였던 그는 상아로 아름다운 여인상을 조각하게 된다. 그러다가 자신의 여인상이 너무 아름다워 깊이 사랑하게 된다. 그는 미의 여신인 아프로디테에게 제물을 바치고 상아 처녀와 같은 여인을 아내로 맞게 해 달라고 소원을 빌었다. 그의 마음을 읽은 여신은 상아 조각상에 생명을 불어넣어 주었다. 조각상은 그대로 살아 있는 여인이 되었다. 사람들은 기대받고 있다고 믿는 대로 행동한다. 이것이 피그말리온 효과이다. 남이 나를 믿어주지 않으면 욕망이 사라진다. 인간은 평가절하에 민감하다. 무시에 대한 유효기간은 오래 간다. 그때 자존심은 깨지고 정열은 얼어붙는다.

쉴러는 피그말리온의 기쁨을 시로 지었다.
그때 빛나는 자연도 나를 위하여 있었고
은빛 산 개울도 노래로 가득찼으며
수목과 장미도 서로의 느낌을 나누리라.

우리 나라 기업의 경우에는 개혁은 권위주의를 제1의 적으로 규정하고 스스로 그것을 버리는 것에서부터 시작되어야 한다. 지시와 통제에 기초한 권위주의는 모든 곳에서 정신을 묶어두는 인습이다. 권위주의는 그 폐쇄성으로 인간의 정신을 죽인다. 다양성을 인정하지 않으며 상상력을 죽이고 창의력의 뿌리를 뽑아낸다. 개인이 자유로운 개인으로 존재할 수 없게 될 때 정신은 괴멸한다. 가장 훌륭한 상사는 기대치를 명백하게 전달하고 직원과 함께 이를 맞추어 조정해 가는 사람이다. 그때 그는 상사가 아니라 든든한 동료인 것이다. 직원이 나아지면 회사도 나아진다. 직원을 진정한 파트너로 받아들여야 한다. 양극화시키지 말고 통합해야 하며, 배제하지 말고 포용해야 한다. 의지를 관철하려고 하는 것보다 스스로 실천하며 모범을 보여야 한다. 능력 있는 경영자는 자신의 지식에 의해서가 아니라 다른 사람의 능력과 실행을 통해 가장 큰 힘을 얻는다.

우리의 지능에는 IQ검사로도 측정할 수 없는 많은 재능이 있다. 창조자들 중에는 지능이 그다지 높지 않은 사람 즉 일반적 의미에서 똑똑하다고 말할 수 없는 사람도 많다. 그리고 어느 한 분야에 뛰어나다고 해서 다른 분야에서도 뛰어난 것만은 아니다. 5개 국어를 능란하게 구사하는 사람이 말짱 헛소리만 늘어놓을 수도 있고 빼어난 음악가라도 수학은 못할 수도 있다. 또 머리로 알고 있는 것과 일상 속에서 마음이 믿고 있는 것 사이에는 괴리가 있을 수 있다. 그 차이가 심하면 자기 기만에 빠지게 된다.

전문가는 항상 배우고 공부하는 사람이다. 전문성은 자격증이 아니다. 자격증이 그것을 따기 위한 고생을 보상하는 돈벌이의 도구에 지나지 못할 때 자격증은 신뢰할 수 없는 것이 되고 만다. 평생학습을 하지 않고는 이미 다가와 있는 지식사회에서 설자리는 없다. 작게는 스스로를 기만하고 크게는 자신의 국가를 대표하여 국제사회에서 당당한 목소리를 낼 수 없다. 미국은 세계무역 질서를 미국적 시스템이 구축하기 쉬운 체제로 확산시키기 위한 밀레니엄 라운드를 주도하고 있다. 그들은 경쟁력이 있는 곳에서는 자유무역(Free Trade)을 주장하고 경쟁력이 약한 분야에서는 공정무역(Fair Trade)을 주장한다. 미국도 미국 우선주의쪽이다. 그들은 미국 표준으로 세계의 경제질서를 바꾸어가고 있다. 세계화라는 말은 지금까지 실제로 서구화와 동의어였다. 더 솔직하고 정확하게 실체를 규정하면 미국화를 의미했다. 세계가 평화적 공존을 위해서는 각 문명이 충돌을 넘어 지구적 보편 원리 안에서 서로 대화해야 한다. 때문에 아시아도 아시아적 가치를 세계 표준의 보편적 윤리 속에 당당히 정립시키고 싶은 것이다.

젊은이들은 주목받고 싶어하며 일을 통하여 자신을 표현하고 싶어한다. 따라서 우리는 그들을 지나치게 감싸거나 보호하지 말아야 한다. 교육의 결과에 따라 한 개인이 특정 범주로 분류되어 감추어진 재능이 그 범주를 벗어나지 못하고 마는 경우도 많다. 우리는 찬사에 민감하다. 우리는 인정받기를 원한다. 그러나 진심에서 우러나는 인정을 받는 경우는 드물다. 모든 인간은 이런 인정에 대해 허기를 느끼고 있다. 이러한 허기까지 충족시켜 줄 수 있는 사람은 얼마 되지 않다. 그래서 긍정적인 인정을 받지 못한 아이들 중에는 부정적인 인정을 택하는 경우도 많다. 그래서 악의에 찬 말을 하고 폭행을 하기도 한다. 그러나 칭찬이 유행이 되어서는 안 된다. 과도한 칭찬에는 병폐가 있다. 루드비히 14세는 자신이 훈장을 수여할 때마다 아흔아홉 명의 시기하는 자와 고마움을 모르는 한 명을 만들어 내고 있다고 했다. 칭찬의 힘은 크지만 칭찬은 오히려 수동적이고 의존적인 인격을 만들어 자율성과 일에 대한 정열과 일에 대한 선택과 책임이라는 건강을 잃을 수도 있다.

경제활동의 핵심은 건전하고 평균 이상의 재능을 가진 사람들의 의무감에서가 아니라 몸과 마음과 영혼으로 자신의 일을 사랑함에 있다. 창의력은 내적 동기에 의해서만 가능하며 실천과 행동에는 호기심과 기쁨이 따른다. 기업은 나름대로의 정신과 가치관을 갖고 있다. 직원의 활력이 넘치는 건강한 기업이 있는가 하면 에너지가 고갈된 빈사상태의 기업도 있다. 사회의 일원으로 가치를 만들어 가는 기업도 있고 파리처럼 돈이 되는 것만 추구하는 기업도 있다. 직원이 몸과 마음과 혼을 바쳐 일하고 싶은 기업이 있고 조금만 돈이 더 보이면 미련 없이 다른 곳으로 떠날 준비가 되어 있는 직원밖에 없는 기업도 있다.

자유와 정의를 염원하는 세계 모든 이들의 영원한 정신적 기둥 마틴 루터 킹 목사의 어머니는 자식들에게 잠시라도 자신이 당당한 인간임을 잊지 말라고 일렀다. 남들로부터 열등하다거나 못났다는 말을 듣는 경우가 있더라도 언제나 당당한 태도로 맞서라고 일렀다. 그리고 노예제도와 남북전쟁 그리고 노예제도의 종말에 대해서도 이야기해 주었다. 그러면서 너희들은 나에게는 누구 못지않게 뛰어난 아이들이라고 말했다.

좋은 선배란 후배에게 메시지를 전달하는데 그치지 않고 선배 자신이 삶의 메시지가 되어야 한다. 수행자는 한 평생 자신을 변화시키는 데 바쳐야 한다. 누구에게나 그 삶에 변화가 없다면 그의 인생은 이미 녹슬어 있는 것과 다름이 없다. 녹은 쇠에서 생기지만 쇠 자체를 못쓰게 만든다. 자유를 향한 우리의 지나친 열망으로 말미암아 자유의 오용이 불러오는 문제에 대해 우리는 눈감을 수 없다고 20세기의 위대한 사상가 칼 포퍼는 말했다. 자유시장은 중요하다. 그러나 시장이라고 해서 그 어떤 것보다도 더 자유로울 수는 없다. 절대적 자유는 안 된다. 보다 위대한 자유의 유지를 위한 어떤 견제가 필요하다. 지금 서양에서는 동양정신에 관한 관심이 높아가고 있다. 그 동안 인간중심의 세계관이 인간 정신의 피폐를 가져왔다. 그 때문에 인간을 자연의 일부로 이해하고 받아들이는 동양의 정신이 미래 구원의 보편적 가치가 될 것이다. 우리에게 지금 필요한 것은 한국적 정체성을 기초로 인류의 보편화된 공유물을 만들어 가는 일이다. 인류의 문화유산에 우리가 기여하자. 한국인이 창조한 분야에 인류를 초대하자. 우리가 파티의 주인이 되자. 비젼은 꿈과 행동을 의미한다. 비젼을 가진 사람은 미래를 현실로 인식할 줄 안다.